多种形式的农业适度规模经营研究

吕火明　赵颖文　刘宗敏　著

科学出版社
北京

内容简介

本书在把握多种农业适度规模经营规范性概念的基础上，探索多种形式农业适度规模经营的基本特征、形成机制与机理，解析各类农业经营主体适度规模经营的具体目标诉求、作用客体及其经营组织模式的多样性。同时，辨析多种形式农业适度规模经营进程中，多类别的农业经营主体之间的合作模式与协作共生关系，并在此基础上展望新时期我国农业适度规模经营的可能发展前景及新型经营主体（体系）的发展趋势，最终形成多种形式农业适度规模经营的系统理论。

本书适合于政府机构管理人员、农业科研及技术人员、高校相关专业的教师和研究生，亦适合有志从事农业生产经营的人士参考阅读。

图书在版编目(CIP)数据

多种形式的农业适度规模经营研究 / 吕火明，赵颖文，刘宗敏著. —北京:科学出版社，2022.8

ISBN 978-7-03-067609-2

Ⅰ. ①多… Ⅱ. ①吕… ②赵… ③刘… Ⅲ. ①农业经营-规模化经营-研究-中国 Ⅳ. ①F324

中国版本图书馆 CIP 数据核字（2020）第 260721 号

责任编辑：孟　锐 / 责任校对：彭　映
责任印制：罗　科 / 封面设计：义和文创

科学出版社出版
北京东黄城根北街16 号
邮政编码：100717
http://www.sciencep.com

成都锦瑞印刷有限责任公司印刷
科学出版社发行　各地新华书店经销
*

2022 年 8 月第　一　版　　开本：787×1092 1/16
2022 年 8 月第一次印刷　　印张：11 1/2
字数：272 000

定价：95.00 元

前　言

改革开放以来，对农业农村现代化的追求一直是我党制订农村政策的重要目标。以均田承包为主要特征的家庭联产承包责任制为20世纪70年代末到80年代中期我国农业生产的迅速发展、农民收入的快速提升和城乡收入差距的缩小做出了重要贡献，取得了令人瞩目的制度绩效。但是随着这一制度安排改革效应的逐渐释放，其不足之处，如土地细碎化经营、耕地闲置撂荒、农村劳动力结构性流失、农业比较效益持续走低等问题渐露端倪。与此同时，农民持续增收难、城乡差距拉大等问题再度成为社会关注的焦点。1987年中共中央在5号文件中第一次明确提出要采取不同形式实行适度规模经营，此后，中央连续在若干重要文件(如历年“1号文件”)中多次提到要发展适度规模经营，深刻表明了农业规模经营问题的重要性及中央对其的重视程度。

另一方面，随着城镇化的快速推进，大量农民进城市打工或迁入城市。2015年，全国农民工总量达到2.77亿人。农村人口呈现持续下降趋势，从1980年的7.96亿人降至2015年的6.03亿人。人口分布的这一变化，促使农村人均耕地面积表现出持续上升的态势，为农业规模经营发展提供了有利契机。近年来，新型农业经营主体的大量涌现，如专业大户、家庭农场、农民专业合作社、各类农业社会化服务组织、农业产业化龙头企业等就是在这一趋势背景下产生的。但是，对于中国农村户均土地规模的上升，我们仍难以乐观。据相关估测，到2050年，中国城镇化率将达到80%，但农村将仍然有3亿人口存量，即使还能坚守18亿亩耕地红线，农村人口人均耕地面积仍只有6亩，人多地少的资源禀赋并没有多大改观，小规模农地经营的基本国情不能从根本上改观，由此带来的一系列弊端仍然凸显：家庭分散经营不利于机械化耕作推进，农业抗御自然灾害和市场风险能力低，缺乏规模收益和经济效率。也由此促使乡村振兴战略成为我国国情的必然要求，其中，如何发展多种形式农业适度规模经营，在确保家庭经营稳定性和积极性基础上，有效平衡集体统筹经营、多元经营主体和小农经营，对于中国这样一个人多地少、资源禀赋多样化、区域发展差异较大的国家的现代农业发展至关重要。

当前，我国已迈入改造传统农业和深入推进现代农业转型发展的关键时期，小规模分散经营、农业生产兼业与副业化、务农人口老龄化和妇女化、农业经营主体后继乏人等农业农村发展瓶颈问题日趋突出。鉴于此，无论是政界还是学界、从中央部委到基层地方政府，大多认为我国现代农业发展的最重要约束还是在于农业经营规模过于狭小。但在农业规模经营发展上却是众说纷纭、见仁见智，甚至存在似是而非、经不起推敲的错误观点，影响了公众认知、政府战略安排和具体政策。中共十八届三中全会强调要加快构建新型农业经营体系，坚持家庭经营在农业生产中的基础性地位，推进家庭经营、集体经营、合作经营、企业经营等共同发展的农业经营方式创新。作为一项有助于转变传统农业发展方式，全面推进我国现代农业发展的战略性举措，本书将在厘清多种形式农业适度规模经营内涵与外延的基础上，以思辨性方式认知我国推行多种形式农业适度规模经营的必要性、紧迫性、可能性和现实条件，分类评析多元农业经营主体参与不同形式农业适度规模经营的路径模式，找寻其差异性及影响因素，提出更具启发性的政策建议，以提升农业产出效率与效益、实现农业农村可持续发展、保障农业基础性地位不动摇和确保粮食战略安全。

本书认为，细碎化分散小农经营模式难以适应日趋激烈的市场竞争，不可能建成现代农业，推行多种形式农业适度规模经营是转变旧有农业发展方式和走出高效、安全和绿色新型农业现代化道路的关键，也是促成乡村振兴战略的着力点。“十三五”期间，我国坚持适度规模经营的基本方向，基于我国实际国情与农情特征，顺应市场经济发展和工业化、城镇化演进的一般规律，适应农村劳动力迁移、社会生产力进步和新型农业经营主体不断涌现的发展态势，因地制宜、因境施策地推动由多元主体引领的多种形式农业适度规模经营发展。如在发达地区或城市郊区，非农部门务工机会较多、专业化分工较为成熟、大量农村劳动力已经从农村转移出来，为农地实现规模化经营提供了有利契机，据农业农村部数据，2020 年，北京、上海、江苏的农村土地流转率分别高达 52%、71.5%和 58.4%，这类地区需在土地规模化流转的基础上，积极培育现代农业经营主体，促进实现农业规模化、标准化和产业化经营，着力解决务农劳动力老龄化(高龄化)和“未来谁来种地”的现实难题。针对那些青壮年劳动力大量外出，兼、副业化现象突出，但留守老人和妇女仍有意愿务农，却不知如何种地的广大农区，在重视推动土地集聚和流转的同时，也需积极培育农业生产性服务主体，促进服务的规模化经营，具体解决“如何种好地”的关键性问题。特别是作为农业大省而非农业强省的吉林省、黑龙江省、江西省等，多种途径提升农业规模经营效益显得尤为重要。针对务农劳动力结构性断层，即“未来谁来种地”的问题，需要强调在继续扶持小农经营的基础上，推进土地经营权有序流转，重点发展以家庭经营、规模适度、一业为主、集约生产为特征的专业大户、家庭农场，促进农地适度流转，推进集约化经营。而针对农业社会化服务滞后，即未来“如何种地”的问题，需要强调发展多种形式的社会化服务，如创新组建服务联盟，促使农产品生产者、龙头企业和涉农服务机构形成紧密的利益共同体，探索打造农业社会化服务公共品牌；抑或是通过整合服务资源，重点培育一批服务功能全、组织能力强、运行规范的综合性服务公司或农民合作社，开展覆盖全产业链的农业社会化服务。在明确好“谁来种地”和“如何种地”这两个问题的基础上，本书进一步探究适宜于不同地区的多种形式农业适度规模经营的具体实现路径。另外，需要明确的是，现阶段多种农业经营主体并行存在的情况下，大部分生产主体同时也是服务主体，其生产经营动机、行为存在明显的差异性甚至是竞争与排斥，如何辨析多元农业经营主体的异质性，充分彰显各类经营主体的相对优势，促进实现多元经营主体协同共生的格局，同样是本书的重点与难点所在。

目　录

第1章 导 论

1.1 研究背景和问题的提出

1.1.1 研究的背景

20世纪70年代末出现的家庭联产承包责任制，极大地解放了农村生产力，推动农业生产效率快速提升，并为促民增收和缩小城乡收入差距做出了重要贡献，促成了中国农业的“第一个飞跃”。但之后，随着这一改革制度带来的红利逐渐被释放殆尽，农地细碎化经营、农业比较收益持续低下、务农劳动力结构性短缺、农业兼副业化等问题渐露端倪，继而，关于农业规模经营的讨论随之兴起。1987年中共中央在5号文件中第一次明确提出要采用不同形式实行适度规模经营，其后，中央又连续在若干重要文件(甚至“1号文件”)中提到要发展适度规模经营，说明了它的重要性及中央对它的重视程度。

在这个用现代市场经济观点考量产业经济发展的环境下，农业农村发展理念、方式、规模、路径亟待转变，并需同现代化进程相匹配，才能促进社会经济协调发展。传统细碎化、零散化的小农经营模式所引致的问题已日趋凸显，农户超小型规模、高度分散细碎的土地经营格局、留守农业劳动力素质偏低等愈来愈成为现代农业转型发展的障碍。为改变这种状况，切实提升农业生产力，我国多地采取了多种举措以积极推动农业规模经营发展，然而，在取得一定成效的同时也产生了一些争议。2013年的中央1号文件强调要“引导农村土地承包经营权有序流转，鼓励和支持承包土地向专业大户、家庭农场、农民合作社流转，发展多种形式适度规模经营”。2017年中央1号文件又明确提出要积极发展土地流转型、服务带动型等多种形式适度规模经营。随后，2017年10月，党的十九大报告提出，在新时代要贯彻新发展理念，继续巩固和完善农村基本经营制度，深化农村土地制度改革，完善承包地“三权分置”制度。由此看来，国家对推进农业规模经营、发展现代农业的理念似乎逐渐明朗，各地也纷纷开展多元化的农业规模经营创新实践，一时间，推动农地大规模流转，创新农业组织经营模式等在全国各地如火如荼地开展起来。据我国农业农村部调查，推进多种形式农业规模经营主要有以下路径：一是土地集中型规模经营，即通过土地流转、入股和地块互换、归并等方式，扩大单一经营主体的农地集聚程度和规模化经营水平；二是组织引领型规模经营，在市场经济推动下，依据农业生产发展需要，积极推动农业产业基地建设和园区建设，促进农业主导产业有组织地实现专业化区域布局，提高农业产业规模化和组织化水平；三是产业化利益联结型规模经营，即通过“企业+基地+农户”“企业+合作社+农户”“企业+合作社+基地+农户”等模式促成农业经营主体间利益的有效联结，延长农业纵向产业链条，提高小农家庭经营的外部规模化水平，带动提升规模经济效益；四是服务带动型规模经营，即针对目前农业雇工成本高、农户不愿放弃土地的现实，农业社会化服务组织提供全程或部分农业生产经营服务，促成统分结合的规模经营。据第三次全国农业普查数据，截至2016年底，经营规模在50亩以上的新型农业经营主体数量约350万个，经营耕地总面积3.5亿亩，平均经营规模100亩，远远低于美国、澳大利亚、英国、新西兰等发达国家100～200公顷的农场平均规模水平。与此同时，预计在今后相当长的时期内，小农经济仍将是我国农业组织经营体系的最主要形式，推动土地流转提升农业规模经营的现实难度很大。因此，如何通过创新农业组织经营模式促成农业适度规模经营，推动小农与现代农业有机衔接，是现阶段我国农业发展进程中亟待解决的重大难题。

尽管推动农业规模经营的路径模式在不断丰富拓展，现阶段，我国仍然存在2亿多农户分散经营农业，在农村市场化改革不断深化的背景下，农户的市场参与机会与谈判能力仍然受阻，农民难以保护自身权益，农产品生产与市场难以有效对接，农业服务成本快速上涨。农业发展离现代农业的要求还存在较大差距：城镇化、工业化快速推进带来的土地要素和水资源的消耗使农业发展面临更为严峻的资源约束形势；小规模、分散化的农业经营格局使得农业基础设施及农技推广成本高昂；农产品生产，特别是粮食生产受成本上涨较快的影响其收益率不断下降；越来越多的青壮年劳动力从农村向城镇迁移，务农老龄化、农村空心化、基础设施和社会服务缺失、村庄空间布局混杂化等问题越来越凸显；人多地少的资源禀赋与均田制的制度安排，造就了我国小农经营的现实格局；进入非农领域的农村劳动力在城市难以获得同等社会保障与公共服务，加之，农户大量兼业化、副业化，部分农户还抱有对土地增值上涨的预期，这很大程度上阻滞了土地流转，致使土地粗放经营甚至大面积撂荒，进一步固化了小农经营格局；此外，农业经营主体后继乏人的危机严重影响了农业生产要素的配置效率和现代农业水平的提升。更为紧迫的是，尽管理论界与实践界普遍意识到培育新型农业经营主体和发展多种形式农业规模经营是实现农村工业化、农业农村现代化的客观需要和必然趋势，但目前关于我国农业适度规模经营的实现方式与推进路径仍然很不明朗，并存在多方面顾虑。

1. 对于粮食安全问题的顾虑

黄宗智(2006)指出，当前中国农业正处于大规模非农就业、人口自然增长减缓和农业生产结构转型的三大历史变迁的交汇期，农业比较效益持续走低，农业生产中“离农”“弃农”现象严重，此外，“谷贱伤农”和国内外粮价“倒挂”等问题极大地抑制了农民种粮积极性，未来中国“谁来种地”问题会愈加严峻。城市工商资本对农地的大规模流转又会进一步助长农地“非农化”与“非粮化”态势，对粮食安全和重要农产品供给造成了不利影响。因此，有学者指出，土地流转和适度规模经营过程中的“非粮化”问题必须要引起高度重视，绝不能因土地流转引发农业生产功能的衰退和影响粮食安全。

2. 对于农民社会保障问题的思考

土地问题涉及农民的切身利益，而强制行政干预下的规模经营发展反映出的是政府过分追求土地经营规模、为流转而流转的现象，违背了农地流转“依法、自愿、有偿”的基本原则，伤害了农民切身权益。加之，城镇化发展推动了农地非农化范围的进一步扩张，越来越多的农民从农地上被剥离出来，一部分农民终因失去赖以生存的土地而成为“失地农民”，甚至沦落为社会问题群体，失地农民的社会保障性问题备受全社会瞩目。而“以土地换保障”也成为诸多研究文献及政策实践中经常提及的应对措施，但这一方面严重忽视了土地本身的财产属性，另一方面“土地换保障”制度与其他社会保障如养老、医疗、住房、教育、生育等制度难以有效衔接，造成城乡居民在社会保障内容、形式和力度上存在较大差别，城乡二元结构刚性特征持续并存在加剧的可能。因此，如何在推进农业规模经营的同时，更加注重农民社会保障问题，是学界和政界关注的热点。

3. 对于效率与公平问题的权衡

在我国农业适度规模经营实践进程中，面临着兼顾效率与公平的棘手问题。现实境况中，诸多政策干预不到位、不精准，会造成经营主体行为的扭曲，并造成经营主体间收入关系失衡甚至过度分化。因此，在农业适度规模经营不可逆转的趋势背景下，充分尊重农户意愿、保障农民切身权益，在此基础上借助市场力量推动农地资源逐步集中，找准农民权益和资本经营的契合点，成为当下顶层设计的基本共识。近年来，工商资本大举进军农业市场，2015 年企业从农户手中流转的承包地面积高达 307 万公顷，占据土地流转总面积的 10%。工商资本攫取了大量的农地资源、市场资源和农村劳动力资源，挤占了农民生产、就业甚至生存空间，导致其与民争利的矛盾十分突出。首先，农民因难以合理地分享农业规模经营效益，从而加速了农村内部的贫富分化；其次，工商资本进驻农村，迫使“离农化”倾向越来越严重，村庄“空心化”现象广泛蔓延；最后，工商资本进驻农业，在一定程度上动摇了小农经营的稳固性，并抑制了种养大户、家庭农场、农民合作社等主流新型农业经营主体的进一步发展壮大，甚至会对其造成挤出效应，导致要素资源在各类经营主体中难以有效配置。效率与公平问题在农业适度规模经营的理论与实践中备受瞩目。

1.1.2　问题的提出

改革开放初期，我国在农业领域推行家庭联产承包责任制取代人民公社时期的集体经营模式，取得了巨大成功。林毅夫等(1998)指出，这种“摸着石头过河”的做法，极大地激发了农民生产积极性，促使农业生产力大幅度提升，并将其归结为微观上的激励效应，也有学者认为这是市场体制的资源再配置效应的体现，但也不约而同地指出，这种家庭组织模式丧失了规模经济效应。鉴于当时环境下，农业生产力十分落后，土地资源质量参差不齐且分布不均等客观条件制约，家庭承包经营采取按户为单位、人均分配，兼顾地理区位和土壤肥瘦分配土地资源，导致土地严重细碎化。随着改革激励效应的逐步释放，进入20世纪80年代中后期以来，我国农业开始表现出徘徊不前的态势，由此引发了社会对小农经营效率的高度关注与探讨。与此同时，大量国际经验表明，伴随着工业化和城镇化推进，传统农业转型升级的一个明显特征是农地经营规模的扩大和农业劳动生产率的显著提升。在人均GDP跨越10000美元，农业占国民经济比重低于10%的背景下，我国农业正处于从传统农业向现代农业转型升级的重要阶段，大规模农业劳动力从农村向城镇流动，科技的进步和非农产业的发展为农业农村部门提供越来越多的现代化要素，并且随着农业生产条件的改善，为农业规模化经营创造了诸多有利契机。

中共十八届三中全会明确提出“加快构建新型农业经营体系”，由此，撇开政治目标就经济目标而言，中央显然希望通过改革基于均田制的农地小规模经营模式以实现粮食增产和农民增收的“双重目标”，进而推动工业化、城镇化和农业现代化同步发展（倪国华和蔡昉，2015）。学界与政界层面都希望看到：土地规模集聚能够推动农地产出效率的有效提升，特别是随着工业化和城镇化吸纳大量农村富余劳动力后，农地经营规模可以不断扩大，单位农业劳动生产率随之提升，并促使粮食安全得到更有力保障。然而，全国多地大量实证研究在一定程度上否定了这种乐观的设想（万广华和程恩江，1996），甚至否定了“土地规模报酬递增”的存在，发现农业生产中存在着许多“规模报酬递减”的事实，并提出反向关系理论（inverse relationship，IR）。在实践中，还可能浮现出一系列问题与矛盾，如过大经营规模还可能导致农业经营的粗放化、农业资源利用效率的降低，在政策推行过程中，部分地方政府热衷于规模经营、发展高效农业，经常运用行政手段强制推行土地流转，特别是将集中起来的土地流转长时间、大面积租赁给工商企业，造成了土地“非农化”“非粮化”快速蔓延。在农业产业结构调整、城镇化和工业化迅速发展的当下，农业规模经营之争激起了政界、学界的深入思考（赵颖文等，2017）。

2016年中央1号文件《中共中央、国务院关于落实发展新理念加快农业现代化实现全面小康目标的若干意见》表示，“支持多种类型的新型农业服务主体开展代耕代种、联耕联种、土地托管等专业化规模化服务”，再次强调积极发展适度规模经营，引导其健康发展。然而，关于农业适度规模经营的基本内涵与外延问题，为什么要推进农业适度规模经营，推进农业适度规模经营的条件是否已成熟，多种形式农业适度规模经营的主体是谁、作用客体又是谁，如何合理把控农业规模经营“度”的问题，多种形式农业适度规模经营的具体实现路径是什么，如何有效破解农业规模经营进程中效率和公平问题等，人们的认知还存在诸多模糊不清的地方。特别是许多人将规模经营仍然等同于土地集中和土地流转，忽视其他类型的农业规模经营，结果造成土地市场的扭曲、土地租金成本的哄抬、农业利润空间的不断挤压、土地大面积弃耕撂荒、农业设施设备闲置浪费、小农生产空间被压缩等，在很大程度上阻滞了我国农业农村现代化的有序推进。为此，本书将致力于梳理上述问题并加以分析，探究我国多种形式的农业适度规模经营发展方向。

1.2　研究目的与意义

1.2.1　研究目的

基于上述一系列问题，本书试图在把握多种形式农业适度规模经营规范性概念的基础上，探索多种形式农业适度规模经营的形成机理和演进逻辑，厘清什么是“多种形式农业适度规模经营”、规模经营的主体是谁、规模经营的作用客体是什么、形式的多样性如何体现、规模经营“度”评判标准是什么、推行多种形式农业适度规模经营的目标是什么、实现多种形式农业适度规模经营的具体路径有哪些等。基于此，分类评析多种类农业经营主体多元化规模经营组织模式及其风险，展望我国推行多种形式农业适度规模经营的可能路径，以期达到以下目标。

1. 理论辨析多种形式农业适度规模经营的概念与内涵

围绕农业规模经营的内涵与条件，从农业生产要素投入、经营管理、市场价值、多功能性实现的全过程，探究农业适度规模经营效益产生的主要领域、涉及的行为主体及其主要表现形式。在此基础上，从农业规模经营的基础条件、经营效率、发展诉求及承担风险等维度阐释多种形式农业适度规模经营的内涵，辨识推进农业适度规模经营的有效路径，特别是深入辨析多元经营主体适度规模经营的目标、条件与关键环节的差异。

2. 论证多种形式农业适度规模经营并存的必要性

一定程度而言，农业适度规模经营伴随着多元农业经营主体的出现而形成，新型农业经营主体的创新还能够进一步丰富规模经营的实现形式。鉴于农产品多类型特征、农业技术功能和农业形态的多样性，以及不同经营主体在农业产业链的不同环节或模块中功能及其目标诉求的差异性，由此诱发的资源配置效率和经营绩效也有明显区别，加之特定区域农业发展环境的差异性，这就决定了多种形式农业适度规模经营存在的必然性和必要性。本书在此认知上，深入辨析了多元农业经营主体规模经营形式的多样性，一是通过理论模型分类阐释了不同经营主体规模经营“度”的行为偏好及其影响因素等；二是通过典型案例分类比较不同规模经营组织模式下的经营效率及其风险。本书试图构建较为系统的多种形式农业适度规模经营的理论框架，解析不同农业经营主体的行为选择偏好和利益诉求，比较多样化农业经营组织模式的实践路径、经营效益和风险差异性。

3. 实证案例分析多种形式农业适度规模经营实践路径及其差异性比较

为了解不同区域多种形式农业适度规模经营推进情况，拟通过选取我国不同地区具有代表性的农业适度规模经营案例进行重点比较，辨析不同类别经营主体（或其组合）通过多元化农业经营组织模式推进农业适度规模经营的路径差异，找出各自优劣势并提出针对性的对策建议，并提炼出具有可推广复制的多种形式农业适度规模经营发展模式。

1.2.2 研究意义

1. 理论价值

开展多种形式农业适度规模经营研究，一是丰富了邓小平“两个飞跃”的理论思想，“两个飞跃”理论是基于我国农情及农业未来改革方向而提出的具有前瞻性的战略构想，党的十八大以来，以习近平为核心的党中央继承了邓小平“两个飞跃”思想，坚持“第一个飞跃”不动摇，并以“第二个飞跃”思想为指导，积极推动农业多种形式适度规模经营；二是有助于重构农业农村经济的微观基础和促进农民分化，实现小农户与现代农业的有机衔接，推动农业家庭经营的组织创新。在我国，农业的微观基础主要是一家一户的分散经营，这种分散、细碎化经营格局难以适应新形势下农业发展和乡村振兴需求。邓小平曾指出，“在生产关系上不能完全采取一种固定不变的形式，看用哪种形式能够调动群众的积极性就采用哪种形式”，“在农村，还得要调整基层的生产关系，要承认多种多样的形式”（王玉强，2006）。推动农业适度规模经营是生产关系适应生产力发展的必然要求，其前提是符合地区实际、尊重群众意愿、具备多种形式，能够随着环境变化不断调整生产关系以适应生产力发展，进一步丰富邓小平“两个飞跃”思想内涵。通过发展多种形式的农业适度规模经营可以重构出一种新的农业微观基础，是生产力倒逼生产关系的改革创新，又能从宏观层面揭示农户分化的必然过程以及农业组织经营模式的演进逻辑，为我国制定适合于多种形式农业适度规模经营的政策提供决策依据和理论。此外，该研究在丰富农业技术经济研究方法和完善农业适度规模经营理论方面具备较强的理论价值。

2. 实践意义

首先，本书对多种形式的农业适度规模经营的思考，契合市场经济导向下我国现代农业发展的实际需求。我国农业生产的现实难题仍然集中于小农经济、小户兼农以及农户承包地分散化、自然田块人为分割化、土地产出率和土地利用率偏低、农产品商品化程度低等问题，尤其面对国外农业的强大竞争力，我国农业更显弱小和落后。经过四十多年的市场化改革，我国农业生产经营主体发生了很大的分化，规模化经营的新型农业经营主体迅速崛起，然而在“大国小农”的基本国情影响下，小农户依然大量存在。据农业农村部统计数据，截至 2018 年底，我国有 2.7 亿农户，其中 2.5 亿户是承包农户，经营规模在 50 亩以下的农户 2.48 亿，占农户总数的 90.7%，他们经营着全国近 65%的承包地，小农户家庭经营在很长一段时期内是我国最主要的农业微观经营主体。农业增效和农民增收的诉求，不断倒逼农业经营模式和服务方式的改革，推动农业规模化经营内涵不断丰富和进程不断加速。在江浙等一些沿海发达地区以及一些劳动力流出比较大的地区，农业规模化经营的实践已经颇见成效，但实践中理论的滞后与制度的束缚成为制约农业适度规模经营有序发展的瓶颈问题，亟须促成认知与实践的统一。其次，本书关注多类别农业经营主体在多元经营组织模式推动下的多种形式农业适度规模经营成效及其风险应对，对于保障各类农业经营主体(含小农户)在农业规模经营中的利益诉求，推动小农和现代农业的有机衔接以及构建现代农业经营组织体系具有重要实践意义。

1.3　研究思路、研究方法与创新之处

1.3.1　研究思路与技术路线

1. 研究思路

总体思路：在把握多种农业适度规模经营规范性概念的基础上，探索多种形式农业适度规模经营的基本特征与形成机制与机理，解析各类农业经营主体适度规模经营的具体目标诉求、作用客体及其经营组织模式的多样性。同时，辨析多种形式农业适度规模进程中，多类别的农业经营主体之间的合作模式与协作共生关系，并在此基础上展望新时期我国农业适度规模经营的可能发展前景及新型经营主体(体系)的发展趋势，最终形成多种形式农业适度规模经营的系统理论。

本书主要涵盖了 7 部分的研究内容：

第一部分：第 1 章与第 2 章内容。第 1 章探讨实行多种形式农业适度规模经营的必要性、目的与意义，并论述本书基本思路、研究方法。第 2 章侧重于梳理分析和述评国内外对农业适度规模经营的研究动态，为本书找寻可挖掘空间。

第二部分：第 3 章内容，本书基础理论与概念内涵认知。主要讨论多种形式农业适度规模经营的规范性概念，在对相关经典理论辨析的基础上，梳理多种形式农业适度规模经营的基础问题，揭示本书对于多种形式农业适度规模经营基本概念、内涵及主要特征等方面的认识，提出本书关于多种形式农业适度规模经营的研究框架。

第三部分：第 4 章内容，关于在我国推行多种形式农业适度规模经营紧迫性与现实性的具体解析。从历史沿革角度辨析推进多种形式农业适度规模经营的紧迫性和必要性，明确农业经营制度改革的目标与需坚守的重要底线。从多维角度分析我国推进多种形式农业适度规模经营发展中存在的问题、难点与挑战，以农地规模集聚对“三农”效应影响为实证，凸显规模经营理论与现实的反差。

第四部分：第 5 章内容，关于多元农业经营主体多种形式推进农业适度规模经营的分类辨析。在明确多种形式农业适度规模经营基本内涵的基础上，对中国现阶段影响不同类别农业适度规模经营主体发展的因素进行数量模型的推导分析。通过构建不同经营主体经营“度”的评测模型，对不同经营主体在不同目标诉求下的多种形式适度规模经营路径及

具体影响因素进行差异化比较分析，在此基础上，对多种形式农业适度规模经营的形成机理提出本书的经济性解析。

第五部分：第 6 章内容，以我国不同要素资源禀赋地区推进农业适度规模经营的典型模式为案例。分类比较其推行农业适度规模经营的现实条件、基本前提、主要特征、经营效益及所承担的经营风险。

第六部分：第 7 章内容，以美国、日本、法国和德国为例，具体分析农业适度规模经营在不同资源禀赋的发达国家中的主要做法及发展趋势，并挖掘其对我国推进多种形式农业适度规模经营的重要启示。

第七部分：本书第 8 章与第 9 章内容，政策建议与研究结论。基于国内外典型案例与模式分析，提出我国推进多种形式农业适度规模经营发展的政策取向与对策建议，并着重点出本书的主要结论。

2. 技术路线

本书注重交叉学科研究方法的相互渗透，并力图做到理论分析与调研实证相统一、比较分析和历史分析相结合(图 1-1)。

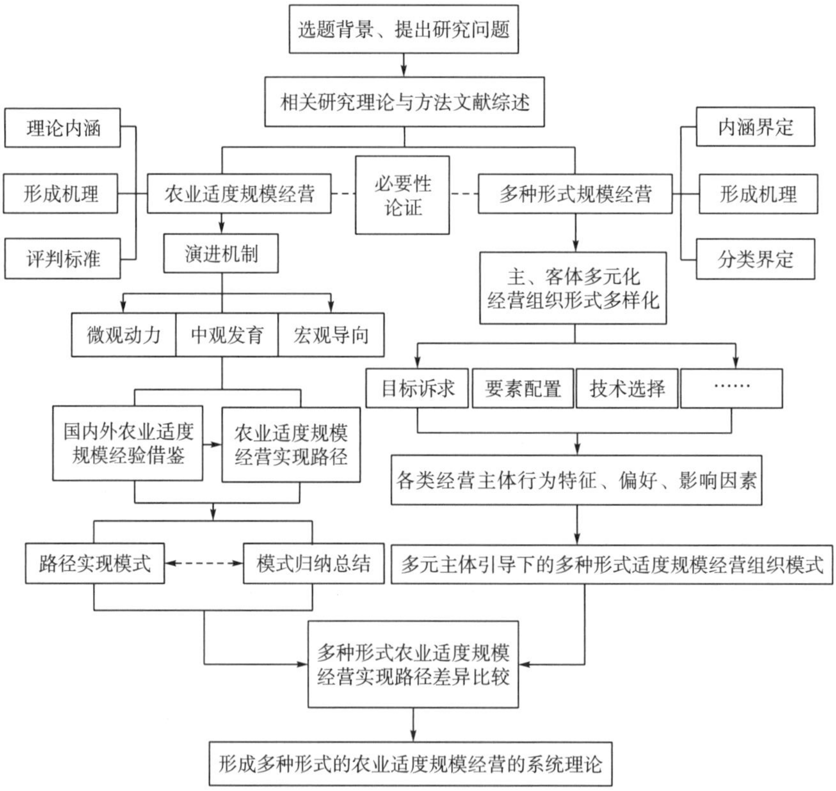

图 1-1 本书技术路线图示

1.3.2　研究方法

1. 文献计量法

以 CNKI 数据库中收录的农业规模经营的主体文献为检索对象，以信息可视化分析软件 CitespaceIII 为分析工具，结合文献计量学分析方法，以 1994～2015 年 CNKI 数据库收录的“农业适度规模经营”为主题词的 667 篇核心文献为分析对象，运用文献计量和知识图谱分析方法，着重对农业适度规模经营领域的研究演进路径和核心主题进行分析，绘制国内农业规模经营领域的知识图谱，并揭示该领域内的研究进展、热点及潜在发展趋势，找出现有研究在“农业适度规模经营”领域存在的不足。据此，阐释本书的基本内容、研究视角、研究方法和案例分析模式等。

2. 案例研究法

选择我国不同地区典型农业适度规模经营模式作为研究对象，对多种形式农业适度规模经营的基本特征、经营绩效、主体偏好、作用客体的选择、经营风险及规模经营“度”的发展驱动、制约因素等进行深入研究和对比分析。

3. 比较分析法

运用比较分析法对不同国家、不同地区农业适度规模经营实践经验进行对比分析，以探析多种形式适度规模经营的已有经验和潜在发展趋势。

4. 模型分析法

运用经济学理论分析模型，分类评价影响多种形式适度规模经营“度”的制约因素，提出促进各类经营主体适度规模经营的动力机制和推进措施。

1.3.3　数据来源

本书所采用的数据主要来自以下几个方面。

(1) 统计年鉴。中国统计年鉴、中国农村统计年鉴、中国农业年鉴、全国农村固定观察点调查数据汇编、全国农产品成本收益资料汇编、中国人口与就业统计年鉴、全国农民工监测调查报告、中国农村经营管理统计年报、第三次全国农业普查数据、各省市统计年鉴等。

(2) 官方网站。中华人民共和国国家统计局网站、中国学术期刊网、联合国粮食及农业组织（Food and Agriculture Organization of the United Nations，FAO）官网、世界银行官网、美国农业部官网、日本农林水产省官网、法国农业部官网、德国农业部官网等。

(3) 相关资料。文献资料、调研资料、各省（区、市）国民经济和社会发展公报、相关政府部门内部资料。

第2章　国内外研究述评

就我国这样一个人多地少、资源禀赋多样化、区域发展差异大的国家如何推进农业农村现代化，首先须认知，“大国小农”的基本国情不可能回避。据第三次全国农业普查数据资料显示，全国共有 3.14 亿农业生产经营人员，2.07 亿农业经营户，其中规模农业经营户仅为 398 万，小农户的数量规模十分庞大，超过了 2 亿户。党的十九大报告讲到，建设现代农业过程中要“实现小农户和现代农业发展有机衔接”，这一要求着眼于中国现实的国情农情和中国特色农业农村现代化建设规律，对于乡村振兴具有重要指向意义。因此，如何通过多种形式农业适度规模将小农户纳入现代农业的发展轨道中来，是推动中国农业农村现代化和实现乡村振兴战略的重大理论与现实问题。

2.1　国外研究动态

2.1.1　关于农业规模经营有效性的探讨与争论

国外在农业规模经营有效性领域的研究上，大致形成了两派观点，即支持论与质疑论，这两派观点的争论持续至今。以魁奈、杜尔阁等为代表的古典经济学家大多认为农业规模经营是有效率的，魁奈(1979)认为资本主义大农业具有独特的优势，能够有效降低农业生产成本；杜尔阁(1978)进一步提出了通过发展农业资本家以推动农业经济发展；马克思主义认为小农经济规模狭小，代表着一种落后的生产方式，农业大生产优于小生产并终将取代小生产。卡尔·考茨基(1955)在其著作《土地问题》中进一步发展了马克思主义农业理论，认为土地规模经营具有相对优势性，可以促进分工协作、降低生产成本和实现要素资源共享。20 世纪中期以来，诸多学者如迈克尔 • P. 托达罗、雷纳、因戈尔森特、约翰·梅勒等经济学家，又尝试着采用新的理论模型与方法以论证农业规模经营可以促使生产力与生产关系更为融洽，实现规模经济的有效性。随着现代农业装备水平和农业科技的发展，欧美等发达国家大农场经营模式带来的农业产业化发展，进一步论证了上述学者的观点。其后，舒尔茨(2006，2015)、速水佑次郎和弗农 • 拉坦(2000)、约翰 • 希克斯(1987)等学者基于技术、制度、管理和内部生产要素等维度的思考，深入阐释了规模经济发展的内在原因，在很大程度上已经超越甚至颠覆前人的传统认知。部分学者总结认为，通常发达国家或地区的农业经营规模要高于欠发达国家或地区的规模，正如 Kawagoe 等(1985)的某项研究表明，欠发达国家或地区的农业生产相对于发达地区呈现出规模报酬不变的态势。此外，还有很多学者对于不同国家、同一国家不同地区或者不同种养业经营规模效率的情况进行了实证分析测评，研究表明，农业经营规模及其效率受农业技术管理水平、经营者受教育程度、社会化分工水平、信贷资金的可获取水平等多因素影响，但总体而言，随着经营规模的逐步扩大，可以促进平均生产成本降低和实现规模经济效益。

与此同时，对农业规模经营有效性的质疑也从未停止过，McCloskey 认为，分散化经营能够在一定程度上分散自然条件变化产生的风险，即土地分成小块就能确保农民不会承担农作物全面歉收的风险。部分学者甚至提出了“规模经营危害理论”，认为土地经营规模越大，生产效率往往越低。“反向关系理论”(inverse relationship，IR)指农业生产中农地经营规模与生产率之间的反向关系。该关系理论最早是由俄国农业经济学家恰亚诺夫(1996)在考察俄罗斯的农业生产中发现中小农场单位种植面积产出相对大农场单位面积产出更高时提出的。随后，Sen(1962)、Bardhan(1973)等对印度农业的效率研究也论证了该种理论。学者们在非洲、亚洲、欧洲和拉丁美洲等地区均发现了农业效率与农业规模之间的反向关系，并提出农业经营要实现经济效率必须要在一个合适的经营规模范围之内，由此，传统的农业规模经济性认识受到了挑战。渐渐地，部分学者的“小农立场论”又提升到主流理论，特别是针对巴西、中国、印度、哥伦比亚等发展中国家农业经营效率的实证研究，更倾向于支持小规模经营模式的优越性。对此的理论解释涉及二元经济理论、委托-代理理论、成本交易理论，并指出以家庭经营为主的小农经济更易监督、控制和实现精耕细作。美国经济学家舒尔茨基于此提出，不应该通过资本主义大农场方式消灭传统小农生产方式，而应通过引进现代化生产要素来改造传统小农经济，实现经营效率的有效提升。Assunção 和 Ghatak(2003)认为即使不存在土地边际报酬递减或监督成本递增的情况，IR 现象仍会存在，他通过建立理论模型，论证得出土地信贷市场的不健全及农民技能素质的差异性也可能造成 IR 现象。而近年来一些研究从生态学、土壤学等学科角度论证小规模农业经营效率性，如 Oliveira 等(2013)指出，地区扩大农业生产规模有可能会改变土地用途和影响气候变化，反之又会破坏农业的生产基础，导致农业产出效率有所下降。另有学者(Benjamin，1995；Binswanger et al.，1995；Lamb，2003)将土壤信息这个容易被忽视的因素纳入 IR 研究中。总之，国外针对农业规模经营 IR 现象的解释主要归结为五方面原因：一是要素市场的不完全。这包括不同规模类别的农户在所持有的资源要素(土地、劳动力和资本)上的差别，并指出农业劳动力转移的关键性。包括 Sen(1966)、Berry 和 Cline(1979)、Carter(1984)和 Newell 等(1997)通过分析不同规模农场的要素投入与产出(土地产出率、劳动生产率)之间的关系，发现农场经营规模(要素投入)与产出效益(单产、总产或经济效益)之间呈现明显的负相关，对此解释为劳动力市场的不完全或土地租赁市场失灵的情况下，小规模农场经营更具集约性和可控性，投资回报率更显著。Smith 和 Baquet(1996)等认为不完全的保险市场也会增加大规模农业种植风险，导致农业规模投入与产出效益之间的反向关系，而小农精耕细作的耕作模式可以有效避免农业自然风险。二是信息不对称易引发道德风险和监督成本。Eswaran 和 Kotwal(1985)指出，信息不对称条件下易造成农户与不同经营体之间的交易成本、监督成本与激励机制等方面的差异。一方面，农业大规模经营所需土地多是靠租赁、流转等方式获取，土地经营权的长期稳定是农业规模化经营的基本前提，但实践中，土地流转纠纷多、风险大，受自然灾害、市场变化、经营不善等原因导致农户收不到租金，农户违约强行收回流转土地，业主不支付流转费“跑路”的或者擅自改变土地用途等情况屡见不鲜。另一方面，农业规模化经营相比小农经营需要更多雇佣劳动力，但是在不完全监督下，雇佣劳动力很容易产生偷懒行为，导致大规模经营的监督成本明显抬高。而相比较而言，无论是从道德风险还是从监督成本，抑或是从工作自主性和激励性角度考虑，小农经营有着不可替代的比较优势。三是土壤质量及其他影响变量的估量偏差。Benjamin（1995）、Lamb（2003）等认为，特定地块的土壤质量、种植结构、规划用途等属于农民的私人信息，同时特定的气候条件或其他影响变量一定程度上也是农民的私人信息，因此，土壤质量不能作为测量作物产量的唯一变量，可能会出现土壤质量与作物产出正相关但与农场经营面积负相关的情况。四是农户结构性分化对农业经营效率的影响。Assunção 等（2007）通过对异质性农户的观察，认为在一个规模报酬不变和劳动力市场相对成熟的环境中，小规模农场中技术能力较强的农民相比技术能力弱的农民具有明显比较优势，即农民的技能异质性和自我选择在一个适度经营范围内能够表现出反向关系。五是基于封闭环境和静态角度分析农户家庭经营的内部运行机制。如恰亚诺夫（A.B.Chayanov）曾提出的农民自我剥削机制，认为农户家庭经营规模取决于家庭劳动力是否能够最大强度和最高利用自身劳动量，这在一定程度上与黄宗智针对中国农村劳动力情况提出的“过密型”和“内卷型”理论存在相通之处。

2.1.2 关于小农经济行为及其经营绩效的研究

关于农户经济行为的研究最早起源于20世纪20年代俄国著名农学家恰亚诺夫的小农经济分析，他将小农家庭经济与资本主义经济进行比较分析，认为家庭劳动农场经营不是为了追求利润的最大化，只是为了满足家庭内部消费需求。但是恰亚诺夫的研究处于特定的历史时期，不存在外部市场经济的介入。进入 20 世纪 60 年代以来，人们对小农经济有了新的认知，并促成了理性小农经济学派，其代表人物有西奥多·舒尔茨（Theodore W. Schultz）和塞缪尔·波普金（Samuel L.Popkin）。舒尔茨认为小农作为“经济人”，农民是有理性的，为追求利润而创新，他把对传统小农的研究转化为对农业生产要素的研究，认为现代化进程中，小农会根据市场契机积极利用各种要素资源来追求利润最大化，因此，要通过引进现代生产要素改造传统农业，实现小农家庭的现代化转变。随着农户行为理论研究的深入，国外学者的视角开始广泛涉足于社会、经济、市场、政策等诸多更为复杂的领域中。如美国华裔学者黄宗智对中国 20 世纪 30～70 年代小农经济进行调查，并通过中西小农社会阶段比较分析，认为要了解中国小农经济行为需综合分析，不能单纯用“利润最大化”或“家庭劳动农场结构”理论来解释，需要综合小农“利润的追求者”、“维持生计的生产者”和“受剥削的耕作者”三方面来综合考量，并指出改革开放以前的中国农村经济受制于“劳动过密化”而处于停滞状态。此后产生的风险厌恶理论学派，在继承“利润最大化”理论的基础上，引入风险和不确定概念，如詹姆斯·斯科特等基于风险角度和农民道义经济学视角认为，小农脆弱性使小农家庭天然偏爱规避风险，生产的选择都是围绕生存进行的，因而有必要尊重农民的生存伦理和行为逻辑的基本道德观念。

由此，国外学者提及的“理性小农”“道德小农”“内卷化小农”“市场化小农”“社会化小农”等概念不断兴起，基于上述经典小农户经营理论，随之展开了关于农户生产行为与要素配置的模型研究。如约翰逊、沙宁、沃尔夫等基于权利关系论强调了小农生产的受压迫性，及小农在从属地位下生产表现出的特有行为逻辑。如 Kevane(1996)关注了市场失灵对农户生产决策的影响，认为市场失灵情况下，农户的经营绩效会受家庭结构和资本禀赋等因素影响。Sadoulet 等(1998)利用模型解析了农业技能的异质性对于农户参与农业与非农活动选择的影响，并指出农户是否从事自给型农业生产主要由土地等要素禀赋和低技能劳动力的影子价格所决定。Nigel(2002)研究指出，农产品市场竞争程度及市场交易成本，对农户生产经营行为(产品供给、劳动力供给等)有着重要影响。Ellis(2000)、Perz(2005)认为在经济落后地区，许多贫困农户被隔离在高增长和高回报的非农产业部门之外，由于资本匮乏，其生产多样性又容易受阻，因而他们难以获取和其他经济主体同等的社会发展机会。Carter 等(2002)认为农户对非农市场的参与体现了其基于市场价格进行利润最大化的决策特征。一定种程度而言，农户兼业行为代表着一种更高层次的生计行为和农村发展新的转型方向，并受到经济学家的广泛关注。正如 Giles(2006)指出，非农产业活动对农户自身的发展至关重要，既可以促进农民收入增加，也为农户有效规避了市场风险。与此同时，越来越多的学者指出，随着市场开放程度的不断提升与社会的快速变迁，小农户结构性分化的趋势将愈加鲜明，小农户兼业化行为仍将增多，并且越来越深入地卷入这个流动、开放和分工性强的社会经济体系中，由此也充分预见了小农生命力的顽强与稳定。

2.1.3　国外关于中国农业适度规模经营的研究

针对中国农业规模经营的研究，国外学者大多将侧重点放在农业规模经营效率的测算上，较少涉及规模经营“度”的分析阐述。Benjamin 和 Brandt(2002)认为，中国农场规模与其经营效率之间存在反向关系，而导致这种关系的原因主要在于政府政策干预以及非农就业机会的不均衡。周诚(1995)通过运用农村经济研究中心(Rural Economy Research Center，RERC)对中国农户调查的面板数据，分析检验了 20 世纪 90 年代末期中国农场规模与生产率之间的关系，结果显示使用工具变量可以促使 IR 现象基本消失。Bravo-Ureta(1986)通过构建随机前沿生产函数，对中国北部、东北、东部和西南四个地区 1995～1999 年的规模经营情况进行分析，计算结果表明，东部地区化学投入物的增加和北部、西南地区资本服务的增加，会使相应地区的边际产出有所减少。Hu 等(2010)运用随机前沿生产函数，对 23 种主要农产品的投入产出数据进行全要素生产率(total factor productivity，TFP)分解，结果发现，技术进步和变革是推动生产函数的重要原因。Wan 和 Cheng(2001)利用农户调查数据对中国土地细碎化、土地经营规模及规模经济之间的关系进行实证检验。研究发现了显著的 IR 关系，由此提出不能因为土地规模过小就采用激进的土地政策，要对既有的政策进行改革。关于中国农业规模经营有效性的问题，国外相关研究多是在实证分析基础上的探讨，多数研究认为在中国推行大规模农业经营很容易引致效率的低下，在中国适宜推行小规模农业生产经营模式，这也是由中国特定的资源禀赋和农情特征决定的。如 Fleisher 和 Liu(1992)对江西、江苏、吉林、河南和河北这 5 个省份 1987～1988 年期间的 1200 个农户的生产种植情况(水稻、大豆等大宗作物)进行分析，并未发现规模经济性。又如部分学者指出，不同规模经营者抗击农业自然灾害的能力也有所不同，对于中国而言，小农户可以自行采取有效措施抗击灾害，但是大规模生产者更多需要依赖政府技术服务和保险补助以规避风险和降低损失。但也存在着一些积极的研究结论，如 Tan 等(2008)在一项针对江西省东北部水稻生产的规模效率研究中发现，每扩大 1 亩地水稻种植面积，就能使单位产量成本降低 1.4%。此外，新近研究也越来越多地表明，地权的稳定性对于农户是否增加农田投资、扩大农地经营规模和提升经营效率等有着重要影响。

国外对于国内农业规模经营的研究绝大多数看似符合 IR 的经验规律，对于类似于中国这种想要通过土地改革来改善农业效率的发展中国家来说，具有重要的政策启示。因为，如果反向关系理论(IR)确实成立的话，那么用小规模农场替代大规模农场将增加农业总产出，同时还能有效规避收入分配不均的问题。这也充分验证了改革开放初期的发展成效，推行以家庭联产承包责任制替代生产队集中劳动，促使中国农业产出大幅提升，1978～1984 年农业总产值增长了 455.4%，其中，种植业发展尤为迅速。这段时期的改革成果在一定程度上也是对 IR 现象一个很好的验证，但是其背后的理论支撑依然存在诸多争论。另外，家庭联产承包责任制的改革活力已经基本释放殆尽，逐渐变为生产力和社会发展的桎梏，是否应该存在其他经验规律替代 IR 还缺乏明确的理论基础。

可见，国外“度”强调在特定的生产力水平下，能够获取最佳产出(量或效益)所需要投入的适度生产要素，生产要素能够力求实现优化配置和充分利用。通过上述分析，可见国外对规模经营“度”测评的主要是以单个经营体作为研究对象，在此基础上考察具体要素投入情况，如土地、劳动力、机械设备等，并逐步将技术因素纳入考量之中，其目标主要是提高劳动产出率和土地生产率。

2.2 国内研究动态

长期以来，农业适度规模经营问题就备受学术界与政界的关注，这与我国农业农村经济与制度的演绎历史密不可分。早在 20 世纪 90 年代初，邓小平就极富远见地指出，中国农业改革发展需要历经两个重大飞跃，第一个飞跃是废除农民公社，实行家庭联产承包责任制；第二个飞跃，是适应科学种田和生产社会化的需要，发展适度规模经营，发展集体经济。相对而言，国内学术界关于农业规模经济理论研究的起步较晚，20 世纪 80 年代中期以来，家庭联产承包责任制的改革红利逐步释放和工业化、城镇化进程的加快，独门独户为特征的分散经营弊端不断显露，农业适度规模经营再次成为理论和实践界辨析的热点，改革开放以来的理论与实践探究涉及了农业规模化经营发展的方方面面，这也为充实中国特色农业经济理论体系奠定了良好的基础。

通过对中国知网(CNKI)《中国期刊全文数据库》中相关“农业适度规模经营”主题的核心论文进行检索与统计，截至 2015 年末，国内该领域内核心论文数量累计达到 667 篇(表 2-1、图 2-1)。其间，20 世纪 90 年代中期呈现文献量的短期增长高峰，特别是自 1994 年农业部首次提出可以依法采用转包、转让、出租、互换、入股方式流转土地承包经营权后，农地规模化经营逐步驶上市场化轨道。而后，该领域内的核心论文量呈现平稳增长态势，直至 2012 年，党的十八大报告和 2013 年中央 1 号文件中分别明确提出要“培育新型经营主体”“发展多种形式适度规模经营”，该主题内论文量迅速攀升，2013 年于核心期刊发表的论文量达 44 篇，相比 2012 年，增幅高达 76%，2014 年和 2015 年论文总量分别增至 78 篇和 88 篇(图 2-2)。这反映出，在农业发展的新形势、新挑战以及深刻结构性变革的背景下，学界对于如何进一步提升农业资源配置效率、推动农业适度规模经营和加快发展现代农业发展做出了更多、更积极的探索。

表 2-1　基于 CNKI 的农业适度规模经营主题文献关键词分布

排序	关键词	排序	关键词	排序	关键词
1	城镇化	13	适度规模经营	25	小农经济
2	现代农业	14	土地流转	26	经营规模
3	农业经营方式	15	规模经营	27	可持续发展
4	土地经营	16	家庭农场	28	土地资源
5	家庭联产承包责任制	17	适度规模	29	劳动力转移
6	农业经营主体	18	农业现代化	30	规模效益
7	农业规模经营	19	农地流转	31	农地制度
8	农村土地	20	家庭承包经营权	32	农民增收
9	农村改革	21	粮食安全	33	承包权
10	农业生产	22	农业发展	34	土地经营权
11	职业农民	23	规模经济	35	土地适度规模经营
12	农民收入	24	土地使用权	36	资本下乡

注：根据 CitespaceIII 检索所得。

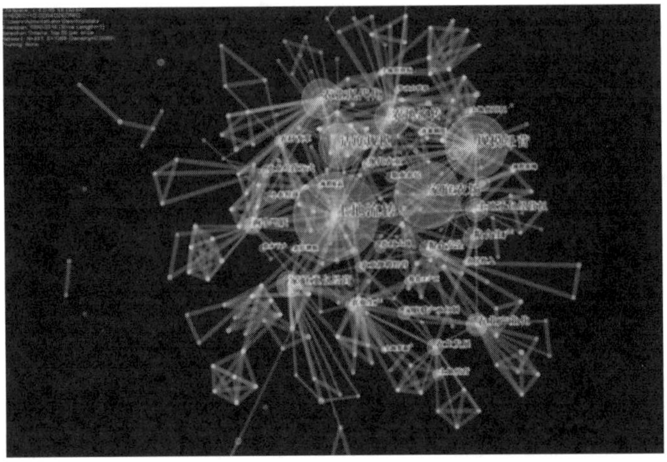

图 2-1 基于 CitespaceIII 的农业适度规模经营研究主题分布可视化图

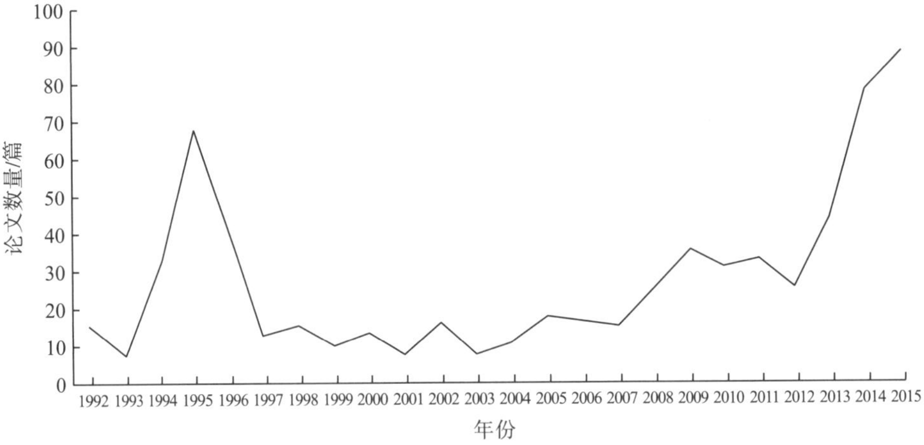

图 2-2 基于 CNKI 的农业适度规模经营主题文献量年度分布情况

数据来源：中国知网（CNKI）《中国期刊全文数据库》中核心类期刊统计。

2.2.1 关于多种形式农业适度规模经营推行的必要性研究

关于在中国推行农业适度规模经营研究的必要性，大多认为是由中国人地关系比例、资源禀赋和技术条件所决定的。多数研究认为，在人口压力下，我国农业长期以来受制于土地经营的细碎化和零散化，户均经营面积十分狭小，造成农业生产要素匹配成本较高，农业抗风险能力较弱，阻碍了现代农业经济发展进程。尽管改革开放初期，家庭联产承包责任制的推行有效激活了农民生产积极性，促成了中国改革发展的“第一次飞跃”，但从当时发展环境来看，较为封闭式的小农家庭经营能够契合农民诉求，是生产关系适应生产力要求的重要表现。随着我国市场经济的纵深发展，农业内外部环境不断发生新的变化，封闭式小农家庭经营也开始表现出较明显的局限性，在农业生产的诸多领域如农田水利灌溉、农业技术推广应用、农村基础设施建设、农产品加工销售等，小农家庭经营处于被动或不利地位，小农业与大市场的矛盾日趋凸显。鉴于此，林毅夫指出，20 世纪 80 年代初期农业快速增长的关键因素在于家庭联产承包责任制的实施推行，但技术的进步和农户结构性分化促使农业部门所需劳动力大幅下降，要素禀赋结构的变迁促使农业适度规模经营成为发展的必然趋势。而早在 1986 年中央 1 号文件中，就曾提出“鼓励耕地向种田能手集中，发展适度规模种植专业户”。韩俊(1998)还指出，农业的适度规模经营能够有效避免工农业关系失调和农业农村萎缩，促进城乡关系统筹发展。其后，国家连续多年在 1 号文件及重大政策文件中表现出对农业规模化发展的倾向。学界的多数研究认知又进一步支撑了政府的思想导向，认为推动农业适度规模经营发展能够促使农业经济表现更佳。杨国玉和郝秀英(2005)认为，小农家庭分散化经营导致大量农村劳动力固守在农村土地上，农业边际劳动报酬呈现持续下降态势，我国农业的市场竞争力不断趋于弱化。何慧丽和温铁军(2008)基于我国农民兼业化发展的现实情况，认为要想推动农民成为农业经济主体，首要问题是解决小农高度分散化问题，要积极促成农民间全方位的分工协作，推动形成农业产业化，实现小农户与大市场的有机衔接。何秀荣(2009)通过对我国农业微观经营组织进行调查，指出如果农场经营规模达不到现代生产力发展要求的底线，那么在这种小规模经营模式下，推动科技应用推广、降本增效、市场准入拓展、激发从农热情等其他问题均较为空泛。黄祖辉(2017a、b)认为，过小的农业经营规模不利于调动农民积极性和提升其比较收益，在技术、经营方式和产品相对不变的情况下，扩大经营规模将成为激励农民持续生产的重要途径。而与此同时，他也指出经营规模要适度，过大的经营规模会导致农业生产经营的粗放和资源低效利用，此外相关政策干预的不精准和不到位也会引致农业生产经营主体行为扭曲及经营主体之间过度分化等问题。不难看出，学者们对农业规模化经营大方向持有肯定态度，同时也明确指出了农业规模经营要处于适度规模区间的重要性。

2.2.2　关于多种形式农业适度规模的内涵界定与特征研究

纵览现有文献可以发现，对于农业适度规模经营的内涵界定起初较多集中在土地规模经营内涵界定上，主要因为多数学者认为土地是农业生产不可替代的要素，同时受制于特定历史阶段、技术条件与经济水平，并针对 20 世纪 80 年代中后期家庭联产承包责任制的改革红利逐步释放，农业经济增长有所停滞而提出的界定。也正是基于此，周诚(1995)指出我国农业规模经营的具体内涵应侧重体现在两个方面，一是要通过扩大土地经营规模使农业劳动生产率达到满负荷，并且由此获得的农业经营收入不低于当地非农从业者的平均收入水平；二是要能够逐步推动土地向种田能手集中，确保农产品单产水平和总产量不断提升。张红宇(1996)基于当时的农业经济发展相对滞后和农产品市场供给紧缺的现实背景，认为农业规模化经营特指农地规模化经营，更进一步指的就是粮食的规模经营，要通过扩大粮食种植规模以确保粮食产出效益。但随后，越来越多的学者基于中国人多地少的现实农情认识到，一味地扩大土地经营规模是难以实现的，由此提出推动农地“适度”规模经营的设想。对于农地经营规模的“适度”性的理解，张文渊（1999）对此解释，在既定生产力水平下，单位经营主体所经营的土地规模必须在其承受能力之内，并且土地、设备、资本或其他投入要素能够实现最优化配置。这一阶段，学界对农业适度规模经营的衡量标准也主要局限于三个较为单一的方面：农地经营面积、农业生产工具和农业经营利润。同时，这一时期的理论与实践研究还存在一个较明显的误区，即将农业规模经营与小农家庭经营视为对立面，也混淆了经营规模与规模经济二者间的关系，同时较为狭隘地认为土地规模扩大即可带来农业规模经济效益。之后，该领域的研究逐步突破了土地的单一视角，并指出仅通过扩大土地经营面积实现规模经济效益的做法属于外延式做法；与之对应的还存在内涵式农业适度规模经营模式，即在土地经营规模难以扩大的情况下，如何通过提升技术水平，或提高生产要素的匹配度以获取更好的经营收益（杨素群，1998）。进入 21 世纪以来，随着现代农业发展理念的逐步深入人心，学界对于农业适度规模经营内涵的理解跳出了静态层面和单一视角，认为它是一个动态发展的、涵盖多维角度的、社会化的概念。学者们开始从要素配置（土地、资本、劳动力等）、实现形式（家庭农场、产业化龙头企业、家庭经营等）、发展目标（政策目标、经济目标、社会目标和生态目标等）、发展路径等角度更深入地研究农业适度规模经营的内涵与特征。伍旭中（2008）认为适度规模经营不一定实现规模经济，规模经济是一种均衡的状态，适度规模经营应该是一种动态的成长经济。随着社会农业经营主体的不断分化，学者们指出推动农业适度规模经营必定不是某单一经营体，不同主体的“适度”标准必定存在差异。郭晓鸣（2014）指出，我国农业适度规模经营的发展是一种混合经营业态，不能因为新型经营主体的兴起而对小农户发展有所排斥。程秋萍（2017）还指出，在政府权力的介入之下，农业适度规模经营的目标诉求基本体现为政府诉求，因此必须将政治风险纳入考虑。黄祖辉（2018）认为，鉴于规模经济理论本身在实践中就具有丰富性内涵，因而农业适度规模经营受农业经营主体、农业功能属性、农产品种养殖品类、农业技术、农作制度、经营风险等影响，呈现多元化特征。由此，农业适度规模经营的内涵并不存在一个统一的界定，随着农业生产关系变革、农业经营体制深层次改革，其内涵将不断丰富并表现出差异性的阶段性特征。

2.2.3 关于以农地规模化为核心的农业适度规模经营研究

一直以来，以农地为核心的规模经营研究是政府和学界关注的热点。从 20 世纪 80 年代起，学者们对我国多地土地规模经营情况进行考察分析，由此对中国推进农地规模经营必要性和障碍性的研究结论众说纷纭。持赞同观点的学者多认为我国农业劳动投入量过密，农地“适度”规模经营具有规模经济效应，适当扩大农地经营面积可以显著提升农业劳动生产率，进而在提升我国农产品市场竞争力、促进农民降本增效、调整农业产业结构以及确保粮食安全等方面发挥着重要性。如黄季焜和马恒运（2000）指出，我国农产品生产成本居高不下，在国际农产品市场中竞争趋弱的重要原因在于种植业规模过小，因此必须要适度扩大农地经营规模。杨建利和邢娇阳(2016)认为，农地规模过小会严重影响到我国农业供给侧结构性改革的成效。陈杰和苏群(2017)通过全国农村观察点数据论证，认为土地经营规模的适度扩大能够显著提升粮食作物的单产水平，建议结合地方自然经济条件推动土地经营规模的适度扩大。然而，与之对应的质疑声也从未间断，部分学者认为规模经济在农业领域并不明显，农地规模经营不能推动中国农业经济发展，有些学者通过实证分析还得出农户土地经营规模的扩大会拉低土地产出率的结论。此外，还有诸多实证研究认为，农地经营规模与农业产出之间的关系是非线性的，如夏永祥(2002)、张忠明等(2011)、陈杰和苏群(2017)等认为农业经营效率与农地规模之间呈现倒 U 形曲线。在与农地规模化经营最具关联性的研究领域，即农地流转方面，现有大多文献研究认为，土地流转在很大程度上能够推动农地集聚带来土地规模经营，正如马晓河和崔红志(2002)指出，土地作为农业生产的重要投入要素和相对短缺要素，通过合理流动可以带来经济效益的提升。但钟甫宁和纪月清(2009)认为，在我国户均土地规模过小、农业比较收益持续偏低的情况下，通过土地产权改革以推动农地规模化流转的成效并不明显。匡远配和陆钰凤(2018)同样指出通过农地流转促进农地规模经营效益提升的现实障碍较多，如受制于农地客观属性、农户主体效应、土地流转市场不成熟等因素，农业“内卷化”问题难以消除。另从农地规模化经营风险方面，陈锡文认为工商资本大规模流转农地容易偏离农业发展目标，特别是容易引致非粮化，对我国粮食安全造成一定的威胁。韩俊(2014)指出，在我国多地推进农业适度规模化的实践中，仍然存在盲目追求农地大规模经营，推行欧美大规模农场经营模式，与中国实际情况相背离的现象。罗必良(2013)基于全国多省市调研数据，发现土地确权一定程度上抑制了农地集聚，妨碍了农地规模化经营的推进。范丹等(2018)、陈中伟(2018)等分析了结构性分化农户与农地规模经营间的互动机理，分析了二者耦合的困境及其原因。

随着农地适度规模经营的目标内涵不断延伸，从保障“农产品供给”、确保“粮食安全”，到促进“农民增收”、提升“农产品竞争力”，再到保护“农业环境”“改善农业生态”，学者们的研究视角不断拓展，朝着经济学、社会学、生态学、地理学、行为学以及法律等综合视角转变。特别是随着土地产权制度的演变，农地多功能利用趋势加快，土地流转、农地集聚与多功能利用之间的关系将成为新的研究热点。

2.2.4　关于多种形式农业适度规模经营的推进主体的辨析

关于多种形式农业适度规模经营主体问题的辨析，这一研究领域内，学者们基于对中国国情认知的不同视角做出的结论也存在较大分歧。

陆一香(1988)、陈炳瑞和陈言新(1997)等从市场经济规律演进视角认为，专业农户替代兼业农户以推动农地规模经营是发展的必然趋势。其后，又有诸多学者从农户结构性分化视角分析了异质性农户与农地规模经营之间的关系，指出存在多元化农业适度规模经营主体。就具体农业适度规模经营主体界定方面，黄祖辉和俞宁(2010)认为，随着我国农业农村经济的不断发展，新型农业经营主体蓬勃壮大，专业大户、农民合作社、农业龙头企业在现代农业发展中的核心主体作用越来越凸显。曾福生等(2010)从土地权益、农民经营风险、粮食安全以及农民离农后生计保障等角度出发，认为工商企业不能也不应该成为农业规模经营的主体，而在农业生产经营方面具有比较优势的种田能手、专业大户和家庭农场比较符合我国特殊国情需要。孙新华(2013)基于多地实证调研结果，通过比较各类农业经营主体的全员生产率，认为绝大部分企业不适宜推动农业规模经营，应在尊重小农主体地位的基础上推进由多元经营主体协同发展的农业规模经营，并强调规模控制在不雇工或极少雇工范围内。同时，大量学者的理论与实践进一步指出，家庭农场是促进实现我国农业适度规模经营的最佳主体，如楼栋和孔祥智(2013)基于东亚地区普遍人多地少、农户兼业化现象，认为家庭农场是顺应现代农业发展形势的重要微观载体，在推动农业适度规模经营方面职能重大。袁明宝和朱启臻(2014)鉴于农村农地流转的主要实践形式，认为内嵌于乡村熟人社会的自发分散型流转主体(新中农)和自发规模型流转主体(种植大户和承包大户)，是促成农业适度规模经营的有效主体形式。黄宗智(2014)等基于中国农村实际农情指出，与美国大农场经营模式相比，兼具劳动和资本双密集型的适度规模经营农户更符合中国特色的现代农业发展道路，能够有助于解决农民隐性失业、促进产业结构升级和促民有效增收。孟丽等(2015)认为随着我国农业劳动力老龄化、妇女化趋势不断加剧，将倒逼农村土地流转速度加快与规模提升，并促使新型农业经营主体规模快速扩大，其中家庭农场和专业大户是新型经营主体中的核心力量。但近年来，学界又指出在培育新型农业经营主体的同时，不能忽视小农的主体作用，要通过构建小农户与新型经营主体的共生格局，促进多种形式农业适度规模经营发展，实现小农户与现代农业的有机衔接。可以说，在认知分歧存在的背后，诸多学者对于农业经营主体在推动农业农村现代化进程中的重要作用基本态度一致，且指出各类农业经营主体因其不同特征，在未来农业发展和经营过程中势必会有不同功能定位和不同发展方向的发展趋势。张红宇(2015)指出，农业规模经营主体的界定不能仅仅依据农业生产规模，引领中国农业适度规模经营发展要依托生产主体和服务主体这两类主体。要根据特定地区的经济发展水平、农业资源禀赋情况、农村劳动力迁移情况、非农产业部门活跃程度等推行生产规模化或服务规模化，通过发挥不同类主体的比较优势推动具有中国特色的适度规模经营路径。

基于现阶段我国农业农村发展具体情况，本书认为：农业适度规模经营有多元性、动态性和阶段性，农业适度规模经营发展取决于相应经营体系的构建，而现阶段构建农业经营体系的核心在于对传统小农户的再造与重塑，特别是构建起小农户与新型经营主体的协同关系。家庭农场与专业大户是我国农业生产经营的基本主体，也是专业农户演进变迁的方向；农民合作社作为连接各类农业经营主体的桥梁，旨在扩大和提升农业社会化服务水平，带动实现农业服务规模化；另从农业产业链延伸和推动农业附加值角度，农业产业化龙头企业则在农产品加工、流通、储运、销售等领域发挥重要作用。

2.2.5　关于多种形式农业规模经营的“适度性”范围的辨析

对于适度规模经营“度”的争辩是不可忽视的一个重要理论节点，争论持续至今，尤其是在中国这样一个复杂的环境下，学界尚未达成较为统一的认识。

项继权(1994)认为农业规模经营无法在中国推行并非形式上存在问题，而是在“度”的把控和实现条件上存在较大争议。如罗必良(2000)较为直接地提出，农业就其产业性质、组织监督管理、市场交易特征、资产属性等角度而言并不具备规模经济性。林毅夫等(1998)、刘凤芹(2006)等的研究观点较为趋近，认为受资源禀赋约束和农户兼业化影响，通过扩大规模经营推动农业经济发展的效应并不明显。但仍有诸多学者认为，农业规模经济效应在一个适度区间内能够较好地体现出来。因此，若农业经营存在“度”的区间，那么，关于“度”的测定就是一个关键性问题。杨素群(1998)认为，农业规模经营“度”由投入产出比决定，当农业投入产出比达到最大时，农业经营效率最佳，继而实现农业生产力系统的最适度规模。郑少锋(1998)指出，不同的目标诉求会引致不同的评判依据，他基于当时农业投入要素稀缺程度的比较，认为土地的稀缺性决定了农业规模经营“度”的水平，土地产出率决定了最适经营规模。其后，张瑞芝和钱忠好(1999)、李相宏(2003)、贺书霞(2014)等均指出，农业规模经营“度”的确定要结合自然禀赋、经济水平、产业结构、物质装备、经营能力、劳动力迁移、市场发育程度以及政策调整方向等多方面综合考虑。因此，不同评价标准下，所选取的评价指标也有所区别，由此表现出的规模和效率关系也不同。

现有国内文献中通常从两种视角来衡量规模经营“度”的问题，但多是关于农地规模经营“度”的衡量问题，其主要判定标准体现在两个方面，一是土地经营规模达到一定程度后，能够促使经营主体的农业纯收入水平不低于本地从事非农产业活动的居民的收入水平；二是土地经营规模达到一定水平后能够促进实现技术规模经济效应，如农业机械化带来的规模效益提升。通常人们更倾向于选择第一种测度标准进行分析评判，然而实践中，农民择业具有多样化特征，特别是农民兼业副业化门槛越来越低，现实中很难对农民择业的机会成本做出明晰的核算，而且这种测评标准也忽视了农民生产经营决策的多重考虑。此外，也有学者指出农业规模经营“度”的动态性，随着生产力条件和不同目标诉求的演变而呈现阶段性变化。由此，在不同目标导向下，现有研究采用了不同的函数模型和理论方法对具体情境下的农业适度规模经营区间进行测评。

综上，农业规模经营“度”的界定直接受制于农业规模经营目标的影响，既包括特定经营主体农业规模经营的微观目标，也涉及政府层面的宏观目标。农业规模经营“度”的区间是通过界定农业适度规模经营的评价目标和标准来制定的，因此，并不存在普适性的农业规模经营“度”的测评标准。

2.2.6 关于多种形式农业适度规模经营推进方式的思考

关于农业适度规模经营路径问题的探讨也是随着人们认知理念的加深而不断得以拓展的。改革开放后农业规模经营之初，多是从如何推进土地流转形成大规模集中土地经营角度来探讨实现路径的，这一时期的研究多以实践探索走在前列的北京郊区、苏南地区为对象进行经验总结(徐柏园，1989；张安芝，1987)。

20 世纪 90 年代以来，随着市场经济发展，各界对农业适度规模经营的推进路径已经突破土地规模经营的局限性，有了更为全面的认知。杨启智(2003)认为不能单纯地认为农业规模经营的路径只有扩大土地规模，鉴于中国实际农情，发展更具规模经济效应的农业社会化服务体系更为重要。陈锡文(2017)指出，工业化和城镇化推动农地流转集聚是发展的必然趋势，但农地经营规模须与城镇或非农产业部门对农民的吸纳能力相适应。温铁军(2008)针对小农兼业化加剧的现实趋势，认为并非将土地集中发展才能实现规模经济，只要能够促成农业生产经营环节的统一服务，即农业规模经营。之后，不同学者如黄莉新(2009)、长子中(2011)等针对不同地区的实践调研，将我国农业适度规模经营推进路径划分为土地集聚型、合作经营型、统一服务型等类别。

自党的十八大明确提出“发展多种形式农业适度规模经营”之后，学界关于农业适度规模经营路径的研究进入了更深层面。钱克明和彭廷军(2014)、蒋和平和蒋辉(2013)等从现代农业经营主体培育、新型农业经营主体的构建等方面探究多元主体引领下的农业适度规模经营路径。同时，部分学者还指出推进农业适度规模经营发展是要有条件支撑的。如杜志雄(2014)认为，农业适度规模经营的前提是农村人口和农业劳动真正实现城镇化和稳定的非农就业，并且指出中国农业适度规模经营必须要以家庭农场或专业农户为推动主体。张红宇和张涛(2015)也指出，在我国人多地少导致的农业超小规模经营本底上，不能摒弃小农家庭经营，要承认家庭经营的基础性地位，并积极通过组织创新克服小规模经营的局限性和弊端，以促进多种形式农业适度规模经营发展。兰勇和熊彬雁(2017)认为，农业适度规模经营的发展路径具有自然形成趋势，农业规模经营的适度区间会随着实践而反复调整，最终达到稳定、均衡的水平。赵颖文(2017)认为，随着农业多功能性的不断拓展，催生出诸多农业新产业、新业态，因此基于产业融合发展视角的农业规模经营形式将成为未来研究的热点。

2.2.7 多种形式农业适度规模经营与可持续发展关系解析

结合现有研究理念发现，农业适度规模经营发展的根本目标是实现“三个可持续”，一是粮食安全可持续生产，二是农民收入可持续增长，三是生态资源环境可持续。

钱克明和彭廷军(2014)指出，粮食专业化生产的前提是规模化，但规模经营程度与各地资源禀赋条件、经济发展水平、技术支撑条件、组织经营管理能力、社会化服务水平等多因素密切相关。夏益国和宫春生(2015)从国家战略安全角度指出，农业适度规模经营是化解小农种粮收入低下和维系国家粮食安全的重要举措。通过适度扩大农民种粮规模，使得农民种粮收入不低于种粮的机会成本，就可以调动农民积极性以保障国家粮食安全。卫荣等(2016)认为，我国绝大部分农户仍属于小规模经营，这意味着单位耕地面积上的人力成本投入很高，致使以粮食为代表的大宗农产品生产成本居高不下，直接威胁主要农产品安全供给。而另有部分学者指出，要保障中国粮食安全问题，前提就是要确保小农家庭经营的主体地位，并在此基础上注重强化现代经营主体对小农户的组织服务，由多元主体协同推动粮食适度规模经营以确保粮食安全。撇开粮食安全问题，学者们还研究农业是否能够实现适度规模经营，这不仅仅影响到农业经营效率，从长远来看甚至会引发公平性问题。如杜志雄(2014)认为，中国小规模农户的生产方式，在工业化、城镇化快速推进过程中是不可持续的，如果不能在农民承包权有效确定和保护基础上推进农地经营权流转，从长期看可能会影响小农户与新型经营主体收入分配关系的公平性。郭晓鸣(2014)同样指出，推进农业适度规模经营不能演变成其他经营主体对小农户的利益剥削，要通过公平的利益联结机制与分配模式，推动农业适度规模经营有序健康发展，确保农民能够享受到土地的增值收益。陈锡文(2017)也一再强调农村土地改革的“三条底线”不能触碰：集体所有、农地农用和不损害农民的基本权益。于传岗和秦致伟(2017)认为，农地流转速度如果超过农业人口迁移的速度，那么强制推进农业规模化经营会进一步拉大农村内部的收入分配差距。因此，政府在推动农业适度规模经营问题上，必须要统筹考虑效率与公平问题。在农业适度规模经营与生态环境可持续发展的关系研究领域，叶兴庆(2016)认为，尽管我国农业综合产能不断提升，但农业发展在很大程度上是以牺牲生态资源环境为代价的，资源环境长期严重透支突出反映在化肥、农药、农膜等农业投入品过量使用、地下水严重超采、湿地过度侵占、水土流失和地力下降、土壤重金属超标范围大以及农业内外源污染叠加危害等一系列问题上，通过推进农业适度规模经营，可促使农业逐步转向以生态质量效益为特征的高质量发展路径中来，由透支资源环境的粗放式发展模式转变为绿色可持续发展模式，但其关键点在于农业规模经营“适度性”抓取，否则将引致适得其反的效果。顾秀林(2010)指出，中国农业现代化路径要强调生态资源的可持续发展，不能全盘照搬美国过度强调标准化、化学化、机械化、转基因化的农业发展模式，我国农业可持续发展必须要强调生物多样性基础上的生态平衡。

2.3 小结与启示

结合国内外研究来看，尽管该主题领域内的研究成果丰硕，但在多种形式农业适度规模经营内涵特征认知、多种形式农业适度规模经营的主客体辨析、农业规模经营“适度性”范围界定以及推进多种形式农业适度规模经营的路径选择方面仍存在较多分歧。但学界较为一致的观点是，过大或过小的农业经营规模都是不可取的，经营规模过小，农业劳动生产率难以有效提升，农业投入与产出效益明显偏低，不能给农业经营者带来足够吸引力的收入与其从事非农产业活动相抗衡。而规模太大超出了单个经营体的承受能力，从要素资源优化配置角度而言也不足取，甚至容易导致经营管理成本过高而亏损。另从社会公平性角度而言，极力推崇农业大规模化的政策倾向偏离了小农取向，甚至造成社会秩序的紊乱。

国内外文献从诸多视角的研究认知为本书在以下几方面提供了一定的思想支撑：

第一，农业适度规模经营主体具有多元化特征，从过去集中针对小农户扩大家庭规模经营的研究，过渡到现阶段小农户与多种经营主体共生格局推动农业适度规模经营。

第二，强调了农业适度规模经营组织模式的多样性，不再局限于土地集中经营，能够从更为广阔的视角认知到农业适度规模经营涉及农业生产经营的规模化和农业社会化服务的规模化等。

第三，实证研究从过去单纯分析种植业的规模经济拓展到林果业、畜牧业、水产养殖等方方面面，注重农产品品类多样性特征，有效避免了农业规模经营实证分析与结论认知的单一性。

第四，能够基于规模经济理论、分工理论、产权理论等，逐步提升对多种形式农业适度规模经营内涵与外延的认知，并基于此阐释农业规模经营发展路径等。

第五，深刻认知到农业适度规模经营是一个动态演化、多层次和多形式的概念，农业经营规模受资源禀赋、经济水平、物资装备、人力资本、政策环境等多维影响，须因时、因地、因境分类施策。

同时，现有研究在以下领域内的研究不足也给本书提供了一定拓展与延伸的空间：

第一，对农业规模经济一般性的概念界定、测评指标、目标条件、实现路径和对策研究居多，而基于不同类别经营主体目标诉求、规模经营的不同作用客体以及不同经营组织模式下推行的农业适度规模经营的比较研究相对较少；对于在农业适度规模经营路径中，如何实现多元农业经营主体和小农户协同发展的研究同样相对较少；脱离区域农业发展实际的农业规模经营研究文献较多，分地区、分阶段性比较的农业适度规模经营研究相对较少。

第二，现有研究鲜有把对农业规模经营体制机制的研究放入历史演变过程和国民经济宏观研究体系中，致使该领域内的研究广度和深度都受到影响，因而，现有多数研究的视角与结论存在一定的片面性和局限性。

第三，在实证研究方面，一是对国内发达地区农业规模经济的研究相对较多，对欠发达地区或贫困地区农业适度规模经营的研究相对较少；二是现有研究过于侧重小农户的行为绩效研究，很少以其他形式的农业经营主体为研究对象，分析比较其在不同目标追求、不同作用客体与不同经营组织模式下表现出来的决策差异性，不利于全面了解现代农业经营主体和农业经营模式的发展趋势。特别是随着我国经济体制变迁，很多经典理论已不能较好地解释现有各类经营主体的行为偏好和农业经营组织模式，研究我国适度规模经营路径需另辟蹊径。

第 3 章　基础理论支撑与研究框架设定

3.1　本书基础理论支撑

尽管农业规模经营组织形式及其主体蓬勃发展，但从历史演进角度和我国人多地少的农情资源禀赋来看，中国农业农村经济发展离不开小农经济的支撑。据中国农村经营管理统计年报，2017 年我国有 2.7 亿农户，经营耕地不足 10 亩(含未经营耕地)的农户超过了 2.5 亿户，占据农户总数的 85.06%，而经营耕地面积在 10～30 亩(含 10 亩但不含 30 亩)的农户比重仅 10.71%，经营耕地面积在 30 亩及以上的农户仅 1152.5 万户，还不足农户总数的 5%。尽管近年来新型经营主体蓬勃兴起，但其推动我国农业适度规模经营的能力十分有限，据第三次全国农业普查数据显示，截至 2016 年末，我国经营耕地面积在 50 亩以上的新型农业经营主体数量约 356 万，单个新型经营主体经营面积才 100 亩左右，与欧美大规模农场经济相比存在巨大差距，而从土地流转去向来看，也是多流入以家庭经营为特征的小农生产(表 3-1)。可预见，在未来很长一段时期内，新型经营主体都不可能代替小农经济地位，小农经营在我国长期存在具有其客观性和合理性。鉴于此，在我国推进农业适度规模经营必须建立在对小农经济深刻认知的基础上。

表 3-1　2020 年全国与部分省（市）农户经营耕地规模情况比较

地区	未经营耕地	10 亩以下（含未经营耕地）	10~30 亩	30~50 亩	50~100 亩	100~200 亩	200 亩以上
全国/万户	3209.6	23210.3	2922.9	700.8	291.7	109.4	50.6
比重/%	11.76	85.06	10.71	2.57	1.07	0.40	0.19
江苏/万户	312.3	1358.0	77.3	14.3	6.2	3.2	2.1
比重/%	21.37	92.94	5.29	0.98	0.42	0.22	0.14
山东/万户	291.3	2181.7	190.4	25.8	9.6	3.9	2.2
比重/%	12.07	90.39	7.89	1.07	0.40	0.16	0.09
河南/万户	164.1	1996.7	215.0	38.8	12.0	4.7	2.2
比重/%	7.23	87.98	9.47	1.71	0.53	0.21	0.10
重庆/万户	81.6	696.3	40.3	5.4	1.1	0.4	0.3
比重/%	10.97	93.61	5.42	0.73	0.15	0.05	0.04
四川/万户	129.5	1920.3	84.7	15.8	4.7	1.8	1.9
比重/%	6.38	94.63	4.17	0.78	0.23	0.09	0.09

数据来源：《中国农村政策与改革统计年报(2020 年)》。

3.1.1 邓小平“两个飞跃”理论

邓小平结合改革开放和现代化建设的实际，创新性地提出了“两个飞跃”思想，科学揭示了农村生产力与生产关系的矛盾运动规律，为农村的发展注入了新的活力，为我国农业现代化发展指明了方向。第一个飞跃，是废除人民公社，实行家庭联产承包责任制，解决了农民生产经营自主权的问题。第二个飞跃，是适应科学种田和生产社会化需要，发展适度规模经营，发展集体经济，其目的是解决小农业向现代农业发展难题。第一个飞跃是第二个飞跃的重要基础，第二个飞跃是第一个飞跃演进的必然趋势。邓小平的理论思想既肯定了家庭联产承包责任制在特定历史条件下的正确性，同时也指出了小农经营模式的局限性和滞后性，并指明长远上发展集体经济、推动适度规模经营的必要性。当前，随着农民生活方式和农村社会结构性变革，农业生产方式也发生了根本性变化，面临着从小农分散经营向农业适度规模经营的过渡阶段，亟须在农业家庭联产承包责任制基础上破除现代农业发展障碍，推动实现农业“第二个飞跃”。在谈及“第二个飞跃”时，邓小平强调的是“适度”规模经营，并非盲目扩大经营规模，通过行政命令强制施压，须在尊重现实国情的情况下顺势推进，生产关系一定要适应生产力发展要求。新时期，以习近平为核心的党中央，在继承邓小平“两个飞跃”思想的基础上，结合我国农业发展的实际，进一步丰富发展了“两个飞跃”思想，为加快推进乡村振兴战略与实现农业农村现代化提供了思想引领和行动指南。

3.1.2 典型小农经济理论

1. 马克思主义小农理论

马克思主义对于小农的批判广为人知。马克思主义将小农经济当作农业领域中的小生产方式，认为“小农”是小地块的所有者或者租赁者，并拥有与之相匹配的个体小生产能力。因此，小农是以直接生产者的小私有制为基础的一种经济，因为生产资料主要是零碎的地块，与之适应的生产工具简陋、原始，每个小农户的生产差不多都是自给自足的，这也导致了小农生产的孤立性、分散性。与资本主义大生产方式相比，马克思主义认为小农生产方式是落后的，排斥了社会化大分工，排斥了资本的集聚和科技的累进应用，阻滞了生产力的发展，也正是这种落后性导致小农成为被压迫和剥削的阶层，它发展到一定程度后必将产生消灭自身的物质手段，在历史发展进程中必然会被“大农业”所取代。列宁认为小农必将消亡，并提出了小农社会主义改造思想，建议引导小农加入集体合作社促成大规模经营，走社会主义道路。马克思主义小农研究促成了传统小农的经典理论，但在现有研究文献中被长期视为污名化的研究对象。

2. 恰亚诺夫主义小农理论

俄罗斯著名的农业经济学家恰亚诺夫是农民经济理论三大流派之一“组织生产学派”的创建者。他将“小农”视为一种独特的社会类型和组织类型，其生产行为表现出动态均衡性。他通过研究 20 世纪 20 年代俄国的农户经济，认为农民家庭既是一个生产单位，也是一个消费单位；首先是一个消费主体，而后才是一个生产主体；农民生产是为了满足家庭消费需要，而不是追求利润最大化。他着重从农民家庭这一微观视角对其自发性经济行为进行统计基础上的实证性、经验性分析，研究认为农业发展的动力在于依靠小农自身劳动投入而非雇佣劳动，他们会通过“自我剥削”获得更多产出，其劳动产品也只是为满足家庭消费需求而非利润最大化(袁明宝，2015)。同时，小农的生产行为逻辑并不是成本与利润的权衡，而是以家庭为单位的“劳动付出-消费需求”比较。他指出小农生产与资本主义生产逻辑完全不同，并认为小农家庭生产方式可以抵挡资本主义的渗透。因此，恰亚诺夫认为在生产力既定条件下，小农家庭经营模式相比大规模集中经营更具有比较优势性，农业发展应避免以土地大规模集聚为代表的横向一体化路径，而走纵向一体化道路(曹东勃，2014)。但恰亚诺夫研究理论的前提是土地能够无限制供给，且不存在劳动力市场，同时，认为农户多样性分化是受家庭人口分化的影响，而非社会化分化的结果。这些分析前提脱离了一定的社会经济背景，并由此遭到部分学者对研究对象和结论适用性的质疑。如秦晖认为恰亚诺夫主义的分析仅仅适用于市场经济不发达的传统农业社会，对于高度市场化、社会化背景下的小农行为与动机的解释力度并不足，甚至结论相悖。改革开放以来，中国农村发生着大规模的人口流动和土地流转，这是恰亚诺夫研究对象不可能具有的历史条件，这也使得中国小农变化呈现出独有的特征。

3. 舒尔茨“理性”小农理论

诺贝尔经济学家舒尔茨一反农学研究的传统，从发展经济学视角来研究农业问题，提出了著名的小农贫穷而有效率的理性小农观点。他认为，小农的生产动机是追求利润最大化，作为理性经济人，小农的市场行为丝毫不逊色于任何资本主义企业家，因此，他提出改造小农应从外部输入现代生产要素，包括人力资本的投资、现代技术的供给、新的市场等，他坚决反对建立大规模农业生产经营单位的改造模式。舒尔茨认为，社会生产是一种经济均衡状态，在此前提下，他指出传统农业应被视作一种特殊的经济均衡状态。这种经济均衡状态特点主要表现在三个方面：一是技术水平在长期内大致既定；二是人们没有增加传统生产要素的动力；三是传统生产要素供需处于均衡状态。舒尔茨认为的小农经济，即维持简单再生产的、经济长期停滞的农业生产。同时，他指出尽管传统状态下农业生产长期停滞不前，但农业生产要素的配置已经遵循了市场化和最优化原则，这也反映出传统小农社会的长期稳定性。与马克思主义、恰亚诺夫主义的小农理论不同，舒尔茨认为小农与资本主义一样具有理性，会根据市场刺激追求高效率和高利润，小农唯一的落后性主要源自缺乏新的技能和新的要素投入。舒尔茨指出，不应该通过资本主义方式消灭传统小农生产方式，而是应该通过引进现代生产要素来改造传统农业，方法包括建立适配的农业制度，积极引入适应市场需求的现代化生产要素和增加农民的人力资本投入，力求实现要素市场化与社会化供给基础上的小农现代化转型。因此，以舒尔茨为代表的“理性小农”学派认为传统农业经济停滞的原因并不是小农缺乏积极性，而是传统要素边际报酬递减的反映，改造传统农业就是要在成本合理条件下，促使现代要素替代传统要素，推动小农经济持续快速发展(徐振华，2012)。舒尔茨还专门探讨了农业规模经营问题，批判了那些通过盲目追求大规模农业经营来提升农业经营效率的做法，指出农业经营规模的大小并不是推动农业增长的源泉，而且一种命令体制下的农场经营，无论规模大小，均是低效率的。

4. 黄宗智过密化小农理论

在对中国传统小农的研究方面，黄宗智的研究最具代表性，他在中西农业发展模式比较的基础上，认为“在西欧小农经济历经资本主义改造的同时，中国小农经济却表现出明显的内卷化现象”。他将小农视为兼具舒尔茨“理性小农”、恰亚诺夫维持“农民家庭生计”和马克思提及的“自我剥削”的特性。他最初对中国小农经济的描述定义为“内卷化”(involution)，表现为通过劳动密集化，以劳动边际报酬递减为代价换取农业生产的持续，农业内卷化的结果就是黄宗智所谓的“没有发展的增长”。农业内卷化的成因在于，家庭劳动力剩余过多，农民缺乏有效就业渠道，加之传统小农对农业生产投资意愿不强，在劳动力就业市场未能打开，而农户劳动机会成本又为零的情况下，农户将最大限度把家庭成员投入到农业生产中去，由此造成农业劳动生产率的停滞和农业生产报酬的下降。黄宗智通过利用 20 世纪 50 年代至 70 年代我国农村集体化例子验证这种结论，“农业总产值增长了 3 倍，而投入的劳动通过动员妇女务农，增加每个农业劳动者每年的工作天数和乡村人口几乎翻了一番，致使工作日总数增长了 3～4 倍。结果是工作日生产率和报酬停滞或下降”(陈勇勤，2006)。但是另一方面，农业内卷化也印证了我国农业精耕细作的生产特征。与前述理论相比，黄宗智的研究更契合中国小农经济形态。然而，随着中国改革开放和社会主义市场经济的深入，我国农村发生了重大变化，黄氏理论基本前提如小农生存问题、就业选择、劳动力有效供给等问题与实际情况偏差较大，甚至出现了“反过密化”倾向。鉴于新的经济形势，他又提出把建立新型适度规模的高收入小农场看作是发展国民经济可行的、符合经济逻辑的、值得大规模投入的道路(表 3-2)(黄宗智，2006)。

表 3-2　关于经典“小农”理论的基本思想表述

理论流派	基本思想
马克思主义 小农“消亡论”	小农经济属于旧的生产方式残余，不可持续； 小农排斥社会劳动生产力、资本积聚和技术的累进； 小农属于受剥削对象而陷入贫困境地； 小农无法与资本主义大农业抗衡，大生产必将取代小生产
恰亚诺夫主义 小农“均衡观”	小农生产组织不同于资本主义企业，具有独特性； 小农受“劳动-消费均衡”和“家庭生命周期”规律支配，能够保持稳定性； 小农目标是追求家庭成员基本消费均衡，并非追求利润最大化； 小农具有“自我剥削”特性，家庭消费人数与劳动人数比例越高，劳动越辛苦； 小农分化是家庭人口分化而不是社会分化的结果
刘易斯 二元经济结构论	农业部门存在大量剩余劳动力，且边际报酬为零(农业劳动力供给无限性)； 农业部门以廉价劳动力为工业部门创造扩大再生产条件，以促进经济发展； 投资小农经济并不划算，要确保工业特别是重工业优先发展
舒尔茨 改造传统农业论	农业可以成为经济发展的主要源泉，但必须是使用现代要素的农业； 小农具有理性，其农业生产目标是追求利润最大化； 可以通过引进现代生产要素改造传统农业； 要对小农进行人力资本投资
黄宗智 农业“过密化”论	农业密集化是由人口推动的，既有生产力水平下，人口压力会导致边际报酬随人口密集而递减； 农业劳动力具有很低的机会成本，这种极低劳力报酬对于小农来说却具有极高的“边际效用”； 农村经济处于“没有发展的增长”的贫困陷阱

5. 新时期社会化小农理论

现有学者徐勇、邓大才等以我国现行小农为研究对象，认为我国农民本质上仍然属于小农范畴，但与以往研究的传统小农有所区别，当今小农已被卷入或融入一个高度开放的社会化体系中，社会化水平达到史无前例的高度。传统经典小农学派无法解释现代农民的动机与行为模式，新时期打破传统农民思维定式、冲破地域束缚的“社会化小农”应运而生。徐勇等和邓大才(2006)认为，社会化小农是一个解释性概念，“社会化+小农”的小农不再处于与社会隔离的态势，能够融入市场经济的大环境中，但是即使高度社会化，农业经营规模依然相对较小。因此，社会化小农特质介于传统封闭式、依附性强的小农和现代企业化经营主体之间，具有相对独立性和融合性，是小农经济发展的新的业态形式，就其社会化范畴而言，划分为生产的社会化、生活的社会化和交往的社会化。王银梅(2010)基于前者研究，认为当前中国多数农民实质上属于高度社会化小农，其行为动机在于追求货币收入最大化，其理性行为是选择低风险、短期、较低但稳定性收入，放弃高风险、长期、较高收入；选择半工半农，同时将土地作为家庭最后保障。社会化小农能够较好地解释我国改革开放以来小农基本行为偏好，也为揭示农村土地流转不畅、新型经营主体和组织模式的兴起提供了较好的理论支撑(王银梅，2010)。改造小农的基础是对小农有着深刻的认知，特别是对中国小农的正确认知能够更好地明晰我国农业农村发展方向，并在此基础上构建起我国农业适度规模经营的演进路径。

中国是典型的精耕细作小农经营范式，无论从推动农业发展、保障粮食安全、支撑国民经济发展，还是为城镇化或非农产业部门提供劳动力资源、维系社会经济稳定、传承农耕文明等方面，我国的小农群体和小农经营模式均表现出不可替代的重要作用。现阶段，构成小农经济的主体力量主要是那些2亿多实施家庭联产承包责任制的承包农户，既包括纯农户也包括兼业农户。党的十九大提出乡村振兴战略，首次明确要推动小农户与现代农业有机衔接，促使关于小农经济发展的争辩再次成为社会关注的焦点。

借鉴发达国家小农经济演变规律，并结合我国实际国情，可预见，在未来很长一段时期内，尽管小农处于不断的结构演化之中，但我国农业农村现代化发展依然离不开小农户的主体支撑力量，小农经济在我国农业农村发展中的基础性地位不会被撼动。由此，在推动我国农业适度规模经营发展中，绝不能“抛弃小农、剥夺小农”。然而，当前关键问题在于，如何强化小农户与新型农业经营主体的协同发展能力，强化对小农户的组织性、服务性和管理性，在有效表达小农户群体基本诉求的基础上，构建起具有中国特色的农业适度规模经营体系，提高农业劳动生产效率，并努力创造公平环境防止现代农业对小农户的排挤，增强小农户市场话语权，确保其享有参与农业农村现代化建设的公平发展权益(张红宇等，2017)。

3.1.3 规模经济关联理论

在探讨农业规模经营之前有必要厘清一些相关概念，并作出较明晰的界定，这对于本书对象界定、目标设定、方法模型构建以及路径选择具有重要影响。

1. 规模经济与规模报酬理论

规模经济(economy of scale)是新古典经济理论的术语，指的是在既定科技水平下，随着生产规模的扩大，如果长期生产成本表现出下降趋势则认为是规模经济(反之即称为规模不经济)。萨缪尔森(Paul.A Samuelson)从传统成本理论指出，随着企业生产规模的扩大，企业生产成本会持续降低直至实现适度生产规模，如果继续扩大规模会引致管理不经济而造成成本增加。曼昆(N.Gregory Mankiw)认为规模经济的特征表现为长期成本随着产量增加而减少。《新帕尔格雷夫经济学大辞典》对规模经济的界定为：考虑既定的技术条件下，生产一单位单一的或复合产品的成本，如果在某一区间生产的平均成本递减，则可以说存在规模经济。规模经济对应着规模不经济(diseconomy of scale)，即投入增加的比例大于产出增加的比例，单位产品的平均成本随着产量的增加而上升，则称为规模不经济。

现有研究中，关于实现农业规模经济的前提条件主要体现在以下三个方面：首先，土地作为农业生产的最稀缺要素，是生产规模是否扩大的先决条件，因此，造成我国农业规模经济进程迟滞的最重要原因就在于土地的零碎化，并受在此基础上土地流转集聚成本的影响。其次，影响农业规模经济程度的原因还涉及土地面积与农业人口数量之比，农业剩余劳动力出路问题以及农业劳动生产率水平等。因此，鉴于我国实际农情，很难实现大规模农业经营，特别是在农村剩余劳动力就业出路难以解决的前提下，通过盲目追求土地大规模经营以实现农业规模经济的路径在我国难以行得通。最后，农业社会化服务组织的完善程度，即在土地难以流转集聚的情况下，能否通过为各生产环节提供适配的社会化服务以实现服务规模经济效益。鉴于此，农业规模经济的主要特征也反映在三个方面：一是农业生产的规模经济，表现为随着农业生产规模的扩大，分摊到单位产品上的成本会随之降低，如随着土地(劳动力或物资设备)规模的扩大，使之与其他要素投入规模逐渐适配，从而提高土地产出率、劳动生产率或资本产出率，生产力潜力得到充分发挥。二是农业交易的规模经济。随着小农户组织化程度不断提升，组织化小农相比于独门独户小农能够节省更多的交易成本、物流成本、储运成本和时间成本等，同时组织化小农拥有了更大的市场话语权。三是，促成农业专业化分工，实现服务规模效应。一方面，随着农业产量水平的提升，农业经营者之间的分工随之不断深化，推动农业集约化，减少了单位产品中分摊的成本费用；另一方面，随着农业社会化服务体系的不断完善，农业生产经营各环节的效率普遍提升，由此降低了农业生产的单位成本。此外，随着农业科学技术水平的提升，以及农业从业人员素质能力的提高，也会带来农业规模经济(图 3-1)。

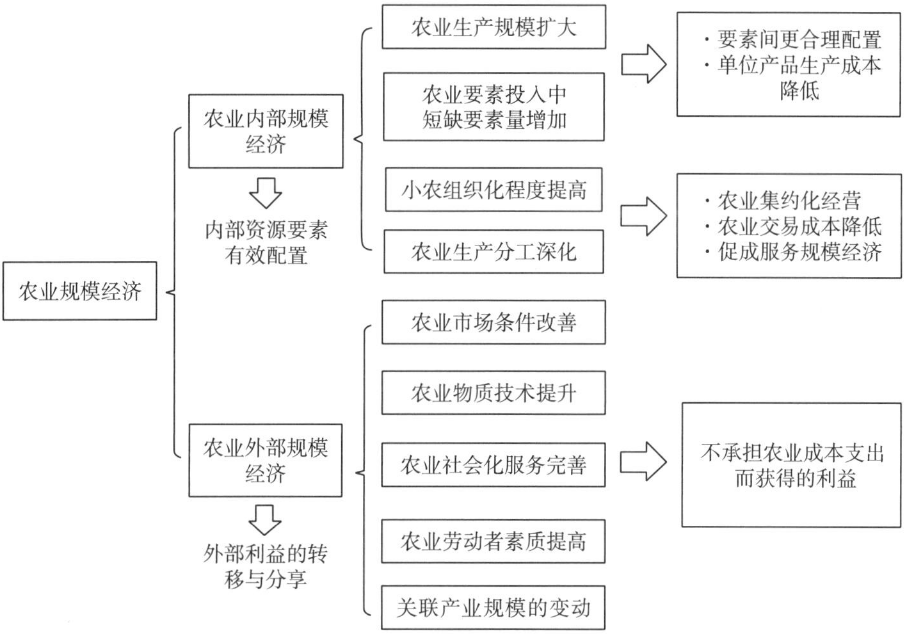

图 3-1　农业规模经济解析图示

与农业规模经济对称的便是农业规模不经济，即在没有满足农业规模经济条件的情况下，农业生产规模的扩大导致单位农产品生产成本随之提高。如盲目扩大土地经营规模，而土地规模难以与其他要素(劳动力、设备、资本等)有效配合形成规模经济。又如，随着农业种养殖规模的不断扩大，致使农业面源污染问题加剧，而治理污染的成本不断提升甚至高于农业规模经营效益，并由此产生了农业规模不经济。

另一个与规模经济相关联的概念是规模报酬。在我国经济学家高鸿业主编的《西方经济学》教材中，对“规模报酬”的概念界定为：既定技术水平下，当所有投入要素的规模发生同比例变化时产量的变化。可以说，规模报酬的实现条件相比规模经济的条件更为严苛，规模报酬要求所有要素按照同比例增加(减少)，但是在实践中，很难做到这一点。就农业生产而言，农业生产中要实现土地、劳动力、设备、资本等要素的同一比例变化是无法做到的，而农业规模经济则涵盖了投入要素非比例变化的情况，谋求的是既定生产条件下要素间合理的配置(图 3-2)。

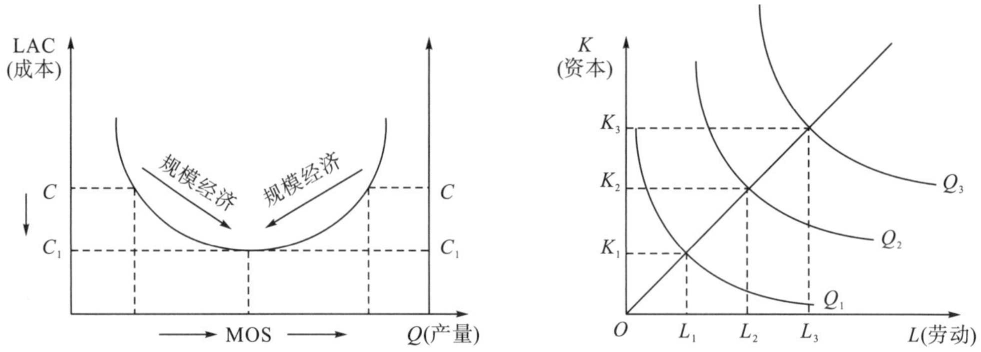

图 3-2 规模经济与规模报酬图示

2. 范围经济理论

范围经济(economy of scope)最早是由美国经济学家 Panzar 和 Willig(1975)提出来的，他们基于产业组织学视角，认为企业通过扩大经营范围(增加产品或服务种类)而非规模扩大实现经济效益的提升，就是说同时生产两种类型产品的费用低于分别生产两种产品费用的合计。规模经济是指大批量生产同一种产品而带来单位产品生产成本的降低，而范围经济对于成本的节约多来自不同产品的生产可以使用共同的技术、设备、人力、管理或服务，促使成本费用在不同类产品或服务生产中实现有效分摊。用公式表达为：$TC(Q_x, Q_y)<TC(Q_x)+TC(Q_y)$。其中，$TCQ_x$ 表示单一生产 x 产品的成本，$TC(Q_y)$ 表示单一生产 y 产品的成本，$TC(Q_x, Q_y)$ 表示同时生产 x 产品和 y 产品的成本。如果因经营范畴扩大出现平均成本下降、经济效益提升的情况，则称为范围经济；反之，则称为范围不经济(diseconomy of scope)。

与规模经济的内外部区分一样，范围经济同样分为内部范围经济和外部范围经济两类。内部范围经济指随着产品或服务种类的增加，长期平均成本趋于下降；外部范围经济指行业内多个企业或部门分工合作，或者不同行业间协同发展，促使成本节约或经济效益提升(图 3-3)。

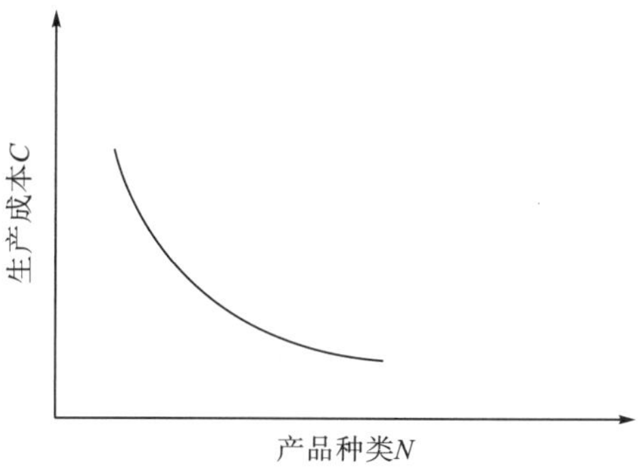

图 3-3　范围经济分析示意图

与此对应，范围经济同样分内部范围经济和外部范围经济。内部范围经济是指随着生产产品品种和服务类型的增加，由于共享辅助性生产、共同的基础设施设备、共同的管理服务以及劳动力，实现长期平均成本下降，并分担了经营风险；外部范围经济是指同一区域，多个企业或部门共同分工协作，组成区域生产系统，通过企业之间的相互分工协作、交流与沟通带来成本的节约。

鉴于我国农业农村的复杂性、区域农业多样性以及农业多功能属性的不断拓展延伸，现有农业不再局限于单一的种养殖生产用途，已发展成为涵盖作物种植、畜禽养殖、园艺栽培、观光旅游、农耕文旅、生态休闲等多产业、多业态、多功能相互融合的混合经营模式，农业范围经济的特征愈加鲜明，也反映出农民不断追求更高收入和分散风险的“理性人”逻辑。

农业范围经济的形成机理在某种程度上而言，就是要促成农业多功能属性的有机统一发展。如基于农业多功能性将农业系统视为一个多产出组织，这种组织具有以下特点：一是产出多元化特征，生存需要的食品和精神需要的产品(休闲、观光、旅游等)；二是投入多元化特征，涉及政府、企业与个人等不同渠道资本的投入；三是产出外部性特征，如物质产品与精神产品之间的互相溢出效应，推动关联产业之间协同发展。农业范围经济分为农业内部范围经济和农业外部范围经济。农业内部范围经济是指通过农业产业链纵向不断分解(农产品加工、种养结合等)，在农业产业内部促成多类产品的生产，实现长期生产成本的降低或经济效益的提升；农业外部范围经济是指农业产业链的横向拓展(一产+二产，一产+三产或一+二+三产业融合)，注重农业与关联产业协同发展，形成多类产品或服务，实现生产成本降低或经济效益的提升。

3.1.4　分工经济理论

古典经济学的开山鼻祖亚当·斯密在《国富论》开篇第一句话就指出，“劳动生产力最大的增进，以及运用劳动时所表现的更大的熟练、技巧和判断力，似乎都是分工的结果”。以亚当·斯密为代表的古典主义劳动分工理论认为，专业化分工既可以促进劳动生产率的提高，增加社会总供给，又可以促使人们收入增长，带动社会总消费，进而促成了国民财富增长。但他也指出，分工程度依赖于市场规模。阿林·杨格作为新古典主义劳动分工理论的重要代表，进一步拓展了“斯密理论”，他认为，一方面，市场规模与分工程度之间相互影响，二者相辅相成。引申至人类的生产活动，即社会分工具有迂回生产的属性，生产链节点的增加，会促使经济性规模级数倍增，反过来又会促使分工进一步细化。由此，分工理论认为规模经济的解释忽视了分工与专业化带来的生产力效应，并指出经济效益递增并不是由经营规模引致，而是由分工与专业化促成的。杨小凯在继承斯密和杨格思想的基础上，引入了科斯交易费用理论，并用超边际分析方法促成劳动分工理论与交易费用理论的紧密关联。他认为交易是连接不同专业化分工之间的纽带，但是这种纽带关系需要成本，因此，分工与专业化的发展虽然会促成更多的交易行为，但过高的交易费用又会制约分工和专业化的发展，即交易成本又决定了分工的边界。

套用分工经济理论来解释农业规模经营演进的基本逻辑，对于传统小农经济而言，在有限的土地资源基础上生产较为同质的农产品，主要用于自我消费，农户之间相互独立，因此要促成农户间的交易，存在着巨大的交易成本。因此，这种生产方式主要是满足自给自足的生产与生活需求，且多从事初级农产品生产。随着农业生产率的提高，农户可以产出超过自家消费所需的产品，且农户间的交易费用开始降低，这时候农户既要从事农业生产又要进行农产品交易，交易职能尚未专业化，可以看作是自给自足小农经济的升级版形态，农业分工初级形态。随着技术的进步和要素市场的开放，小农逐步演化为社会化小农，卷入社会化分工后，就会有部分农民放弃生产转而从事交易职能或农业服务职能，农业产业链上的环节不断细分，涉及生产、储运、销售以及生产服务等，分工愈加专业化，带动出现多层次的交易模式，由此又催生出组织，在组织协调下，整个“产、加、销”经营规模得以进一步扩大，服务规模经济性效应随之产生，农业生产进入了高级分工形态。由此，可以推论出农业规模经营以获取规模经济的动力来源于农业产业链的不断延伸及产业内分工不断细化，应重视专业化分工所衍生的递增报酬，依循分工理论展开研究，当然这种分工程度还受制于各环节间交易成本的高低。正如罗必良(2017)指出，农业规模经济的本质在于分工和专业化，这在一定程度上也解释了，在中国多地实践中，为什么单一扩大土地规模推动实现农业规模经济的效果并不好。因此，面对小规模、分散化的小农经营格局，学界越来越注重以“要素流动、分工拓展与农业规模经营发展”为理论线索，把农地规模经营与服务规模经营两条发展路径放到一个分析框架内予以审视，探讨两者之间的内生关联逻辑。

3.1.5 委托代理理论

委托代理理论(principal-agent theory)于 20 世纪 30 年代，由美国经济学家伯利和米恩斯提出。在委托代理关系中，委托人总是希望代理人的决策与行为满足其预期的利益，而代理人总是希望用较少的劳动和付出实现利益最大化。而委托代理关系理论就是建立在这种非对称信息博弈论基础上，研究委托人如何设计最优契约交易关系，以激励代理人。然而，实践中，不具有信息优势的委托人在很多时候需为具有信息优势的代理人的行为后果承担风险。

在农业生产经营中，农业作业面积大、生产高度分散化，加之生产具有明显季节性，农产品产出周期较长，因此，委托代理关系无处不在。如农业生产经营的每个环节，都离不开生产经营者的高度责任感。而随着农业经营规模的提升，采用农业雇工方式进行劳作越来越普遍，但雇工作为代理人对自己的工作容易偷懒或粗放使用生产资料甚至中饱私囊等，造成委托人要付出较高的农业监督成本和激励成本。再如，在农地流转过程中，作为土地流出方的农户、农村集体经济组织等与土地流入方之间的信息明显并不对称，从而不可避免地产生了委托代理关系，在多数情况下，集体经济组织又通常具备双重委托代理关系(图 3-4)。

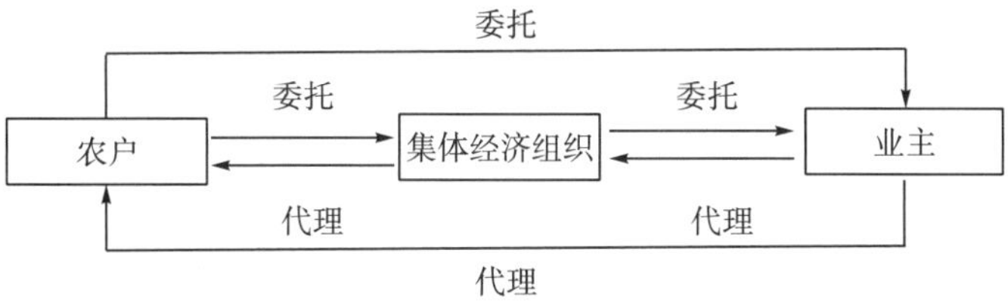

图 3-4　农地流转中的委托代理关系示意图

3.1.6　农业生产函数理论

在农业生产过程中，农产品的数量和质量受自然条件、社会经济条件和物质技术要素投入的影响和制约。这就是说，农业生产包括生产的社会性和物质性这两个方面，农业生产就是生产的社会性和物质性的统一。因为，任何生产总是在一定的社会条件下进行的，总是在各种社会因素作用下进行的，即生产的社会性。但是，生产活动本身又是一个物质交换过程，人们在生产中使用各种劳动资料，运用各种技术，使自然物质发生物理的、化学的变化，生产出人类所需要的各种产品。农业生产过程就是一个物质交换的过程。农产品的数量和质量决定于生产要素投入的数量和比例。生产资源投入的数量不同，农产品的数量也不同，这种客观存在的变量与变量的依存关系是一种函数关系，通常把这种函数关系称为生产函数。应用生产函数模型来研究农业技术经济问题，其目的在于揭示农业生产过程中物质交换关系的规律性，以便确定在既定的自然条件和社会条件下，实现预期目标的生产资源投入的数量和比例，从而达到提高资源转化率，获得最高产量和最大利润的目的。

由于农业生产的特点，决定了在农业生产过程中，各种生产要素投入量和产出量之间、生产要素和生产要素之间、产品与产品之间的数量关系十分复杂，因此，反映这种复杂关系的生产函数模型也是多种多样的。生产函数模型如果按数学形式进行区分，主要有线性函数模型和非线性函数模型两大类。线性函数模型主要用于描述和反映经济变量之间的线性关系；非线性函数模型主要用于描述和反映经济变量之间的非线性关系。由于农业生产受资源报酬变动规律的制约和支配，经济变量之间的关系主要表现为非线性关系，因此，非线性生产函数模型在农业技术经济分析中具有十分重要的作用。与此同时，我们也应当看到，任何一种社会生产总是在一定社会条件下的生产，它总是要受社会条件和国家政策的制约，而生产函数模型只是以简化的形式反映了物质生产过程的技术经济现象，并表达其中的数量关系。而生产过程中的社会经济关系则没有得到充分的反映。同时，对计测结果也要靠正确的理论来解释和论证。

3.1.7 小结

现有对于农业适度规模经营研究的理论基础多围绕上述几个经典理论展开，并在此基础上深化和延伸。党的十八大报告明确提出要“发展农业适度规模经营”，其后，党的十九大报告和 2018 年一号文件均提出推动小农户与现代农业有机衔接。可见，政策明确表明我国农业适度规模经营须建立在小农户经营主体地位上，点出新型农业经营体系是对以家庭经营为基础、统分结合双层经营体制的继承和发展，农户家庭经营仍然是我国农业生产经营最主要的方式。随着农业生产力发展和生产关系的演进，农户小规模经营如何与生产力诉求相接轨，如何与新型经营主体之间结成较好的组织关系，如何避免与新型经营主体之间的委托代理纠纷，获取理想的规模经济效益，走上符合中国特色的适度规模经营路径，需做进一步科学分析与研判。

3.2 多种形式农业适度规模经营在本书中的基本认知

3.2.1 多种形式农业适度规模经营的基础问题

党的十九大报告明确提出实施乡村振兴战略，强调当前农村经济改革与发展的关键问题在于发展多种形式的农业适度规模经营，培育与之适配的新型农业经营主体，并通过不断健全完善农业社会化服务体系，以实现小农户与现代农业发展的有机衔接。在惠农政策与资源密集下乡的背景下，多元化农业经营主体迅速崛起，并蓬勃发展，呈现出以家庭经营为主的传统小农与多元新型农业经营主体齐头并进的特征。

在对多种形式农业适度规模经营概念做出界定之前，首先，有必要具体厘清以下几方面问题：一是关于农业适度规模“方向性”的理解，即本书界定的农业适度规模经营目标是什么；二是农业适度规模经营的主体是谁，即谁来推动农业适度规模经营；三是农业适度规模经营的客体是什么，即哪些环节要实现农业适度规模经营；四是关于农业适度规模经营的“测评标准”，即如何衡量多种形式农业适度规模经营的适度性。本书试图在对这四方面问题分析讨论的基础上对我国农业适度规模经营的概念内涵及特征做出深入辨析。

1. 关于农业适度规模经营“方向性”理解

现有多数文献在辨析农业规模经营问题的时候，多倾向于适度扩大农业的经营规模，而另有部分学者指出，过小或过大的经营规模均容易引致规模不经济，因此，农业适度规模经营存在扩大经营规模和缩小经营规模两种情况。如针对我国人多地少的资源禀赋而言，适度扩大土地要素规模，在一定程度上能够显著提升农业劳动生产率，实现农业规模经济效益。但部分农业经营体若大刀阔斧地追求土地规模、劳动力投入规模或资金规模的扩大，很容易导致生产要素之间不匹配，或经营规模与自身管理能力不适配，就会出现亏损情况，那么这种情况下，适度缩小经营规模才能获取规模经济效益。因此，本书认为适度规模经营的方向性就是要获取规模经济效益，要根据要素资源禀赋、经营组织能力、社会化服务水平等实际情况以适度扩大或缩小农业经营规模，实现农业适度规模经营，强调农业经营规模的适当性，不能过大也不能过小。

2. 关于农业适度规模经营“主体”确定

农业经营主体通常是指直接或间接从事农产品生产、加工、销售和服务的任何个人或组织(张义珍，1998)。随着农业农村经济的发展，以及农业生产分工分业的不断深化，催生了新型农业经营主体，这是相对于传统小农经营主体而言的。新型农业经营主体是指具有相对较大的经营规模、较好的物质装备和经营管理能力，通常理论上认为规模经营的新型主体在生产过程中必然引进高科技、机械化、信息化等现代生产要素的广泛应用，促使劳动生产率、资源利用率和土地产出率相对普通农户较高，并以商品化生产作为主要目标，带动农业市场化、品牌化和绿色化，促使农业变得有利可图。新型农业经营主体既包括农业产中环节的生产经营组织，也包括在产中环节提供各种服务的经营组织。在农业农村现代化发展的驱动下，新型农业经营主体已经越来越成为我国商品农产品生产和农业社会化服务的主要力量，也成为推动我国农业适度规模经营路径的重要力量。与此同时，也需清醒认识到，尽管经过四十多年市场化改革，规模化经营的新型农业经营主体迅速崛起，但在“大国小农”的基本国情影响下，小农户农业经营主体地位依然不变，在推进农业适度规模发展进程中，要切实推动小农户与新型农业经营主体的协同发展。

3. 关于农业适度规模经营“对象”理解

基于不同维度，对农业适度规模经营“对象”的理解应有所区别。一是，从农业生产经营主体角度来看，涉及农户、专业大户、家庭农场和农业企业等，衡量其经营规模的指标可设定为土地面积、经营收入、饲养牲畜数量等。二是，从农业社会化服务主体角度来看，涉及农民专业合作社、农业供销合作社、农业行业协会等，通过其在农业耕、种、管、收、加、储、运、销等环节的规模化服务供给，降低农业生产成本和提升农业经营效率。

三是，从农业生产的内部要素投入角度来看，涉及土地、劳动力、资本、技术、企业家才能等，可以通过内部要素的合理配置实现农业内部规模经济效益。四是，从农业产业融合视角来看，通过农业与第二、三产业的横向融合，拓展农业多功能属性以催生农业外部规模经济效益。综上，本书认为农业适度规模经营涉及农业全产业链环节以及农业与关联产业的互动融合。因此，对于农业适度规模经营“对象”的考察，需要跳出传统视角的约束，从农业经营要素、农业经营主体、农业社会化服务主体、农业经营环节以及产业之间融合这五维视角综合考量(图 3-5)。

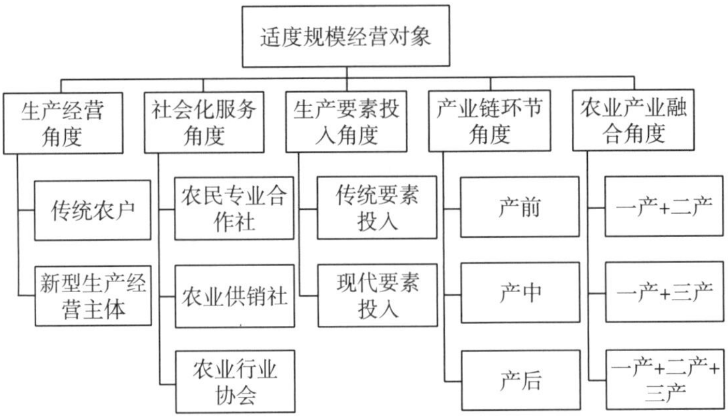

图 3-5 多种形式农业适度规模经营的五维视角

4. 关于农业适度规模经营“测评标准”

收入最大化或产出最大化作为农业规模经营的首要测评标准，现有多数实证性研究多以经营主体利润最大化或最优产出为规模经营“度”的测评依据。也有部分学者基于农业比较效益偏低，认为规模经营度应以农业收入水平达到或高于社会平均收入水平为基准，即要能够保障经营主体务农收入不低于其他机会成本。另外，还有部分学者在谈及农业规模经营“度”的问题时，认为规模“度”是一个相对主观性概念，与经营主体的生产积极性关联度较高。如杜润生(1981)认为，相比于集体劳作，包产到户更能激发农民生产积极性。张培刚(1991)认为自耕自种的家庭农场最利于提升农民生产积极性，因此家庭农场是最具效率的生产模式。到现阶段，诸多学者同样指出多元化农业经营主体的规模经营“度”依然受到其自身积极性影响，其规模经营“度”也产生了多样性变化。如普通农户生产积极性取决于农业生产比较效益；雇佣劳动者的农场主积极性与其雇工积极性完全分开；工商资本涉农积极性可能还涉及农业补贴、非农化动机等的影响。因此，不同的情况要区别应对。由此，本书认为，农业适度规模经营的目标应该是多样化的，如不同的经营主体、不同的经营环节、不同发展诉求，因此作出规模经营度的定量决策没有单一的测评标准。

3.2.2　多种形式农业适度规模经营的主要特征

农业适度规模经营是一个内涵甚为丰富的概念，基于已有认知，本书认为它具有鲜明的层次性、多样性、差异性和动态性特征，对于多种形式农业适度规模经营内涵的认知更要基于我国现实国情、资源禀赋条件、农村基本经营制度和所处的农业发展阶段来具体分析研判。在推进农业适度规模经营过程中，注重处理好新型农业经营主体与小农户的关系，坚持宜大则大、宜小则小，不搞行政命令，防止对小农户的排挤，引导小农户开展合作与联合，促其与现代农业有机衔接。

1. 层次性

关于多种形式农业适度规模经营的理解可以从微观、中观和宏观三个视角来分析。首先，多种形式农业适度规模经营在微观层面主要侧重于单个农业经营主体，如小农户、专业大户、家庭农场或农业企业，研判某具体农业经营主体在其利益诉求下的农业适度规模经营发展模式，分析该经营主体如何通过调整土地、劳动力、资本、技术等要素投入量，促进资源要素之间优化配置，实现农业内部规模经济效益。从中观视角来看，多种形式农业适度规模经营侧重于经营者主体之间形成多种协作关系，促成有效分工与合作，能够带动小农家庭经营走向分工经济，在不打破家庭经营合理性的基础上，促成规模经济效应。宏观层面侧重于农业产业的横纵向拓展延伸，如农业内部产业（农林牧渔业）交叉融合、农业产业链（农产品加工、物流、储运、销售等）纵向延伸、农业与关联产业（文商旅等）交叉融合等，即促成规模经济与范围经济相融合。

2. 多样性

多种形式农业适度规模经营的多样性体现在以下五个维度。一是，农业经营主体的多样性：小农户、专业大户、家庭农场、农业企业、合作社等。二是，农业生产要素的多样性：土地、劳动力、资本、设施设备、信息、技术等要素。三是，农业经营环节的多样性：农资采购、金融信贷、农技推广、农产品加工储运、农产品销售等。四是，农业与关联产业融合的多样性：种养加融合、农文旅融合、农工商融合，随着农业多功能属性的不断拓展，农业与相关产业融合度将不断加深等。五是，农业社会化服务主体的多样性：农民专业合作社、农业产业发展协会、农业供销社等。而这五个维度不同的组合又会促成更多形式的适度规模经营演进路径。

3. 差异性

对于不同国家或地区，同一个国家或地区的不同发展阶段，甚至同一个国家或地区同一个发展阶段中不同经营主体而言，其农业适度规模经营路径模式均存在差异性。我国地域辽阔，各区域在经济水平、资源禀赋、政策环境、气候条件、农业与关联产业协同发展程度等方面都存在显著差异性。因此，并不存在普适性的农业适度规模经营路径。即使是同一类农业经营主体，也可能因为其原始积累、经营管理水平以及目标利益诉求的不同而走上不同的发展道路。因而，我国农业适度规模经营的具体实现路径要根据不同区域、不同经营主体的不同现实条件来实施不同的经营策略，部分发展相对滞后的地区要有足够的耐心，不能“一窝蜂、一盘棋”。

4. 动态性

动态性主要体现为农业适度规模经营的适度规模以及实现形式并不是一成不变，而是会随着资源禀赋状况、社会经济发展水平、技术变迁情况、劳动力素质等现实条件的改变而发生变化。如土地作为农业生产中不可替代的生产资料，其适度规模经营也发生了显著的变化。我国农村于 20 世纪 70 年代末实行家庭联产承包责任制后，尽管农业经济与农民生活水平得到了明显改善，但是随着改革制度绩效的逐渐释放，又出现了农户承包地规模小，高度分散化、细碎化等问题，特别是随着科技的进步，逐步扩大耕地规模才能与发展的劳动力、增加的资本以及进步的技术相适应；另外，实现农地适度规模经营的形式也从原来单一的土地承包权与经营权相统一的家庭联产承包经营形式发展为土地承包权与经营权相分离的一般农户经营、家庭农场、土地托管、土地股份合作经营等多种经营形式。

综上，农业适度规模经营主体与形式具有多层次与多样性；不同经营主体与不同经营形式下的适度规模存在显著的差异性；农业适度规模经营有一个发展演变的过程；要从实际情况出发适时发展农业规模经营；社会化服务体系对于推进农业适度规模经营的重要性越来越显著；适度规模经营重在对“度”的把控，不是一味地扩大规模，在某些情况下还存在适当缩小规模的情况。

3.3 多种形式农业适度规模经营的研究框架设定

由上述分析可知，我国农业适度规模单靠强调土地要素的流转集聚是难以实现的，其中的棘手难题还在于，如何在确保农业家庭经营主体地位的前提下，加快推动现代农业经营体系创新，特别是如何有效解决好农民出路问题，让农民的职业分化更为彻底，让农民真正放心流转土地。值得注意的是，如果农业劳动力素质、农户生产能力以及农业经营规模均难以达到现代生产力发展要求，基于此的农业市场化发展、农产品品质提升、农业科技推广应用、农民从农热情等都将难以维系，加之农民兼业经营的机会成本越来越低，导致非农就业农户转出农地意愿同样偏低，愈加不利于推动农业适度规模经营和构建衔接小农的现代农业经营体系。因此，以农地流转推动农业适度规模经营便成为一个看似可求而不可得的奢望。

鉴于以上分析情况，我国现行的基本政策注重从两方面推动农业适度规模化经营：一是，土地规模经营。即通过流转农民土地经营权，促使农地集聚，以更好地推广新技术、实施机械化，提升劳动生产率，着力降低农业生产成本，然而对耕地环境、农内经营能力以及农外就业能力等均有着较高的要求；二是，服务规模经营。在尊重农户独立经营主体地位的前提下，推动农业社会化服务的规模化，极大程度地提升组织分工效能，降低农业交易成本。在我国大多数地区土地规模化经营发展受限的前提下，现阶段我国各地更注重第二种模式的创新发展。也正是基于此，提出了本书关于多种形式农业适度规模经营的基本内涵理解，如图 3-6 所示。

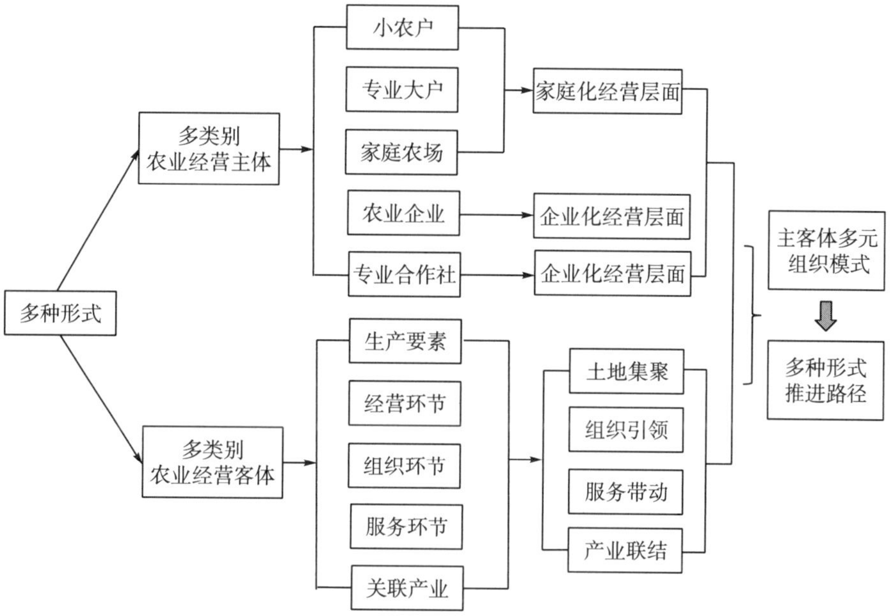

图 3-6　本书关于农业规模经营“多种形式”内涵界定图示

由图 3-6 可知，农业规模经营的多种形式体现在农业经营主、客体类别，以及主客体多种组织模式上。通过近年来我国多地改革实践案例来看，多种形式农业适度规模经营是促进我国农业转型升级的现实需要和必然趋势，且需在持续完善农村土地权能基础上，进一步创新农业适度规模经营组织模式，寻找多元化改革路径，推动土地集聚型规模经营与组织引领、服务带动型等规模经营联动发展，促成多类经营主体引领下的多元化农业规模经营组织模式协同发展，并力求能实现经济、政治和社会不同层面的目标诉求(图 3-7)。

我国农业农村部提及的四类农业规模经营路径

——土地集聚型规模经营。主要是指单一农户或不同农户联合形成的集体组织、合作社、股份制组织，通过土地流转、入股和地块互换、归并等方式，提高单一经营主体土地经营规模和连片水平。

——组织引领型规模经营。主要是指在家庭承包、分散经营基础上，在一定区域范围内，根据当地生产传统和市场需求，有组织地推动农产品生产基地和园区建设，发展一村一品、一乡一业，推进农业主导产业专业化区域布局，提高农业生产的区域规模化水平。

——产业联结型规模经营。主要是指一定区域范围内，通过“龙头企业+合作社+基地+农户”“合作社+龙头企业+基地+农户”等运作模式，建立健全产业分工、协作和利益联结机制，延长农业产业链，提高农户家庭经营的外部规模化水平。

——服务带动型规模经营。主要是指在家庭承包、分散经营基础上，针对目前农业劳动力非农就业比例大、雇工成本高、农户不愿放弃土地的现实，农民合作社、大户、家庭农场以及社会化组织接受农户委托，提供全程或部分农业生产经营服务，形成新的统分结合的规模经营。

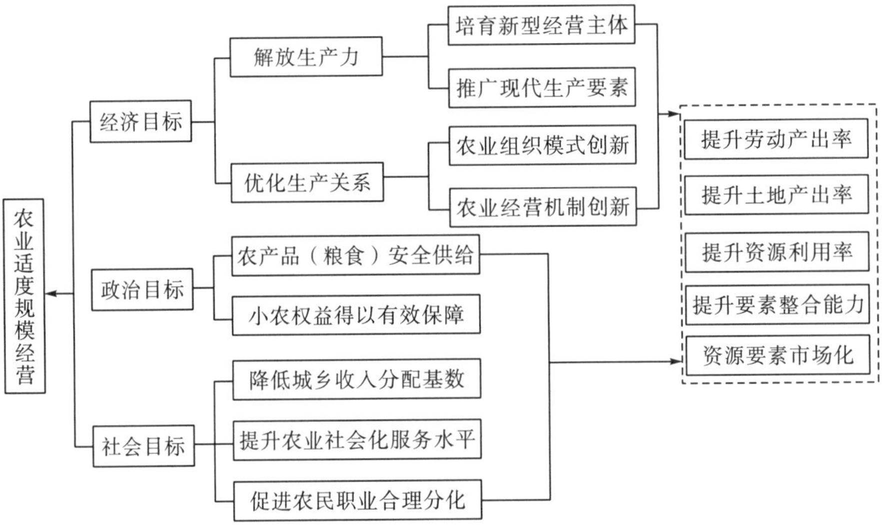

图 3-7　我国多种形式农业适度规模经营的目标框架设定

第 4 章　多种形式农业适度规模经营在我国推行的紧迫性与现实性

4.1　我国农村基本经营制度历史沿革与改革目标

4.1.1　历史发展沿革

新中国成立以来，我国农村历经了几十年的发展历程，农地经营制度发生了一系列重大变迁，从计划经济时代的农业合作化，演变到改革开放之后的家庭联产承包责任制，促成农地集体所有权和家庭承包权的“两权分离”，再到现阶段土地所有权、承包权、经营权的“三权分置”，不断激发农村基本经营制度的改革活力。改革的核心主线是促使在人多地少的小规模农业国情制约下，探索集体经营的“统”与农户经营的“分”恰当结合的制度形式。回顾计划经济时代，在当时特定历史条件下，农村土地制度过于强调“统”，而忽视了“分”。新中国成立初期农业集体化的推行，废除了农地私有的个体农业经济，构建了集体所有、统一经营的农村经济制度。经过 20 世纪 50 年代的农业合作化运动，农业生产的集中度不断提高，农业生产合作社的发展经历了从初级社到高级社再到人民公社的过程。由于农业合作化运动的推进速度过快，农业生产的行动单元过大，管理过分集中、经营方式过于单一，导致生产和分配极不相适应，加之集体组织软弱涣散，造成农民生产积极性严重受挫。同时，过大的农业生产单元，也增加了对成员劳动计量和监督的困难，导致农户劳动投入激励不足、农业生产效率低下。农业合作化运动过于强调农业集体经营，造成了粮食大量减产的严重后果，面临着“农村生产力水平很低，农民生活很苦，扩大再生产能力很薄弱”的发展困境。到了 20 世纪 60 年代，政策不得不进行调整，缩小了农业生产的集体行动单元，实行“三级所有、队为基础”的农村生产资料所有制形式。改革开放以来，农村土地制度调整的一个主线，是在不放弃“统”的前提下，重视和强调“分”。20 世纪 80 年代家庭联产承包责任制的推行，落实了农户的承包经营权，激发了亿万农户的种粮积极性，粮食产量不断创新高，有效解决了温饱问题。中国农村形成了以家庭承包经营为基础、统分结合的双层经营体制，在坚持基本生产资料为集体所有的前提下，农户与集体签订了承包经营合同。家庭联产承包责任制的创设旨在把农村集体统一经营和农户分散经营有机结合起来，促使集体优越性和个人积极性能够同时得到发挥，允许各地区积极探索符合切身实际情况的多种形式的双层经营体制，并指出宜统则统，宜分则分，统分结合，统分结合形式与内容上表现出灵活性。

改革开放促使农村政治经济环境发生了深刻变化，土地制度在实践运行中片面强调

“分”，导致“统”的作用日渐式微。21 世纪以来，随着我国城镇化、工业化的快速推进，大量农村劳动力向城镇地区和非农产业部门转移，农业生产成本特别是人工成本快速攀升，务农比较收益持续下降，耕地撂荒、非农化和非粮化倾向加剧，在农户过于分散化经营的格局下，这些问题随着时间的推移愈加凸显。“两权分离”的制度设计，已经不能有效应对农村土地流转、扩大土地经营规模的现实需要。在党的十七届三中全会审议通过了《中共中央关于推进农村改革发展若干重大问题的决定》，文件提出“允许农民以转包、出租、互换、转让、股份合作等形式流转土地承包经营权”。在此推动下，全国很多地区开展了土地流转的试点和试验，并积极推出“三权分置”改革试点，在进一步重视“分”的基础上，强调利用市场机制加强“统”，这是新时期实现农村土地经营统分结合方针的创新举措。截至 2017 年末，全国农村承包耕地流转面积达 4.71 亿亩，占承包耕地总面积的 36%。新时期，随着“三权分置”改革的不断推进，我国农村基本经营制度中“统分结合”的实践形式也随之发生着深刻变化。从“统”的层面而言，农村集体经济的重要性得以重新审视，推动小农户与农民专业合作社、农业社会化服务组织、龙头企业之间的联结更为密切，各类农业经营主体之间协同共生的格局正逐步形成；从“分”的层面而言，传统小农户自身也在逐步朝着专业大户、家庭农场等更适应现代农业农村发展需求的农业经营主体转型。“统”与“分”结合的实践形式在新的国情背景下不断创新和丰富。长远来看，中国农地的规模经营的发展，不可能单纯依靠单个农户占有耕地面积的上升；立足小规模农业的基本国情，大力发展多种形式农业适度规模经营和提升农业专业化服务水平，将成为中国特色农业现代化道路的重要特征之一。

4.1.2 制度改革目标

中国农村的改革历程中，最为重要的经验在于不断推动市场化改革的深度和广度。但从市场化改革进程来看，我国要素市场改革明显滞后于产品市场的改革，而这种不对称性又突出体现在土地要素市场改革的相对滞后上（罗必良，2013）。随着市场经济的不断深化，土地对于农民来说，不仅仅具有生产功能，还越来越多表现出财产性功能。土地所有权、承包权与经营权“三权分置”的政策设想现已延伸到法律上权能的逐步体现，有利于土地经营权的物权化塑造，激发释放制度改革红利。因此，从保障农民的土地福利功能转向强化农民的土地财产功能，并改善土地资源利用效率，成为制度目标转换的必然趋势，自然而然地也推动了农业朝着适度规模经营的方向发展。

自改革开放以来，政界和学界围绕农业基本经营制度改革的争论从未停止过，其制度目标基本可以囊括为：调整生产关系和激发社会生产力，促使生产关系与生产力发展要求相吻合，能够不断通过制度创新释放改革红利。目前，我国正处于农业发展的战略转型的关键期，在确保农村基本经营制度基础上建立起新的农业组织经营体系的核心目标在于：一是，确保大宗农产品的安全供给，特别是粮食安全问题不容忽视，并由注重农产品数量增长向注重质量安全转变；二是，着力提升我国农业劳动生产率，以应对国际农产品市场冲击，提高我国农业综合效益与竞争力，重点是确保农民增收；三是，农业农村基本经营制度不能仅仅就农业论农业，还要兼顾生态环境、文化传承、休闲观光、社会福祉等多重视角，蕴含着农业与相关产业融合的全产业链视角(表 4-1)。

表 4-1　改革开放以来关于推进农业适度规模经营改革的重要政策文件梳理

年份	重要会议/文件	主要思想	政策动向
1984 年	《中共中央关于一九八四年农村工作的通知》	鼓励土地逐步向种田能手集中，并指出社员在承包期内，可以经集体同意，由社员自找对象协商转包	这是首次在土地流转政治层面上呈现松动迹象
1986 年	中央 1 号文件	鼓励耕地向种田能手集中，发展适度规模的种植专业户	认知上把发展适度规模经营作为我国农业发展的主方向
1987 年	《把农村改革引向深入》	要采取不同形式实行适度规模经营，并在全国 10 个省、自治区建立起规模不等、项目不同的农村改革试验区，推行各具特色的农业适度规模经营试验	土地经营权流转突破了家庭承包经营的限制，中国土地流转制度开始进入新的试验期
1988 年	修订《宪法》和《土地管理法》	指出“国有土地和集体所有的土地使用权可以依法转让”	首次从国家法律高度对农村土地流转进行了肯定
1993 年	《关于当前农业和农村经济发展的若干政策措施》	为防止耕地规模不断被细分，指出在承包期内实行“增人不增地，减人不减地”	允许农村土地在尊重农民意愿基础上，依法有偿流转
1995 年	《关于稳定和完善土地承包关系意见的通知》	强调建立健全土地承包经营权流转机制，并指出农村集体土地承包经营权的流转，是家庭联产承包责任制的延续和发展	对农村土地流转做出了一些较为具体的规定
2001 年	《中共中央关于做好农户承包地使用权流转工作的通知》	对加强土地使用权流转进行了强调，并指出推进农村土地流转对维护农村社会稳定有着重要的现实意义	是新时期下指导农村土地流转稳步推进的重要规范性文件
2003 年	《农村土地承包法》	用法律形式肯定了土地承包经营权流转	以法律形式对土地承包中涉及的重要问题作出规定
2008 年	《关于做好当前农村土地承包经营权流转管理和服务工作的通知》	重点强调加强和完善农村土地承包经营权流转管理和服务	是新时期推进农村土地流转制度改革完善的纲领性文件
2013 年	党的十八届三中全会	坚持家庭经营在农业中的基础性地位，推进家庭经营、集体经营、合作经营、企业经营等共同发展的农业经营方式创新	鼓励承包经营权在公开市场上向专业大户、家庭农场、农民合作社、农业企业流转，发展多种形式规模经营
2014 年	中央 1 号文件	加快健全土地经营权流转市场，完善县乡村三级服务和管理网络。探索建立工商农业流转农业农用地风险保障金制度，严禁农用地非农化	土地流转和适度规模经营要尊重农民意愿，不能强制推动
2016 年	《关于完善农村土地所有权承包权经营权分置办法的意见》	将土地承包经营权分为承包权和经营权，实行所有权、承包权、经营权分置并行，着力推进农业现代化，是继家庭联产承包责任制后的又一重大制度创新	“三权分置”是农村基本经营制度的自我完善，符合生产关系适应生产力发展的客观规律
2017 年	中央 1 号文件	积极发展土地流转型、服务带动型等多种形式适度规模经营	总结推广农业生产性服务试点经验，支持供销、邮政、农机等系统发挥为农服务综合平台作用
2019 年	《关于促进小农户和现代农业发展有机衔接的意见》	处理好发展适度规模经营和扶持小农户的关系。既要把准发展适度规模经营是农业现代化必由之路的前进方向，也要认清小农户家庭经营很长一段时间内是我国农业基本经营形态的国情农情	在鼓励发展多种形式农业适度规模经营的同时，完善针对小农户的扶持政策，加强面向小农户的社会化服务

资料来源：结合不同年度政策文件梳理汇总。

与此同时，要认识到尽管改革目的在于破旧立新，但基于我国基本国情和为契合农业生产特点，制度改革始终要坚守四个底线：一是，要坚守农村土地集体所有制；二是，要坚持家庭经营基础性地位；三是，要坚持稳定土地承包关系；四是，要坚持保护耕地和强化农地用途管制。也正是鉴于此，中共十八届三中全会提出要在坚持家庭经营基础地位的同时培育多元化经营主体，并逐步完善农业社会化服务体系。现代农村基本经营制度改革的拓展空间就主要集中于农业经营权的调整，构建起适应现代农业农村发展的农地产权制度(罗必良和李玉勤，2014)。

4.2 多种形式农业适度规模经营在我国推行的紧迫性

工业化、城镇化的快速发展推动土地、劳动力和资本等要素源源不断地从农村流入城镇，基于小规模、分散化、细碎化的“均包制”的制度遗产，面临着前所未有的改革紧迫性：一是农户兼业化趋势增强。据《中国农村经营管理统计年报》显示，2015 年全国农户中农业兼业户达 18.1%，非农业兼业户达 8.6%，表明农民越来越不以农为主业。二是劳动力愈加弱质化。一方面，伴随着劳动力的外流，我国农村劳动力中从事第一产业的比例从 1978 年的 70.5%，已经减少到 2015 年的 38.2%，几乎每年减少一个百分点；另一方面，留守劳动力老龄化与妇幼化。在留守的农村劳动力中，60 岁以上的劳动力接近 2 成，40 岁以上的占据 75%，而女性又占据绝大多数，是农业生产的主力军，表明农业劳动力结构性短缺问题严重。三是农业副业化。农户可支配收入中工资性收入逐年增长，现已超过了家庭经营性收入，农业对农民的重要性持续下降。四是种植非粮化。据统计，改革开放初期，我国粮食种植面积占农作物播种面积的比重在 80%以上，到 2017 年该比重降至 70%。随着农地流转速度与规模的提升，粮食种植的比例仍有持续下降的趋势，表明农户生产种植的“去粮化”现象越来越突出。

4.2.1 小规模分散经营造成农业生产成本长期居高不下

小规模、细碎化农业经营阻滞了农业生产专业化和社会化分工，不利于资金、技术、设备等现代生产要素的集聚集约利用。一方面，传统小农户大多经济实力弱、资金匮乏且文化素质偏低，难以吸纳“知识、技术、智力”等无形要素；另一方面，地块零散严重影响了农业机械等有形生产要素的效率发挥，反过来也抑制了农业物质装备水平的进一步提升。独门独户的家庭承包经营不利于农业要素资源配置的帕累托改进，我国农业生产效率长期在低水平徘徊，农业生产成本居高不下。一是，生产原料成本增速过快。一方面，每亩土地生产投入生产原料数量不断增加；另一方面，生产原料价格本身增长过快。以玉米、小麦、水稻三种主要农作物为例，亩均种子、化肥、农药、农膜等直接原料投入费用均表现出不同程度的增长。其中，亩均种子用量从 2010 年 6.61 公斤上升到 2018 年 7.19 公斤，用量增加 8.77%，费用从 39.74 元/亩增加到 63.28 元/亩，增加 59.24%。化肥用量从 2010 年 22.98 公斤/亩上升到 2018 年 24.91 公斤/亩，增长 8.40%，费用从 110.94 元/亩增加到 139.02 元/亩，增加 25.31%。农药和农膜费用从 2010 年到 2018 年分别增长 40.11%和 26.92%。总体来看，小农户耕种的生产原料投入成本从 2010 年 175.41 元/亩增加到 2018 年 236.64 元/亩，原料投入成本增加 61.23 元，增长 34.91%，呈现出生产原料成本增速过快(表 4-2)。二是，机械作业成本和人工成本增加是推高小农户经营成本的重要原因。如表 4-2 所示，2010 年至 2018 年三种农作物平均人工成本由 226.9 元/亩增加到 419.35 元/亩，增加 84.82%。其中，人工成本中雇工工价从 2011 年 78.58 元/日上涨到 2016 年 114.31 元/日，增长 45.47%，农业劳动力雇佣成本大幅度上涨。同时，每亩地机械作业费用从 2010 年的 84.94 元/亩增加到 2018 年的 148.81 元/亩，每亩增加 63.87 元，增幅达 75.19%，其中，人工成本增幅高于租赁机械成本。由此可见，对于小农户而言无论是投入劳动力还是引入机械化都存在费用不断攀升的现象，机械化和人工成本的双增加在很大程度上增加了小农户的经营成本。农业生产成本的涨速和涨幅均超出了“可接受”的上涨空间，导致国内外农产品价格严重倒挂(图 4-1)。国内农产品进口规模持续攀升，2017 年我国农产品贸易总额达 2000 亿美元，贸易逆差额 503.3 亿美元，同比增长 30.4%。大宗农产品呈现全面净进口态势，我国谷物、棉花、食糖和食用油籽的自给率已分别跌至 96.3%、83.2%、82.9%和 13.7%，成本“地板”与价格“天花板”给我国农业小规模分散经营带来了严重警示(表 4-3)。

表 4-2　2010～2018 年三种粮食作物直接生产原料平均费用变化

年份	总成本	生产原料成本					机械作业成本	人工成本	土地成本
		种子	农药	化肥	农膜	费用合计			
2010	672.67	39.74	22.39	110.94	2.34	175.41（26.08）	84.94（12.63）	226.9（33.73）	133.28（19.81）
2011	791.16	46.45	23.39	128.27	2.62	200.73（25.37）	98.53（12.45）	283.05（35.78）	149.75（18.93）
2012	936.42	52.05	26.21	143.4	2.79	224.45（23.97）	114.48（12.23）	371.95（39.72）	166.19（17.75）
2013	1026.19	55.37	26.97	143.31	2.99	228.64（22.28）	124.92（12.17）	429.71（41.87）	181.36（17.67）
2014	1068.57	57.82	27.56	132.42	3.05	220.85（20.67）	134.08（12.55）	446.75（41.81）	203.94（19.09）
2015	1090.04	59.43	29.15	132.03	3.04	223.65（20.52）	139.6（12.81）	447.21（41.03）	217.76（19.98）
2016	1093.62	60.73	29.48	128.93	2.99	222.13（20.31）	142.79（13.06）	441.78（40.40）	222.27（20.32）
2017	1081.59	62.43	30.68	130.9	2.89	226.9（20.98）	145.72（13.47）	428.83（39.65）	215.58（19.93）
2018	1093.77	63.28	31.37	139.02	2.97	236.64（21.64）	148.81（13.61）	419.35（38.34）	224.87（20.56）

数据来源：根据历年《全国农产品成本收益资料汇编》整理计算。

注：表中非括号内数据的单位为“元/亩”；括号内数据的单位为“%”。

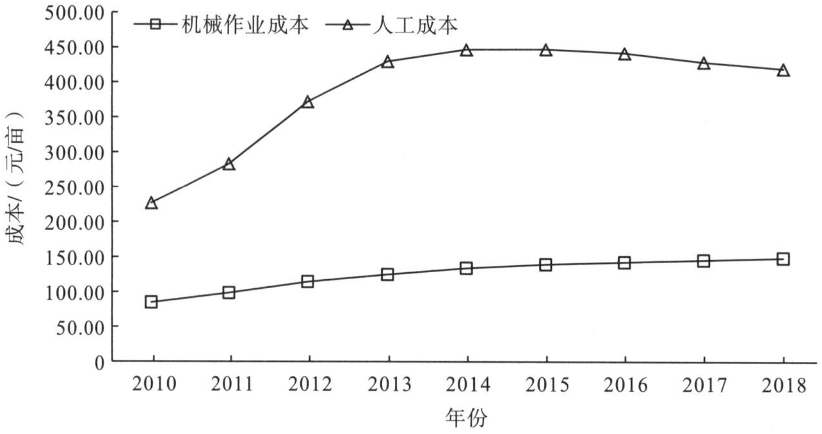

图 4-1 2010～2018 年我国三种粮食作物机械作业成本和人工成本变动趋势

表 4-3 2002～2017 年我国主要农产品进口量及自给率变化

农产品	项目	2002	2004	2006	2008	2010	2012	2014	2016	2017
谷物	进口/万吨	285	975	360	154	571	1398	1952	2200	2560
	出口/万吨	1484	479	610	186	124	81	77	64	160
	净进口/万吨	-1199	496	-250	-32	447	1317	1875	2136	2400
	自给率/%	103.1	98.8	100.6	100.1	99.1	97.6	96.7	96.4	96.3
棉花	进口/万吨	25	211	398	226	313	541	267	124	116
	出口/万吨	16	1	2	2	1	2	1	1	1.7
	净进口/万吨	9	210	396	224	312	539	266	123	114.3
	自给率/%	98.2	75.1	65.5	77.0	65.6	55.9	69.9	81.2	83.2
食用油籽	进口/万吨	1196	2078	2933	3903	5706	6230	7755	8956	10000
	出口/万吨	127	122	127	124	93	107	94	94	110
	净进口/万吨	1069	1956	2806	3779	5613	6123	7661	8862	9890
	自给率/%	49.7	40.2	28.1	24.3	18.9	18.6	16.2	14.1	13.7
食糖	进口/万吨	118	121	137	78	177	375	349	306	229
	出口/万吨	33	9	15	6	9	5	5	15	15.8
	净进口/万吨	86	113	122	72	168	370	344	291	213.2
	自给率/%	91.5	90.1	88.7	95.2	87.0	79.2	82.7	83.1	82.9

注：自给率=产量/(产量+进口-出口)×100%

数据来源：根据历年《中国农村统计年鉴》《中国粮食年鉴》《中国农产品贸易发展报告》数据整理计算。

4.2.2 小规模分散经营对家庭经济的贡献趋于下降态势

2018 年，我国农村居民人均可支配收入中的家庭经营性收入为 4741.3 元，在人均可支配收入中的比重已降至 4 成以下，同年外出务工农民工月均收入达 3572 元，可见，辛苦耕种一年不如打工两三个月。农业对农户家庭收入的影响力正日趋减弱，农户兼业化、副业化行为越来越普遍，兼业农户已取代传统小农户成为农业生产的主力军。

表 4-4　1996～2018 年我国农村居民从业收入及其构成

年度	从业总收入		工资性收入		家庭经营收入		农业净收入		非农业净收入	
	金额/元	占比/%	金额/元	占比/%	金额/元	占比/%	金额/元	占比/%	金额/元	占比/%
1996	1813.29	100.00	450.84	24.86	1362.45	75.14	1099.04	60.61	263.41	14.53
1997	1987.27	100.00	514.55	25.89	1472.72	74.11	1168.08	58.78	304.64	15.33
1998	2039.58	100.00	573.58	28.12	1466.00	71.88	1136.21	55.71	329.79	16.17
1999	2078.62	100.00	630.26	30.32	1448.36	69.68	1086.18	52.25	362.18	17.42
2000	2129.57	100.00	702.30	32.98	1427.27	67.02	1090.67	51.22	336.60	15.81
2001	2231.53	100.00	771.90	34.59	1459.63	65.41	1126.55	50.48	333.08	14.93
2002	2326.76	100.00	840.22	36.11	1486.54	63.89	1134.99	48.78	351.55	15.11
2003	2459.66	100.00	918.38	37.34	1541.28	62.66	1195.58	48.61	345.70	14.05
2004	2744.25	100.00	998.46	36.38	1745.79	63.62	1398.05	50.94	347.74	12.67
2005	3019.06	100.00	1174.53	38.90	1844.53	61.10	1469.60	48.68	374.93	12.42
2006	3305.76	100.00	1374.80	41.59	1930.96	58.41	1521.30	46.02	409.66	12.39
2007	3789.89	100.00	1596.22	42.12	2193.67	57.88	1745.12	46.05	448.55	11.84
2008	4289.29	100.00	1853.73	43.22	2435.56	56.78	1945.85	45.37	489.71	11.42
2009	4588.03	100.00	2061.25	44.93	2526.78	55.07	1988.17	43.33	538.61	11.74
2010	5263.85	100.00	2431.05	46.18	2832.80	53.82	2231.01	42.38	601.79	11.43
2011	6185.41	100.00	2963.43	47.91	3221.98	52.09	2519.91	40.74	702.07	11.35
2012	6980.83	100.00	3447.46	49.38	3533.37	50.62	2722.20	39.00	811.17	11.62
2013	7497.30	100.00	3652.50	48.72	3934.80	52.48	2839.80	37.88	1095.00	14.61
2014	8389.60	100.00	4152.20	49.49	4237.40	50.51	2998.60	35.74	1238.80	14.77
2015	9103.90	100.00	4600.30	50.53	4503.60	49.47	3153.80	34.64	1349.80	14.83
2016	9763.10	100.00	5021.80	51.44	4741.30	48.56	3269.60	33.49	1471.70	15.07
2017	10526.20	100.00	5498.40	52.24	5027.80	47.76	3391.00	32.21	1636.80	15.55
2018	11354.50	100.00	5996.10	52.81	5358.40	47.19	3489.50	30.73	1868.90	16.46

数据来源：《中国农村统计年鉴》，农业净收入即第一产业净收入，非农业净收入即家庭经营中二三产业净收入。

注：1996 年以来是我国工业化加速的时期，也是农民突破政策限制大量向城镇流动的时期。

表 4-4 所显示的数据是 1996～2018 年期间我国农户从业收入的增长与结构变化情况。这期间，就平均水平而论，我国农民完成了以家庭经营收入为主向以工资性收入为主的转变。1996 年农户来自家庭经营的收入还占据 75.14%，其中来自家庭农业经营的净收入高达 60.61%。而到了 2018 年，家庭经营收入下降到了 47.19%，农业净收入下降到了 30.73%，分别下降了 27.95 个百分点和 29.88 个百分点。与此同时，工资性收入由 24.86%增长到 52.81%，提高了 27.95 个百分点。仅从工资性收入和家庭经营收入比较，工资性收入就已经占优势地位。如果再将家庭经营中的非农产业经营收入计算在内，非农收入已经达到了 69.27%，说明农业收入对家庭收入水平的影响力在逐步下降，越来越多的农户成为以工资性收入或以非农收入为主的兼业农户。

4.2.3 小规模分散经营抑制了土地向新型经营主体集聚

农村青壮年劳动力外出务工，促使在农村劳动力转移的同时，农业劳动力普遍呈现老龄化、妇幼化、低文化等弱质化特征，劳动力结构性短缺严重，“弱者种地”“有地无耕”的现象普遍。受制于较为固化的弱者种地困境以及农民对土地较强的依赖性等，土地难以向农业规模化经营主体集聚。如表 4-5 所示，2010～2018 年，我国绝大多数农户经营规模都维持在 10 亩以下，表明我国农户户均经营规模普遍狭小的整体现状。从时间序列上看，10 亩以下的农户比重甚至还在上升，造成此种情况的原因主要在于家庭分化引致的未经营耕地的农户数量逐年上升。在其他经营规模的变动上，30 亩及以下规模的农户比例在逐年下降，而 30 亩及以上规模的农户比例逐年上升，但二者变动幅度均极为缓慢。即便我国城镇化率达到 70%，农村地区仍将保有 4 亿～5 亿人口，户均经营耕地面积依然维持在很小的规模水平，这决定了我国小农户经营主体地位在未来很长一段时间内都不会改变。

表 4-5 2010～2018 年我国不同经营规模农户的比例构成（%）

年份	10 亩以下（含未经营耕地但不含 10 亩）	10~30 亩	30~50 亩	50~100 亩	100~200 亩	200 亩以上
2010	85.79	10.83	2.33	0.77	0.19	0.09
2011	85.94	10.69	2.32	0.75	0.20	0.10
2012	86.11	10.48	2.31	0.78	0.22	0.10
2013	85.96	10.28	2.55	0.86	0.24	0.11
2014	85.93	10.18	2.60	0.89	0.28	0.12
2015	86.58	9.72	2.45	0.85	0.28	0.12
2017	86.29	9.84	2.48	0.92	0.32	0.14
2018	85.32	10.50	2.67	1.00	0.36	0.16

数据来源：根据《中国农村经营管理统计年报》（2010～2018 年）公开数据计算整理。

与此同时，随着农村家庭的分化和新家庭的不断增加，全国农户数量不断增长。据全国农村经营管理统计年报，2018 年全国农户数量达 27325.3 万户，相比于 2010 年增长 26.8%。乡村户数的增加直接导致农村户均耕地规模逐年减少，农业细碎化经营格局呈现出较为固化的态势。随着农业服务成本的持续走高，小农户分散经营格局又进一步推高了农业人工成本、农业基础设施运营成本以及农技推广成本，农业比较效益越来越低。由此推断，小农户主体经营地位下，推进我国农业规模化发展进程将是一个极为漫长的过程，需要克服农村家庭户数增加和户均规模日趋下降的现实阻力。

4.2.4　小规模分散经营加重了农业劳动力弱质化的倾向

随着大量农业农村劳动力向城市与非农产业部门迁移，多地农村不断滋生出人口老龄化、村庄空心化、耕地撂荒、农村产业结构性失调等诸多可持续发展难题。素质相对较高的青壮年劳动力持续性、大规模、长时间迁入城镇地区，导致农村留守劳动力老龄化、妇幼化、弱质化特征愈来愈凸显。以课题组所在的四川省为例，据全国第二次农业普查数据显示，早在 2006 年四川省农村农业从业人员中，年龄在 51 岁以上的劳动力人数占比就已超过 4 成，达到了 41.90%，且四川省农业从业人员的老龄化程度高出全国和西部地区平均水平近 10 个百分点，务农人口老龄化问题非常严峻。据四川省政府官方公布数据显示，2014 年四川省农村外出劳动力达 2400 万人以上，占全国农村外出劳动力总数的 8%，其中 40 岁以下的青壮年劳动力占据 8 成以上，与此同时，城镇化发展推动农村劳动力向城镇地区持续大规模转移，导致四川农村地区人口老龄化趋势加重(图 4-2)。另以中江县、三台县为例，这两个县人口分别达 143 万和 147 万，常年外出务工人数为 47 万和 40 万，分别占农村劳动力总数的 55%和 53%，且输出的绝大部分是青壮年劳力。劳动力大量外出致使一些丘陵地区的农户无力耕种承包地，两季都撂荒的耕地占 10%以上，即使有老年农民种地，产量和效益也不高，加之代耕、全托、半托的农业生产性服务供给不足，很大程度上阻滞了农业规模化经营的发展步伐。据第三次全国农业普查主要数据公报，我国从事农业的劳动力具有以女性为主、年龄结构相对老化、受教育程度偏低等一系列特征(表 4-6)，进一步固化了农业细碎化经营现状。

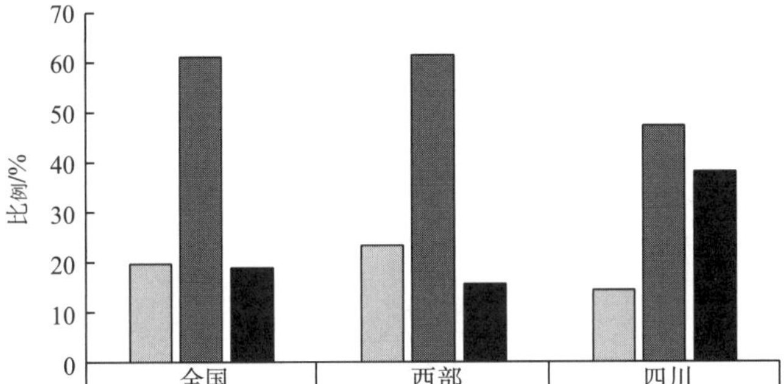

	全国	西部	四川
35岁以下	19.7	23.1	14.6
36岁~54岁	61.2	61.7	47.3
55岁及以上	19.1	15.3	38.1

图 4-2　全国、西部和四川农业从业人员年龄结构分布情况

注：根据 2016 年《第三次全国农业普查主要数据公报》绘制。

表 4-6 我国农业从业人员主要特征

数量/万人		31422
性别构成/%	男	52.5
	女	47.5
年龄构成/%	35 岁及以下	19.2
	36-54 岁	47.3
	55 岁及以上	33.6
文化程度构成/%	未上过学	6.4
	小学	37
	初中	48.4
	高中或中专	7.1
	大专及以上	1.2

资料来源：2016 年《第三次全国农业普查主要数据公报》。

4.2.5 小规模分散经营不利于农业政策效应的有效发挥

农业生产是经济效益低、外部性强的基础性产业，离不开政府多方位的政策支持，但由于农业小规模、分散化经营，农业生产投资周期长、经营风险大，农业经营者难以获得预期性回报，农户、社会组织以及工商资本参与农业建设项目的意愿并不强烈。尽管农业规模化经营能够得到政府一定的补贴，但这种补贴效应多表现为短期的正效应，难以取得理想的、持续的政策激励作用，甚至不可避免地会造成一些负面效应。以农地流转为例，农地流转补贴政策引致的负面效应如：导致流转溢价并有利于流出方进行价格寻租，形成对自给型小农户的挤出效应和对大规模经营主体流转交易的自我挤占，土地流转补贴转变为只是利好于少数经营主体的优惠政策，偏离了政策初衷并造成很大程度上的社会福利损失。诱使土地流转主体热衷于走土地规模扩张的外延式道路，而享有农村集体所有权的主体村民被严重边缘化，这无益于多种形式农业适度规模经营的平稳、有序推进，反而更容易引致农业非农化和非粮化倾向。

上述的五个方面共同反映出农村劳动力匮乏、农业发展边缘化、弱者种粮和差地种粮、农业细碎化经营固化的现象及其原因，这也成为农业农村可持续发展和确保粮食安全的重大隐患，在一定程度上，也表明了推动农业适度规模经营和构建适配的农业经营体制具有必要性和紧迫性。因此，在坚持家庭联产承包农村基本经营制度的基础上，创新农业经营方式和经营机制，发展多种形式农业适度规模经营和培育与市场经济发展相适应的新型农业经营主体势在必行。

4.3　多种形式农业适度规模经营在我国推行的现实基础

首先，我国以不断通过政策或建议的方式强调推进多种形式农业适度规模经营在推进农业农村现代化发展和乡村振兴中的重大意义。2017 年，中央 1 号文件提出积极发展土地流转型、服务带动型等多种形式的适度规模经营；在其后的 10 月，党的十九大报告中提出，要继续巩固和完善农村基本经营制度，深化农村土地制度改革，完善承包地“三权分置”制度，为农业适度规模经营提供了政治保证；其次，随着教育的普及和科学技术的发展应用，我国农村劳动力后备军素质和农业科技水平较以往已经有了巨大进步，具有农科知识的新型职业农民将成为现代农业发展的主力军。这些都为技术含量较高的适度规模经营提供了科技与人才支撑；最后，新农合、新农保等社会保障体系日臻完善，越来越多的农民对土地的社会保障功能依赖程度降低，这也在一定程度上为农业适度规模经营提供了社会保障。

4.3.1　小农户对农业依赖性逐渐减弱

伴随城镇化、工业化快速推进，传统小农生产和自给自足经济不断向商品化生产和规模化经营模式跃升，越来越多的农民离开农业涌入城市和非农产业部门。如图 4-3 所示，我国第一产业增加值比重表现出持续下降趋势，从 1978 年的 27.7%降至 2018 年的 7.0%，降幅为 20.7 个百分点，与此同时，第二、三产业增加值比重持续上升，为农业劳动力非农化发展创造了良好条件。另从就业结构变动趋势来看，第一产业就业比重从 1978 年的 70.5%降至 2018 年的 25.8%，降幅为 44.7 个百分点，表明劳动力在不同产业间的配置随着产值结构的调整而调整。

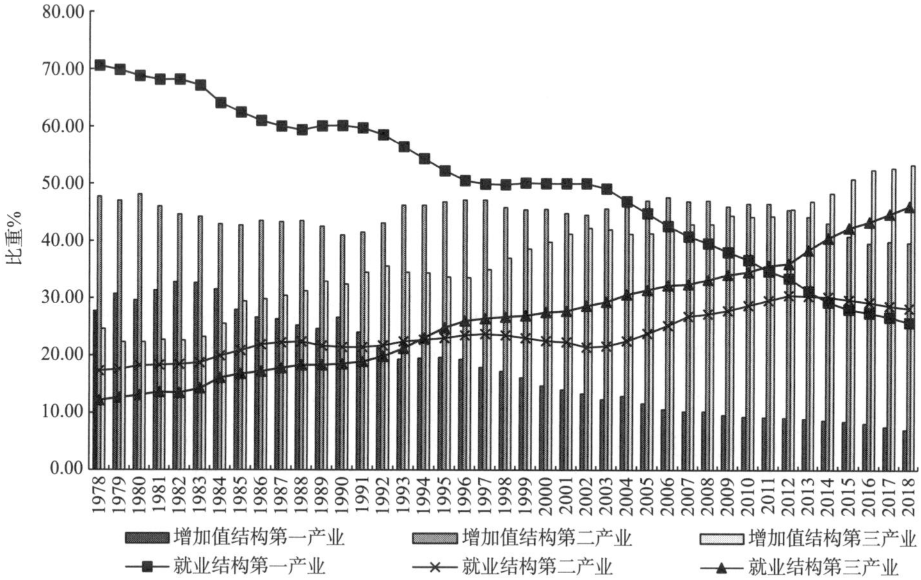

图 4-3　1978～2015 年四川三次产业产值与就业结构比重变动情况

同期，我国农民收入来源与收入结构发生了深刻变化，劳务工资性收入逐渐取代农业经营性收入成为家庭收入的最主要来源(表 4-7)。在农业与非农产业收入差距的驱使下，农户兼业化和离农化程度不断提升，在一定程度上缓和了人多地少的矛盾，促使农民能够充分利用农闲时间增加收入。与此同时，兼业化和离农化也倒逼着现代农业经营组织体系的不断创新，激发社会对集体经营重要性的重新认知，从发展趋势上来看，小农户的分化演进将推动农业生产不断朝着组织化和规模化方向前行。

表 4-7 农民收入来源结构及不同收入来源贡献率变动(%)

年份	工资性收入		家庭经营性收入		财产性收入		转移性收入	
	构成	贡献率	构成	贡献率	构成	贡献率	构成	贡献率
2013	38.73	—	41.73	—	2.06	—	17.47	—
2014	39.59	47.17	40.40	28.56	2.12	2.59	17.90	21.68
2015	40.28	48.04	39.43	28.54	2.20	3.15	18.09	20.27
2016	40.62	44.76	38.35	25.24	2.20	2.19	18.83	27.81
2017	40.93	44.58	37.43	26.80	2.26	2.89	19.38	25.72
2018	41.02	42.01	36.66	27.91	2.34	3.30	19.98	26.78

数据来源：根据 2019 年《中国统计年鉴》计算整理。

4.3.2 农村土地流转形式日益多样化

自 2009 年中央提出开展农村土地承包经营权确权登记颁证工作以来，农村土地流转速度和规模呈现出“双加速”局面。2013 年中央一号文件强调，要“引导农村土地承包经营权有序流转，鼓励和支持承包土地向专业大户、家庭农场、农民合作社流转，发展多种形式适度规模经营”。一时间，各地纷纷开展形式多样的农业规模经营改革试验，特别是农地规模流转经营在全国各地如火如荼地开展起来。

一是，土地流转率逐步提升，但增幅较为平缓。据农业农村部数据显示，截至 2017 年末，全国承包耕地流转面积约 5.12 亿亩，占家庭承包耕地面积的 37.0%，相比于 2007 年提升了 30 多个百分点(图 4-4)。全国有 8 个省(市)家庭承包耕地流转比重超过了 35%，分别是：上海市 71.5%、江苏省 58.4%、北京市 52%、黑龙江省 50.3%、浙江省 48.0%、安徽省 41.0%、重庆市 39.7%和河南省 37.1%。

二是，土地流转模式日趋多元化，但受让主体主要还是农户。首先，从家庭耕地流转形式来看，2010～2015 年期间，土地转包面积从 0.96 亿亩增长到 2.1 亿亩，出租面积从 0.49 亿亩增至 1.53 亿亩，转包出租合计 3.63 亿亩，占据家庭承包耕地流转总面积的 81.3%。到 2017 年，转包出租面积达 4.14 亿亩，在家庭承包耕地流转总面积中的比重为 80.8%，特别是出租给本乡镇以外人口或单位的面积增势显著。同期，互换面积和股份合作面积同样增长较快，互换面积从 2010 年的 958.3 万亩增至 2018 年的 3122.3 万亩，年增速高达 15.91%，在家庭承包耕地流转总面积中比重达到 5.79%；股份合作面积从 1112 万亩增至

2949.3 万亩，年均增速达 12.97%。土地流转模式多元化发展，一定程度上而言，正是中央积极鼓励多种形式推动农业适度规模经营政策成效的充分展现。近年来，土地托管模式又逐渐成为推动土地规模经营的新亮点，2016 年供销合作社系统的土地托管面积达到 1 亿亩，服务覆盖面涉及全国 28 个省份。其次，从家庭承包耕地流转去向来看，2010～2018 年期间，流入农户的面积从 1.29 亿亩增至 3.08 亿亩，占比从 69.2%降至 57.2%，但仍然是土地流转的最重要主体；流入专业合作社的面积从 0.22 亿亩增至 1.21 亿亩，占比从 11.9%增至 22.5%；流入企业的面积从 0.15 亿亩增至 0.56 亿亩，占比从 8.1%增至 10.3%。由表 4-8 所示，农地仍然以农户间流转为主，然后是专业合作社和企业。尽管土地流转的受让主体日益多元化，但大部分承包耕地仍然由承包户经营管理，承包户经营的耕地比重依然占据 7 成以上，承包户在农业经营中的主体地位并未发生根本性改变。

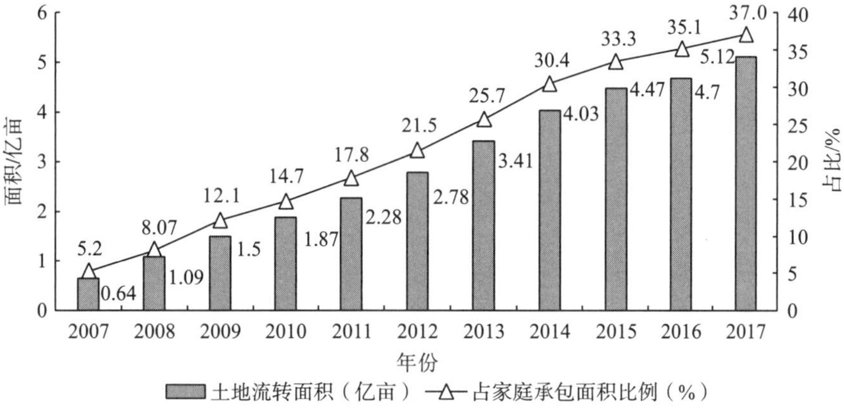

图 4-4　全国土地承包经营权流转面积及其占总承包面积的比例

数据来源：根据历年国务院公报数据整理绘制。

表 4-8　2010～2018 年我国家庭承包耕地流转去向　（单位：万亩）

年份	流转入企业	流转入专业合作社	流转入农户	流转入其他主体
2010	1508	2216	12913	2031
2011	1908	3055	15416	2415
2012	2556	4410	15416	2860
2013	3220	6944	20559	3378
2014	3882	8839	23544	4074
2015	4232	9737	26206	4508
2016	4638	10341	27977	4965
2017	5035	11627	29448	5102
2018	5558	12111	30816	5414

数据来源：土流网.http://www.tuliu.com/data/nationalUse.html.

另从户均耕地经营规模演变情况来看，呈现出逐年扩大的发展态势，从 2010 年的 0.96 亩增至 6.1 亩。2010～2018 年期间，经营耕地面积在 30 亩以上的农户数从 882.3 万户增至 1143.8 万户，增幅达 29.6%；其中，经营耕地面积在 50 亩以上的农户数从 273.3 万户增至 413.8 万户，增幅达 51.4%。

4.3.3 小农户结构性分化助力农业规模化经营

随着市场经济的深入发展，传统小农户自给自足、封闭性、封闭式的生产模式不断向专业化、规模化和商品化经营模式跃升，越来越多的农民离开农业涌入城市和非农产业部门。在农业与非农产业收入差距的驱使下，农户兼业化和离农化程度不断提升，在一定程度上缓和了人多地少的矛盾，促使部分想要专门从事农业生产的小农户具备了规模化发展和转型升级的空间。自给自足小农生产模式的逐渐瓦解推动专业化、商品化农业生产者不断涌现，利用流转亲戚或邻居的闲置耕地，竭尽所能地从事适度规模经营，从而转型为专业小农户，甚至脱离小农户范畴，成长为专业大户、家庭农场等规模化新型经营主体。据相关统计，在耕地流转流入主体中，流入专业合作社和企业的比例分别从 2010 年的 11.9%、8.08%上升至 2016 年的 21.6%和 9.67%。新型农业经营主体大量涌现，截至 2018 年底，全国共有家庭农场 60 万家，比 2013 年增长了 4 倍多；在工商部门登记注册的农民合作社 217 万个，各类返乡下乡创业人员累计 780 万人。尽管小农户仍是主要的农业经营者，农业经营主体已经开始向多元化经营方向发展，他们在应用新技术、增加农业生产投入、开拓新市场、融入现代农业产业链等方面，表现出不同于传统小农户的新态势。与此同时，大量兼业化和离农化也正倒逼现代农业经营组织体系不断创新发展，激发社会对集体经济重要性的重新认知与审视，从发展趋势上来看，小农户的结构性分化和现代化转型将推动农业生产朝着组织化和规模化方向前行。

4.3.4 小农户产权地位不断巩固提升

近年来，我国积极推进农地确权以促进实现土地产权的有效激励。一是，农民对于土地的产权主体地位不断得以巩固强化。国家颁布的系列土地政策与法律制度越来越朝着强化农民产权主体地位倾斜，2002 年出台的《农村土地承包法》将土地经营权的稳定上升到法律层面，2007 年出台的《物权法》从财产权角度强化了农民土地产权的法律地位。二是，土地权属关系的稳定性不断增强。1984 年的中央 1 号文件规定土地承包期一般应在 15 年以上，1993 年中央 11 号文件进一步规定承包期限在原定承包期到期后，再延长 30 年。2007 年十届全国人大第五次会议通过的《物权法》明确将农民土地承包经营权属规定为一种用益物权。2013 年十八届三中全会明确指出要赋予农民更多的财产权利。2017 年党的十九大提出，完善承包地“三权分置”，保持土地承包关系稳定并长久不变。中央连续多年的政策举措均围绕稳定土地权属关系、保护土地财产权利、盘活农民土地财产权等展开，有效减少了土地流转中的多方面风险和不确定环节，为推动土地有序流转和发展多种形式农业适度规模经营提供了相对稳固的政策环境(表 4-9)。

表 4-9　中国农村土地产权制度变革

年份	政策/法律/会议	要义
1983	《当前农村经济政策的若干问题》	正式确立了家庭联产承包责任制
1984	中央 1 号文件	规定土地承包期一般在 15 年以上
1986	《中华人民共和国土地管理法》	以法律形式确立家庭联产承包责任制
1993	中央 11 号文件	在原定的耕地承包期到期后，再延长 30 年不变
2002	《农村土地承包法》	把土地经营权的稳定上升到法律地位
2007	《物权法》	把土地承包权界定为用益物权，从财产权角度保障农村基本经营制度的稳定
2008	十七届三中全会	赋予农民更加充分而有保障的土地承包经营权
2009	《关于 2009 年促进农业稳定发展农民持续增收的若干意见》	首次提出开展土地承包经营权登记试点
2010	《关于加大统筹城乡发展力度进一步夯实农业农村发展基础的若干意见》	扩大农村土地承包经营权登记试点范围
2013	十八届三中全会	赋予农民更多的财产权利
2014	《关于全面深化农村改革加快推进农业现代化的若干意见》	允许对农地确权方式进行探索
2017	十九大	提出土地承包关系稳定并长久不变

4.3.5　基本农情决定了农业不宜大规模化

人多地少的基本国情，既决定了中国人的饭碗需要牢牢端在自己手中，也决定了我国农业生产不适宜推广土地经营大规模化，而应该是土地的单位产量最大化。我国人均耕地面积少，即使人均耕地面积增加 1 倍，也与美国等规模化水平差距甚远。只有全程机械化，才可能更好地实现规模化和集约化，而欧美的高度机械化是以人少地多、人均耕种面积大为前提的。我国地形错综复杂，地貌类型多，全国只有 34%的耕地分布在平原、盆地，这些地区部分区域可以实现类似欧美的大型农场；66%的耕地分布在山地、丘陵和高原地区，而这些地区不适宜农业大规模生产经营，应该发展农业适度规模经营，以此带动蔬菜、瓜果等经济作物发展，实现精耕细作，达到产量和效益并重。在我国，适度规模的家庭化生产农业、小农经济不仅是符合国情农情、遵循农业农村发展规律的，不仅能促进农业农村现代化发展，也能促进城乡经济社会持续健康发展。

4.4　农地集聚流转对“三农”效应影响实证解析

4.4.1　农地规模集聚对“三农”效应测度与分析

当前，农地流转依然是多地推动农业规模经营的最主要手段，因此，在此实证研究中，选择农地流转面积作为农业规模经营的表征性指标，并借鉴匡远配和陆钰凤（2016）提及的弹性分析方法计算农业规模经营对“三农”转型效应的测度。

1. 农地规模经营对农业转型效应的评判

以农地流转对农业 GDP/GDP、粮食总产量、农作物播种面积、农业机械总动力和农林牧渔服务业增加值比重的弹性来衡量 2000～2015 年期间农业规模经营发展对“农业”转型效果的测度(表 4-10、图 4-5)。

表 4-10 农地流转对“农业”转型效果的测度结果

年份	农地流转面积/万亩	农业 GDP/GDP	粮食总产量	农作物播种面积	农业机械总动力	农林牧渔业服务业增加值比重
	X	Y_1	Y_2	Y_3	Y_4	Y_5
2000	4520.2	—	—	—	—	—
2001	4760.9	−0.89426	−0.38755	−0.07113	0.92800	0.00000
2002	5385.9	−0.38087	0.07440	−0.05244	0.38079	0.00000
2003	5631.3	−1.65018	−1.26592	−0.31523	0.93086	0.00000
2004	5823.9	1.42626	2.63223	0.21831	1.76291	−2.93534
2005	5467.4	1.64630	−0.50641	−0.20586	−1.11498	−0.04315
2006	5551.2	−5.62443	1.88982	−1.40106	3.93380	7.76457
2007	10300	−0.03308	0.00836	0.01010	0.06557	0.22216
2008	10900	−0.16667	0.92767	0.31344	1.25517	−0.85879
2009	15000	−0.10426	0.01062	0.04037	0.17144	0.24744
2010	18700	−0.08274	0.11957	0.05203	0.24512	−0.15586
2011	20700	−0.09740	0.42314	0.09357	0.49935	−0.36917
2012	27000	−0.03459	0.10568	0.02294	0.16218	0.02918
2013	34000	−0.04103	0.08085	0.02858	0.05070	0.09875
2014	40339	−0.11535	0.04534	0.02668	0.21422	0.27786
2015	44700	−0.20330	0.21963	0.05188	0.31425	0.52106

注：数据根据历年《中国统计年鉴》《中国农村统计年鉴》整理计算，并将 2010 年数据作为基期数据。

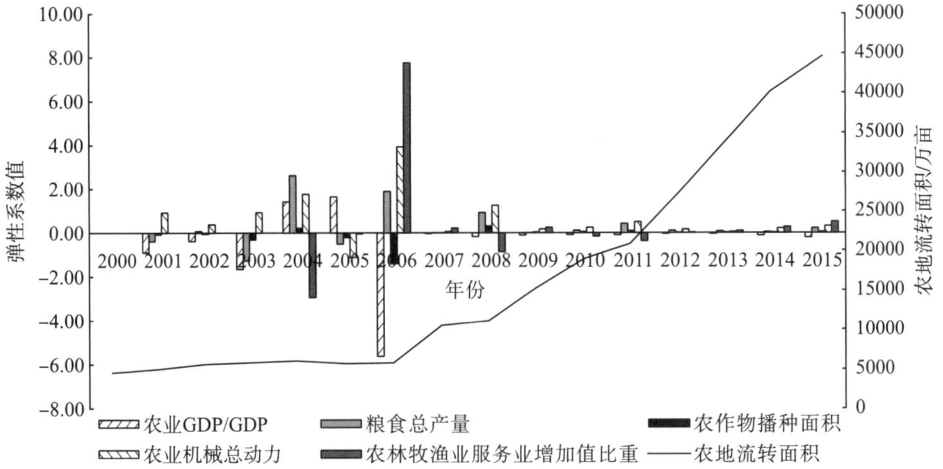

图 4-5 2000～2015 年农地流转对“农业”转型效应的测度结果图示

从表 4-10 中可见：①推动农地流转集聚有利于国民经济结构的调整。自 2000 年以来，农地流转对 Y_1 的弹性值基本为负，表明农地集聚对于优化调整国民经济结构具有正效应，拓展到更宏观层面来说，表明土地再配置功能与资本化的增强能够促进农业经济朝着非农业经济的结构转变，但弹性系数值小于 1 表示农业 GDP 份额的变动速度小于农地流转集聚速度，一方面，土地集聚经济效益尚未充分发掘；另一方面，农业体系转型速度相比于非农体系转型速度更快。②农地流转集聚有助于增强粮食安全保障。同样，自 2000 年以来，农地流转集聚对粮食总产量 Y_2 的弹性系数值基本为正值，表明农地集聚对于促进粮食增产具有显著的正效应，能够一定程度上提高粮食生产效率。然而，弹性系数值较小，究其原因：一是，受留守小农土地零碎化、粗放式经营模式影响，农地规模集聚程度依然偏低，不能切实发挥规模经济效益；二是，实践中，受种粮比较效益低下的影响，土地集聚流转后“非农化”“非粮化”倾向依然明显。③验证了农地流转集聚可能会引发“非农化”的负面效应。2000 年以来，农地流转对农作物播种面积 Y_3 的弹性基本为正，但弹性系数值普遍较低。这表明农业摆脱不了其弱质产业的属性，城镇化、工业化进程加快致使耕地面积萎缩，农资产品价格不稳定以及农业比较效益的持续走低，又进一步抑制了农民务农积极性，导致农作物播种面积难以有效提升。④农地流转集聚有利于提高农业机械化水平。2000 年以来，农地流转对农机总动力 Y_4 的弹性基本为正，且弹性系数较高，表明农地流转带来的规模经营极大地推动了农业机械化水平的提升。同时，论证得出，若能进一步提升农业机械的适配性和应用性，强化农机具补贴政策效率和降低农业机械成本，反过来，又能有力推动农业适度规模经营的快速发展。⑤农地流转集聚有利于推动农业社会化服务建设。2000 年以来，农地流转对农林牧渔业服务业增加值比重 Y_5 的弹性基本为正，且增势明显。这表明农地流转集聚对于农业社会化服务具有较强的正效应影响，在引发土地规模经济性的同时，对于推动农业服务规模经济性的实现也具有积极作用。

据此，我国多地在推动农地流转适度集聚过程中，不仅仅有助于实现土地规模经济效应，也促使现代生产要素在农业中的作用不断凸显，促使农业朝着集约化、资本化、社会化方向转型，并逐步带动社会经济结构转型。但直至目前，土地细碎化、零散化经营格局仍然未能得到明显改善，这也迫切召唤着新型农业经营体系引领下的规模化、组织化与合作化新路径。

2. 农地规模经营对农民转型效应的评判

以农地集聚流转对乡村非农就业人员比重、农村居民工资性收入增收贡献率、农村转移劳动力数量和市民化率的弹性来衡量 2000～2015 年期间农业规模经营发展对“农民”转型效应影响的测度(表 4-11、图 4-6)。

表 4-11　农地流转的农民转型效应的弹性计算结果

年份	农地流转面积/万亩	乡村非农就业人员比重	农村居民工资性收入增收贡献率	农村转移劳动力数量	市民化率
	X	Y_6	Y_7	Y_8	Y_9
2000	4520.2	—	—	—	—
2001	4760.9	−0.78545	−11.80740	1.31592	0.43204
2002	5385.9	−0.39296	0.12286	1.87829	0.34547
2003	5631.3	−0.09183	−3.48372	1.92852	1.42434
2004	5823.9	2.45700	−15.44666	1.11152	1.09275
2005	5467.4	−1.20306	−19.60359	−1.04321	−0.62567
2006	5551.2	4.47518	5.93122	3.12783	1.10133
2007	10300	0.04344	−0.38966	0.05490	0.01437
2008	10900	0.22367	0.85833	0.29979	0.18246
2009	15000	0.07694	0.63298	0.09316	0.03914
2010	18700	0.07601	−0.28846	0.22372	0.04802
2011	20700	0.48758	0.38716	0.32193	0.14776
2012	27000	0.05748	0.07839	0.09797	0.05869
2013	34000	0.29840	0.56247	0.06469	0.04039
2014	40339	0.32809	0.37618	0.06814	0.15024
2015	44700	0.20865	0.17061	0.03464	0.80653

注：数据根据历年《中国统计年鉴》《中国农村统计年鉴》整理计算，并将 2010 年数据作为基期数据。

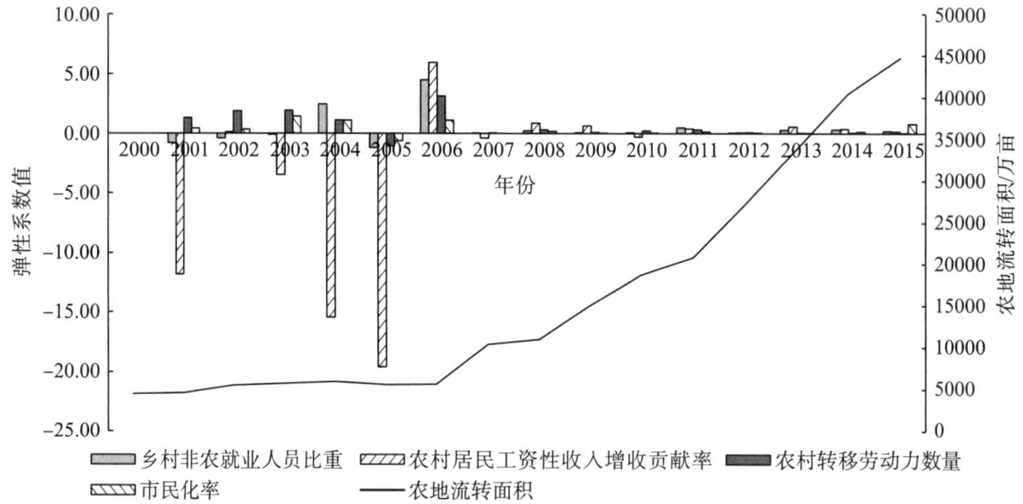

图 4-6　2000～2015 年农地流转的农民转型效应的弹性计算结果图示

从表 4-11 中可见：①农地集聚流转有利于拓展农民就业渠道。农村劳动力非农化转移和农地集聚流转是推动农业农村经济结构转型和农村社会转型的重要因素。2000 年以来，农地流转对乡村非农就业人员比重 Y_6 的弹性均为正，但波动较大，弹性系数值小于 1。其原因在于：就地转移和异地转移两种情形是导致农村非农就业波动较大的重要因素。②农地集聚流转促进农民收入结构明显改善。2000 年以来，农地流转对农民工资性收入比重 Y_7 的弹性系数多为正值。这说明农地“三权”主体的分离进一步助力农民从土地的束缚中解放出来，农民兼业副业程度不断提升，工资性收入成为促其增收的最主要动力。弹性系数小于 1 且呈现递减趋势，表明一方面随着土地产权制度改革深化，农民对土地财产权预期提升，转出土地意愿有所下降；另一方面，随着经济下行压力增大，工业化和城镇化对农村转移劳动力吸纳能力有限，难以实现进城务工劳动力及其家庭向城镇的完全转移，农民工资性收入增速趋减使农户兼业化凝固化，“人动地不动”态势愈加明显。③农地集聚流转有利于推动农村剩余劳动力持续转移。2000 年以来，农村转移劳动力数量持续增长，土地流转集聚对农村转移劳动力数量 Y_8 的弹性均为正，但处于快速递减趋势。这可能受两方面原因影响：一是，农业劳动力正步入“刘易斯拐点”，由过剩向短缺过渡，并将引致劳动力价格攀升和农业生产成本上涨；二是，城镇地区或非农产业部门对农村劳动力的吸纳力有限，特别是随着经济下行，农村劳动力非农化转移难度会进一步提升。④农地集聚流转有利于推动农民市民化转型。2000 年以来，土地集聚流转对农民市民化率 Y_9 的弹性系数均为正。这表明农地集聚流转有利于推动农民市民化转型，农地规模化经营与农民市民化发展是相伴而生的过程。但弹性系数小于值 1 的原因在于农民完全融入城市市民阶级的难度很大，难以有效解决“同城待遇”“失业再就业”“失地后保障”以及“举家搬迁”等现实问题，造成人口城镇化长期滞后于土地城镇化。

由此可知，伴随着农业转型升级必然推进农民转型。相比于 2000 年，2015 年我国农业劳动力的比重降低了近 22 个百分点，仅为 28.3%。但需要注意的是，尽管就业结构与产业结构不断调整转换，但是就业结构的演进长期滞后于产业结构，成为影响充分就业和社会和谐的重要原因。农地流转在推动农业规模化经营进程中，推动了农村剩余劳动力向非农产业转移，但非农就业的不充分抑制了社会就业结构与产业结构的协同发展，反过来又会影响农业产业结构转型升级。一方面，农村精英持续外流，农村弱质化劳动力比重不断提升；另一方面，进城农民工在城市多重制约下又很难实现真正意义上的农民转型。

3. 农地规模经营对农村转型效应的评判

以农地集聚流转对城镇化率、城乡居民可支配收入比、城乡居民恩格尔系数比和二元对比系数这四类弹性系数来衡量 2000～2015 年期间农业规模经营发展对“农村”转型（主要从城乡融合发展角度）效应影响的测度（表 4-12、图 4-7）。

表 4-12 农地流转的农村转型效应的弹性计算结果

年份	农地流转面积（万亩）	城镇化率	城乡居民可支配收入比	城乡居民恩格尔系数比	二元对比系数
	X	Y_{10}	Y_{11}	Y_{12}	Y_{13}
2000	4520.2	—	—	—	—
2001	4760.9	0.28924	0.55904	0.13971	−0.39820
2002	5385.9	0.80850	0.84265	−0.05139	−0.99032
2003	5631.3	0.88732	−0.20268	−0.53430	4.41110
2004	5823.9	−0.48117	−0.07739	−0.16085	0.47641
2005	5467.4	2.04882	1.10524	2.10023	−0.58073
2006	5551.2	0.04086	0.01826	0.01323	0.04621
2007	10300	0.41149	−0.07593	0.52273	0.80713
2008	10900	0.07638	0.01442	0.07266	0.05604
2009	15000	0.13502	−0.12693	−0.10278	0.13962
2010	18700	0.24709	−0.29732	0.32965	0.74153
2011	20700	0.08331	−0.02405	0.07917	0.19724
2012	27000	0.08511	−0.09060	0.03075	0.37440
2013	34000	0.10382	−0.10600	−0.19239	−0.02094
2014	40339	0.22462	−0.74428	0.04577	0.15885
2015	44700	0.74661	0.75369	−0.05809	−0.97771

注：数据根据历年《中国统计年鉴》《中国农村统计年鉴》整理计算，并将 2010 年数据作为基期数据。

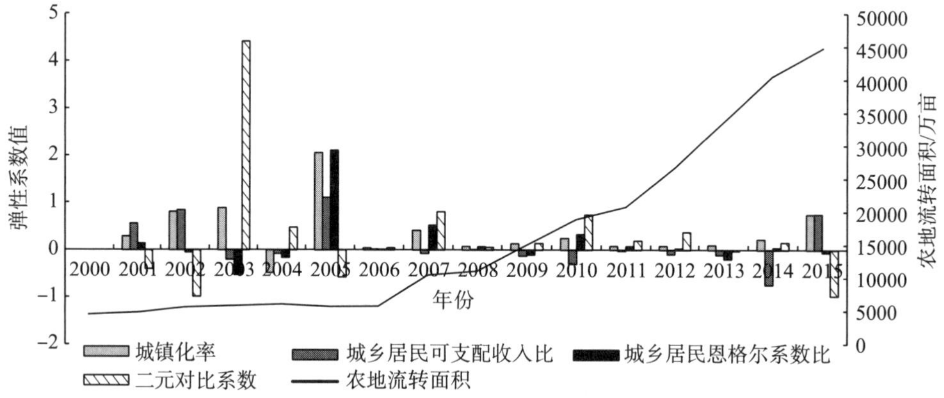

图 4-7 2000～2015 年农地流转的农村转型效应的弹性计算结果图示

从表 4-12 中可以看出：①农地流转集聚对于推动农村城镇化具有正相关效应。2000～2015 年期间，农地流转对城镇化率 Y_{10} 的弹性系数基本为正，说明农地流转集聚有利于推进城镇化发展，由此促进城乡要素互融互通，并带动农村转型。但其弹性系数值小于 1，究其原因：农村剩余劳动力存量庞大，且农村劳动力存在着明显的结构性失衡，加之土地城镇化快于人口城镇化，农业劳动生产率难以有效提升，以人为本的农村城镇化发展仍亟待提升。②农地流转集聚对于缩小城乡居民收入差距具有正相关效应。2000 年以来，农地流转对城乡居民可支配收入比 Y_{11} 的弹性系数大部分为负值，说明农地流转一定程度上有利于缩小城乡居民收入差距。但弹性系数绝对值趋于减小，说明农民增收面临着愈加严峻的局势。一方面，受宏观经济环境影响，农民工资性和转移性收入增长均受到抑制；另一方面，城市工商资本大举进入农村地区，容易造成与农民争利的现象，农民难以分享合理收益，抑制了农民经营性收入的增长；另外，农地流转仍然未能走出权利的“滴流效应”误区，有效盘活土地财产权依然困难重重。③农地流转集聚对城乡居民消费差距造成了多元影响。2000 年以来，农地流转对城乡居民恩格尔系数比 Y_{12} 的弹性系数呈现正负交替现象，表明近年来农地流转对城乡居民消费差距的影响是多元的。2016 年，我国农村居民的恩格尔系数降至 32.2%，城乡居民恩格尔系数比从 0.80 增至 0.91，可见农村居民消费水平和生活质量逐渐提升，并向城市居民趋近。④农地流转集聚对于缩小城乡二元结构差距具有正相关效应。2000 年以来，农地流转对二元对比系数 Y_{13} 的弹性系数多为正值，表明农地流转集聚能够积极助力现代农业农村发展，解放农村剩余劳动力，推动农村二、三产业发展和农村城镇化，对统筹城乡发展有着积极效应。但弹性系数值小于 1，原因在于：受农村地区融资难度大、人力资本匮乏、区位条件和经济基础较差等现实因素影响，我国城乡二元结构特征仍然较为固化。

经实证分析，农地流转带来的规模经营在一定程度上改变了农村社会的基石，培育了农村的巨大消费需求，推动城乡居民收入与消费差距持续减小。但不容忽视的是，土地集聚流转对于“三农”多方面效应的影响并不十分显著，表明土地规模集聚只是促进农业适度规模经营的路径之一，在缺乏多重约束条件下，实践中更适合采用其他路径模式推动农业适度规模经营和助力农业农村现代化，仅仅寄希望于土地流转集聚推动“三农”转型升级很有可能会引起适得其反的效果。

在“三期叠加”时期，农地规模化经营的推进依然滞后于农村劳动力转移进程，农民职业分化依然步伐缓慢，加之受制于农村留守小农素质技能缺陷、务农意愿不强、土地流转市场机制的缺失等，单纯依靠土地流转推动农业规模化经营和实现规模经济仍然存在诸多现实困境，由此还需要多元化农业经营主体引导下的多种形式农业适度规模经营路径作为补充或替代。不可置疑，新型农业经营主体在市场化、组织化、资本化、专业化等方面存在着明显优势，相对小农户更容易获取政府政策、科技与资金支持，在土地产权制度约束与土地流转不规范的境况下，仍然与小农户在共生合作中存在着诸多冲突。因此，无论是经济学还是社会学，在探讨农业适度规模经营时，易于从对立面视角辨析小农户与新型农业经营主体间的关系，以及二者博弈中的经济与社会问题，且大多数是基于土地的竞争关系。但依旧存在普遍共识，即从土地规模经营向服务经营转变仍然是不可避免的发展趋势，借助农业服务的专业化和精细化发展不仅可以推进小农户农业的现代化和农业规模化，还可以实现小农户与新型农业经营主体在农业生产和农业服务方面的社会化分工，促成二者利益共享的均衡发展模式。

4.4.2 农地规模经营实践中的现实反差及解释

无论是理论层面还是政策层面，多认为农地流转集聚可以促进实现农业适度规模经营，然而，实践中的反差在于，我国土地规模集聚并不能显著地推动农业劳动生产率提升和农业劳动力非农化转移，城乡体制和要素市场的二元分割造成“离农不离地”的现象十分突出，并引发了社会对于我国农地规模经营论的质疑。从之前数据分析可知，我国农地流转比率仅 1/3 多些，而其中又约有 1/3 的流转土地未能实现规模化经营，据第三次全国农业普查数据，全国规模经营农户在总农户中的比重仅 1.9%，这主要是由于农地流转的去向仍然以农户为主，而这部分流转并非有效流转，只是农村人口非有效迁移城镇而选择亲戚朋友对土地进行托管和代管，反而在一定程度上固化了细碎分散的小农经营模式。这些自营耕地的承包户多数是留守劳动力，老龄化且素质偏低，农地规模集聚难以推动。如表 4-13 中所示，我国农地规模经营格局不仅没有改善，反而有所恶化。经营规模在 10 亩以下的农户数量占承包户比重从 1996 年的 76.00%增至 2017 年的 86.29%，与之对应的是，经营规模在 10～30 亩和 50 亩以上的农户比重相比 1996 年也明显下降。一方面，农户经营规模受农户家庭分化影响而减少；另一方面，在中介组织或工商资本介入下的土地流转，尽管能够推动形成规模经营，但由于其与小农户之间的利益联结机制不强，容易引发多方矛盾与冲突，致使农户土地流转的意愿并不积极，土地流转的稳定性也不强。

表 4-13 农户经营耕地规模的分布情况(%)

经营规模	1996 年农户比重	2015 年农户比重	2017 年农户比重
10 亩以下	76.00	85.74	86.29
10～<30 亩	20.20	10.32	9.84
30～<50 亩	2.30	2.60	2.48
50 亩及以上	1.50	1.33	1.39

数据来源：根据《中国农村经营管理统计年鉴》公开数据计算整理。

另外需要特别引起关注的是，尽管农地经营权流转市场不断发育，土地的财产权属性也随之增强，但土地流转在促进农民增加租金收入的同时，也大大加剧了土地流入主体生产经营成本。多位学者实证调研表明，农地流转规模的扩大会推高土地租金成本，成为农业生产成本居高不下的重要原因。如叶剑平等(2010)对我国 17 个省农村土地调查发现，2005 年全国农地流转租金为亩均 133 元，2009 年提升至 332 元(伍振军等，2011)；继而罗必良等(2019)通过对全国 9 省份农户抽样问卷调研发现，2015 年全国农地流转平均租金价格已经达到了 971.5 元，而用于养殖业的土地租金更是增势迅猛。

雇工成本和土地租金价格上涨推动农业生产高成本化，最直接的影响就是造成农地“非农化”和“非粮化”倾向加剧。以四川省为例，2015 年四川流转用于种植粮食作物的面积为 521.95 万亩，占流转耕地面积的比重仅为 32.22%，耕地“非粮化”比例明显高于全国平均水平和国内部分农业大省的耕地“非粮化”比例，可见，四川耕地“非粮化”现象十分突出(表 4-14)。另据课题组对四川省内的典型性调查显示，通过出租、股份合作等形式流转的耕地中，受土地租金、机械投资、人工费用以及粮食补贴分配等影响，9 成以上农户不种粮食，这将直接危及全省粮食安全。还有一些业主把流转的土地用于发展经济作物、养殖业，甚至挖塘养鱼、建设休闲山庄、开办农家乐等，改变了土地的农业用途，致使流转土地难以复耕。在对四川流转土地的家庭农场主调查时发现，土地租金通常占据经营总成本的 5 成以上，而种植 1 亩蔬菜的收入相当于种植 5～7 亩粮食作物的收入，对于粮食等主要农作物的经营者而言，规模越大，经营成本和经营风险相应越高，更是难以获取预期收益。随着工商资本大举介入土地流转，土地流转“非粮化”与“非农化”的隐患将更为凸显。

表 4-14　2015 年四川与全国部分省(市)流转用于粮食作物的面积与非粮化比重

指标	全国	江苏	河南	重庆	四川
粮食作物面积/万亩	25331.44	1425.95	2430.77	536.45	521.95
非粮化种植比重/%	43.31	53.92	37.47	63.09	67.78

数据来源：《中国农村经营管理统计年报(2015 年)》。

现实反差持续引发社会争议，甚至在国家政策层面提出“三权分置，经营权流转”的改革方略后，农地经营权流转过程中仍然存在诸多现实困境，实践与理论的悖论客观存在。对此，理论界做出的解释主要有：一是，要素投入的多样性及其配置问题。即单方面扩大土地经营规模，而不能保证其他要素资源的适量匹配，则难以促成土地的有效流转。二是，农地规模经营需要促成众多小农户经营权的退出，这将面临高昂的交易成本(缔约成本、租赁成本、雇工成本)和监督成本等。三是，抑或是我国农村“初级劳动力”并没有完全释放，即是否达到“刘易斯拐点”仍有待商榷。由此，农村劳动力的不完全转移也引致了农民职业分化不完全和农地规模经营发展难的耦合困境。

但能够达成一致意见的是，鉴于我国人多地少的基本国情以及城镇化发展所处阶段，家庭经营的基础性地位不能抛，必须要充分尊重小农户发展诉求，将小农户纳入现代农业经营体系并构建起多元经营主体协同发展的路径，这是推动我国农业适度规模经营发展的必然趋势。在此背景下，我国农业适度规模经营发展不需要再纠结于如何扩大土地经营规模，而是要探究如何走出符合中国国情农情特色的内涵式农业适度规模经营演进路径。

第5章　多种形式农业经营主体规模经营“度”的评价模型

5.1　农业生产函数模型概念及特点

5.1.1　农业生产函数模型概念

农业生产函数模型是农业生产过程中物质交换关系及其数量变化趋势的数学描述，是农业生产技术经济现实的简化和再现。

从微观分析角度来说，农业生产函数模型主要用于研究和分析农业生产过程中的技术经济问题，主要表现在：

一是，研究农业生产过程中生产资源的投入与产出之间的数量关系。通过生产函数的计量和分析，解决农业生产资源的合理投入问题，从而确定生产资源投入的最适度，以便获得最佳的经济发展。

二是，研究农业生产过程中生产资源之间的数量关系。通过这类函数关系的计量分析，解决生产资源的合理组合和资源的替代问题，从而发挥资源的优势，提高资源的利用效果，降低成本和提高经济效益。

三是，研究农业生产过程中产品之间的数量关系。通过对这类函数的计量分析，解决在既定资源条件下的产品组合和部门配合问题，从而达到合理分配资源，实现产品的最佳结构，使总收益最大，经济效果最佳的目的。

从宏观计量角度来看，农业生产函数主要用于研究和分析农业部门的技术经济问题，主要表现在：

一是，通过对农业生产函数的研究，对农业生产进行控制和预测，在既定资源条件下，确定农业生产的品种、数量和增长速度。

二是，通过对生产函数模型的研究，能够为生产单位提供收益最大或成本最小的资源投入量和产品产出量的确切值，有利于科学决策。

三是，通过对生产函数的研究，能够为国内和国际贸易提供科学的依据，有利于商品生产和商品交换的发展。

四是，生产是供给、消费和分配的基础。因此，生产函数模型是解决社会供给、消费、分配以及各部门生产平衡协调的重要工具。

5.1.2　农业生产函数模型特点和应用原则

农业生产函数模型的特点主要表现在以下几个方面：

一是，农业生产函数是反映农业生产过程中生产要素投入与产品产出之间的数量关系，因此，它具有非负性质。它不像数学研究函数那样，变量的取值可以由负无穷大到正无穷，农业生产函数的取值只能是大于或等于零。因为，在农业生产过程中要素的投入总是正值，而农业生产的产出一般来说也要求是正值。

二是，农业生产函数具有连续性特征。在一个生产周期中农业生产过程是连续的，这是由于农业生产是生物生产，生物的生命活动和物质积累过程是连贯的。

三是，农业生产函数具有随机性特征。作为经济再生产，农业生产和其他物质部门的生产一样，是一个投入产出的过程。正因为如此，农业生产的投入可以分为可控要素的投入和不可控要素的投入。在实际研究中又把大量不可控要素的投入作为既定条件，只研究稀缺的可控要素的投入和产出的函数关系。

四是，在农业生产中由于资源报酬递减规律的作用，生产函数曲线可以分为递增报酬、递减报酬和负报酬三个阶段，其生产弹性可以为正也可以为负。即农业生产函数反映的规模报酬不是固定的。

五是，农业生产函数具有多样性和可变性的特点。农业生产中所从事的生产活动是多种多样的，这就决定了农业生产函数的多样性，同时，由于农业生产的发展和科技的进步，反映农业生产现实的农业生产函数也是变化的。因此，要根据不同的目标诉求来建立生产函数。

农业生产是一个复杂的系统，在农业生产过程中产品数量受多种因素的影响和制约，这些因素可以归结为社会因素、自然因素和经济因素。其中，社会因素和自然因素虽然对农业生产起着重要的制约作用，但是，这些因素目前还没有一个统一的计量标准，因而无法进行精确的计量。因此，生产函数模型的应用一般来说，仅仅适用于生产领域，它只反映物质生产过程中的数量关系。所以，农业生产函数模型的选择和应用必须遵循以下原则：

(1) 根据研究对象所反映的变量与变量之间的关系及其变化规律，来选择和应用生产函数模型。所选用的生产函数模型要能够准确客观地反映研究对象变量之间的依存关系，反映变量之间的客观过程及其变化趋势。

(2) 根据研究的目的和内容来选择和应用生产函数模型。由于农业生产是一个复杂的系统，在农业生产过程中多种因素对产量起着影响和制约的作用。同时，还由于农业生产种类繁多，部门复杂，生产函数目标各异，因此，生产函数模型的选用，要能够准确地反映农业生产的复杂内容，客观地反映各种变量之间的变化趋势。

(3) 根据函数目标和制约农业生产发展的主导因素来选择和应用生产函数模型。在一个地区，制约农业生产发展的因素是多种多样的，但是，在众多因素中总有一些因素对进一步发展农业生产起着主导的决定性作用。这些因素可以是生产资源的数量和种类，可以是资源组合和部门配合。因此，选用的生产函数模型，要能准确地反映生产资源投入量与产出量的关系，部门配合与最大收益的关系。

5.2 多种形式农业规模经营“度”的理论模型构建

5.2.1 基本模型构建

应用生产函数模型对农业生产过程中投入产出的数量进行研究，可以为生产决策提供可靠的经济依据。柯布-道格拉斯生产函数是广泛应用的一种生产函数模型，主要用于农业生产过程中要素投入对产出贡献大小的经济分析。本节将其用于农业生产函数的构建，测评多种形式农业规模经营“度”。其基础函数模型表达为

$$Y = aS^{b_1}L^{b_2}K^{b_3}$$

式中，Y 为产量；S、L、K 分别为土地、劳动力和资金投入量；a 是转化系数，指除生产要素以外，其他要素对产出量 Y 的影响；b_1、b_2、b_3 分别是土地、劳动力和资金的生产弹性值。

如图 5-1 所示，随着劳动力数量投入的增加，总产量沿着 TQ 曲线运动，劳动力的边际报酬先递增直至最高点 A，之后呈现下降趋势，在 MQ=0 时，总产出达到最高。同样，该模型也可以用于解释土地(S)和资本(K)等要素投入对总产量变化的影响。为简化模型，本书认为影响农业规模经营的要素主要是土地、劳动力和资本投入量及其配比。

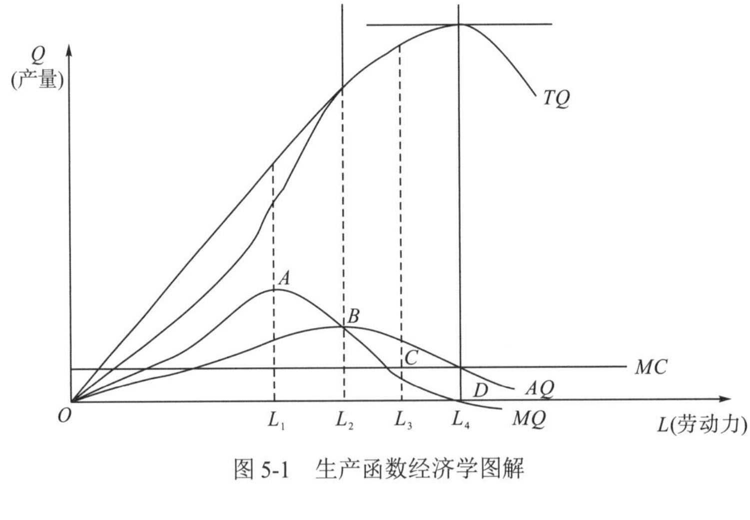

图 5-1　生产函数经济学图解

5.2.2 模型基本假设

1. 农户经济行为具有理性化

模型建立在农户“理性经济人”假设基础上，对其行为决策进行研究。从农户个体角

度出发，解析市场经济条件下，普通农户、兼业小农、商品化农户等如何在特定制度环境和既定要素资源约束下，进行要素资源的合理选择和优化配置，以做出最符合个人利益诉求的决策。

2. 农业资源要素具有稀缺性

要素资源稀缺性是推进其有效配置的前提。特别是对于我国人多地少的农情禀赋而言，土地资源的稀缺性显而易见，并且随着人口数量的增长不断凸显。而劳动力、资金等农业生产要素同样存在稀缺的情况。市场逐利性推动农业农村要素不断向城市地区单向转移，农业生产效益持续走低，进一步加剧了农业要素资源的稀缺性。鉴于此，在要素资源日趋紧缺的条件下，更需要注重提升要素资源利用率，积极促成要素资源的内部规模经济，弥补资源稀缺性引致的生产局限性。

3. 农业生产具有规模经济性

农业生产要素资源的稀缺性致使农业经营体的生产规模局限在小范围内，缺少分工经济最起码的市场容量，由此，失去了社会分工和专业化带来的农业生产经营组织的改进与提升。但如果过度追求经营规模的扩大，很有可能又会使得农业生产经营难以承受组织成本、监督成本和交易成本等的大幅度攀升。在既定生产力水平下，通过将农业经营规模放入一个适度范围内，可以促使农业生产要素得以充分利用，农业生产潜能得到有效挖掘，实现农业规模经济效应。

4. 分工经济能够促成规模经济与范围经济

通过前文对农业规模经济(农业内部规模经济与农业外部规模经济)和农业范围经济(农业内部范围经济与农业外部范围经济)内涵的界定，本书认为农业内部结构调整或农业与相关产业在融合过程中，可能会出现四方面利好情况：一是农业内部要素资源的优化配置或组织分工程度加深，促成农业内部规模经济；二是农业外部环境的改善(如农业基础设施条件提升、农产品市场环境改善等)促成农业外部规模经济；三是农业内部产业结构融合发展(如种养加一体化、粮经复合等)促成农业内部范围经济；四是农业与二、三产业的交互融合，促成新业态、新功能，即实现农业外部范围经济。这样理解，若将农业看成一个系统，要素有效配置可以促成规模经济效应；而农业与关联产业通过分工协作产出多业态或多类产品，则认为隶属于范围经济范畴。但如果将农业与关联产业整体看成一个系统，三次产业间的优化配置又促成了规模经济条件的形成。因此，本书认为农业生产经营过程从不同的研究层面来看，也是规模经济与范围经济共生作用的结果。

5.2.3 分类模型解析

1. 家庭化经营层面的理论模型构建

家庭经营层面的经营主体主要有普通农户、专业大户以及家庭农场。

1)普通农户层面

普通农户作为农业生产经营中的最微观主体，在进行农业生产决策的时候，会综合考虑要素资源禀赋的情况，做出要素资源的最佳配置以满足其生产诉求(即经营利润最大化或成本最小化)；若存在非农就业契机，还要权衡务农与非农收入及对应的机会成本。由此，以普通农户的规模化经营为例，专业大户可参照其模型构建。

(1)若农户不存在兼业行为，目标可设定为土地经营产出最大化，其模型构建如下。

土地总产出量：

$$Q = Af(L,K,S) = AL^{\alpha}K^{\beta}S^{\gamma} \tag{5-1}$$

式中，L 表征劳动力的投入量；K 表征资本的投入量；S 表征土地的投入量；α、β、γ 分别为劳动力、资本和土地产出弹性系数；A 指的是这 3 类要素之外的影响农业产出的各类因素的作用和。

$$C = wL + rK + nS \tag{5-2}$$

式中，w、r、n 分别代表务农工资、资本收益和土地租金；C 代表总成本。

土地总收益可以表示为

$$\text{TR}=pQ-C= pAL^{\alpha}K^{\beta}S^{\gamma}-(wL+rK+nS) \tag{5-3}$$

其中，TR 代表土地总收益；p 代表农产品市场价格。

要使 TR 最大化，就要满足其一阶导数为 0，即

$$\text{Max TR}=pQ-C= pAL^{\alpha}K^{\beta}S^{\gamma}-(wL+rK+nS)$$

$$\frac{\partial \text{TR}}{\partial L}=0 \rightarrow pA\alpha L^{\alpha-1}K^{\beta}S^{\gamma}=w$$

$$\frac{\partial \text{TR}}{\partial K}=0 \rightarrow pA\beta L^{\alpha}K^{\beta-1}S^{\gamma}=r$$

$$\frac{\partial \text{TR}}{\partial S}=0 \rightarrow pA\gamma L^{\alpha}K^{\beta}S^{\gamma-1}=n$$

进一步得出均衡解：

$$\begin{cases} L^{*}=\alpha\cdot p\cdot Q/w \\ K^{*}=\beta\cdot p\cdot Q/r \\ S^{*}=\gamma\cdot p\cdot Q/n \end{cases} \tag{5-4}$$

通过对式(5-4)进行变换，可得出以下结论。

一是，关于最优劳均土地经营规模的确定：$\dfrac{S^{*}}{L^{*}}=\dfrac{\gamma}{\alpha}\cdot\dfrac{w}{n}$。由式(5-4)可知，最优劳均耕

地面积取决于土地和劳动力的产出弹性、务农工资和土地租金这 4 个变量，并且，该取值与土地产出弹性和务农工资成正比，与劳动力产出弹性和土地租金成反比。据此表明：①若土地产出弹性较大，则应积极推动人均耕地规模扩大，反之则要减少；②若劳动力资源相对土地资源更为稀缺，表明农业雇工成本较高，则可适度扩大人均耕地面积，反之若劳动力资源相对过剩，表明农业劳动力成本较低，由此可适度减少人均耕地面积；③如果农民劳动力产出弹性大，则显然会推进人均耕地数量的增长，反之则减少；④如果土地稀缺，土地租金成本较高，则人均耕地数量规模会减少，反之则会增加。

二是，关于最优劳均资本投入量的确定：$\frac{K^*}{L^*}=\frac{\beta}{\alpha}\cdot\frac{w}{\gamma}$。同样取决于 4 个变量，分别是资本产出弹性、务农工资、劳动力和土地的产出弹性。最优劳均资本投入量与资本产出弹性和务农工资成正比，与劳动力产出弹性和土地产出弹性成反比。这表明：①资本产出弹性越高，劳均资本投入量相应越大，特别是对于专业大户的优势尤能凸显；②劳动力较其他要素更为稀缺，劳动力成本越高，劳动力在土地上的资本投入量就会相应增加；③劳动力产出弹性越高，对于增加资本投入量的需求就越小，此时劳动力可以较好地替代资本要素；④土地生产要素较为丰富的地区，其资本投入量相应少一些，反之，土地生产要素较为稀缺的地区，资本投入量就该大一些，这同样符合要素的一般替代规律。

(2) 若农户存在兼业行为，则目标设定为农民收入最大化，其模型构建如下。

该模型考虑的不仅仅是农业生产经营性收入，更需要兼顾考虑农民收入构成情况，将农民工资性收入 I_2 和土地流转收入(即土地租金) I_3 纳入考虑之中。

$$\mathrm{TR}=I_1+I_2+I_3-C$$

$$I_1=pAL^{\alpha}K^{\beta}S^{\gamma}\ ;\quad I_2=w'(T-L);\quad I_3=n(R-S)$$

其中，$T-L$ 表示投入到非农业生产中的劳动时间，w' 表示农民在非农部门的工资；$R-S$ 表示土地使用权流转面积，若为正数，表明农户向外流转土地面积，若为负数，表明农户向内流入土地面积。

则目标函数最大化可表示为

$$\mathrm{Max\ TR}=pAL^{\alpha}K^{\beta}S^{\gamma}+w'(T-L)+n(R-S)-(wL+rK+nS) \tag{5-5}$$

对上式进行一阶求导，可以得到：

$$\frac{\partial \mathrm{TR}}{\partial L}=0\rightarrow L^*=\frac{\alpha\cdot p\cdot Q}{w'+w}$$

$$\frac{\partial \mathrm{TR}}{\partial K}=0\rightarrow K^*=\frac{\beta\cdot p\cdot Q}{\gamma}$$

$$\frac{\partial \mathrm{TR}}{\partial S}=0\rightarrow S^*=\frac{\gamma\cdot p\cdot Q}{2n}$$

通过对上面均衡解进行变换可得最优劳均土地经营规模：

$$\frac{S^*}{L^*}=\frac{\gamma\cdot w'+w}{2\alpha\cdot n}=\frac{\gamma}{\alpha}\cdot\frac{(w'+w)}{2n} \tag{5-6}$$

从式(5-6)可以看出，存在兼业行为的农民与不存在兼业行为的农民相比，除受劳动力产出弹性、土地产出弹性、务农工资成本和土地租金4个变量影响外，还受到非农工资性收入的影响，特别是在现阶段农民工资性收入及其增速高于家庭农业经营性收入的情况下，劳均土地经营规模不断增长的趋势必然十分显著。

最优劳均资本投入量：

$$\frac{K^*}{L^*}=\frac{\beta\cdot(w'+w)}{\alpha\cdot\gamma} \tag{5-7}$$

从式(5-7)可以看出，最优劳均资本投入量除受到资本产出弹性、务农工资、劳动力产出弹性和土地产出弹性4个变量影响外，同样受到非农工资性收入的影响。

2)家庭农场层面

家庭农场劳动力主要是家庭劳动力成员，因此相比于企业经营模式，不存在监督成本的压力；家庭收入的主要来源仍是务农性收入，因此，在模型中不考虑家庭劳动力兼业行为，其模型的基本假设如下：

一是租用他人土地进行规模化种养殖；

二是依靠自身资金、技术进行生产经营活动；

三是假设家庭农场中劳动力是全职的，没有外出务工行为；

四是家庭农场视为理性经济人，在能力、信息、资源等有限的情况下，农场主在经济利润刺激下，总是追求农场收益最大化。

模型构建：

$$f(L,K,S)=AL^{\alpha}K^{\beta}S^{\gamma}+\varepsilon$$

目标函数表示为

$$\text{Max } U=pf(L,K,S)-C=pAL^{\alpha}K^{\beta}S^{\gamma}-(p_L L+p_K K+p_S S)$$

式中，A表示一定技术条件的规模参数；L表示劳动力投入量；K表示资本投入量；S表示土地投入量；随机变量ε表示农业生产中许多无法控制的因素，如气候、动植物营养、雨水量等；p_L、p_K、p_S分别表示劳动力价格、资本价格和土地租金；p代表农产品市场价格；α、β、γ分别代表劳动力、资本和土地的产出弹性。

分别对L、K、S求导，可以得出农场收益最大化时的条件：

$$\begin{cases}\dfrac{\partial U}{\partial L}=pA\alpha L^{\alpha-1}K^{\beta}S^{\gamma}=p_L\\ \dfrac{\partial U}{\partial K}=pA\beta L^{\alpha}K^{\beta-1}S^{\gamma}=p_K\\ \dfrac{\partial U}{\partial S}=pA\gamma L^{\alpha}K^{\beta}S^{\gamma-1}=p_S\end{cases}$$

启示：对于小农户而言，其是否愿意留存土地继续从事农业生产，取决于非农工资和农业工资的差距。当非农工资提高时，转移到非农部门的农业劳动力会随之增加，造成农业劳动力供给减少，并带来农业劳动力雇工成本的提高，由此抬高农业的生产经营成本。

当小农户向非农产业迁移，为防止土地撂荒会托付亲朋邻里帮忙耕种土地，由此促进农户间自发进行土地流转，并约定返乡时收回土地，这种乡规民约下的土地流转所产生的纠纷也相对较少，土地租金也相对较低甚至不需要流转费用。但近年来，随着农民对土地预期产值的增加，很多地区的农户土地使用权流转意愿越来越低，甚至很多情况下，农户宁愿撂荒耕地也不愿意将土地租给新型经营主体耕种。这在一定程度上也反映出，农户是否同意将农地经营权流转给其他经营主体，主要取决于农户在新型农业经营模式中所能获取的收益水平，以及农户自身对土地的依赖程度。

对于家庭农场而言，其劳动力构成以家庭自有成员为主，因此其生产模式不仅拥有家庭成员特有的积极性，还兼具了企业规模化与市场化的经营性特征。相比传统小农户家庭经营而言，家庭农场更容易吸纳要素资源，并可以充分发挥家庭成员劳动力的生产能动性，有效减少组织运营费用和生产监督成本，充分利用血缘、情感和道德约束，极大提升要素资源利用率，将生产经营成本降到最低，促使规模经济更为凸显。但在积极肯定家庭农场组织相对优势的同时，并不意味着它在农业经营主体中占据绝对优势，鉴于家庭农场的优势多局限于生产环节，与专业合作组织以及涉农企业等新型经营主体相比，家庭农场在农业产前、产后这两个环节中存在相对弱势。

2. 企业化经营层面的理论模型构建

分散的小规模经营不利于以农业企业为代表的工商资本进驻农业领域，特别是对土地规模集聚的要求相对较高，这也形成了农业企业规模化经营的最主要制约因素。农业企业与其他农业经营主体相比，具有资本、技术及管理等现代生产要素优势，但缺乏土地、劳动力等传统要素资源，需从农户手中流转土地和雇佣劳动力。现假定每个农户都是同质的，即投入的劳动、技术和土地均无差异，企业在流转农地后还会以雇工的方式雇佣流转土地的农民为其工作，并发放工资，因此，企业在投入土地租金、工资发放、资本投入的基础上力求利润最大化。同时，需要注意的是，农户数量越多，企业与农户之间的契约费用也越高。

每个农户的生产函数可以表示为：$q = A\cdot f(l,\ k,\ h)$。企业流转的农户涉及 m 家，企业总收益可以表示为：$\mathrm{TR} = p\cdot Q = p\cdot m\cdot q = p\cdot m\cdot A\cdot f(l,\ k,\ h)$。企业总成本可以表示为：$\mathrm{TC} = m\cdot h\cdot r_1 + m\cdot k\cdot r_2 + m\cdot l\cdot w' + m\cdot r_3$。其中，$r_1$ 表示土地租金率；r_2 表示资本价格率；w' 表示市场工资率；r_3 表示土地流转契约费，且 $r_3 > 0$，表明随着农户数量 m 的增加而增加。

因此，企业利润最大化用函数形式可表示为

$$\mathrm{Max}\,\pi = \mathrm{TR} - \mathrm{TC} = p\cdot m\cdot A\cdot f(l,\ k,\ h) - (m\cdot h\cdot r_1 + m\cdot k\cdot r_2 + m\cdot l\cdot w' + m\cdot r_3)$$

$$\frac{\partial\pi}{\partial m} = 0 \to p\cdot q = h\cdot r_1 + k\cdot r_2 + l\cdot w' + r_3 \to h^* = \frac{p\cdot q - k\cdot r_2 - l\cdot w' - r_3}{r_1} \tag{5-8}$$

$$\frac{\partial\pi}{\partial l} = 0 \to \frac{\partial q}{\partial l}\cdot p = w' \tag{5-9}$$

$$\frac{\partial \pi}{\partial k}=0 \rightarrow \frac{\partial q}{\partial k} \cdot p=r_2 \tag{5-10}$$

$$\frac{\partial \pi}{\partial h}=0 \rightarrow \frac{\partial q}{\partial h} \cdot p=r_1 \tag{5-11}$$

对式(5-9)～式(5-11)进行变换，可得

$$\begin{cases} \dfrac{\mathrm{d}k}{\mathrm{d}l}=\dfrac{w'}{r_2} \\ \dfrac{\mathrm{d}h}{\mathrm{d}l}=\dfrac{w'}{r_1} \\ \dfrac{\mathrm{d}k}{\mathrm{d}h}=\dfrac{r_1}{r_2} \end{cases} \tag{5-12}$$

从式(5-8)可以推出，在单位劳动生产成本给定及单位农户投入成本给定的情况下，企业农地流转的规模与农产品价格成正比，与土地租金率、资本价格率、市场工资率以及土地流转契约费用这 4 个变量成反比。从式(5-9)～式(5-11)可以看出，均衡状态下，劳动的边际产出收益等于市场工资率；资本的边际产出收益等于资本价格率；土地的边际产出收益等于土地租金率。从式(5-12)可以看出，企业实现利润最大化时，不同要素之间存在着一定的替代关系，如资本与劳动力的边际替代率为市场工资率与资本价格率之比，土地与劳动力的边际替代率为市场工资率与土地租金率之比，资本与土地的边际替代率为土地租金率与资本价格率之比。生产要素之间的相互替代性要依据生产要素的相对稀缺和富裕程度来进一步确定。

就现有调查研究发现，凡取得成功的农业企业基本上都是采用“公司+园区/基地+农户”、“公司+协会+农户”或“公司+农户”等形式，除了建立示范生产基地，或者建立技术要求高、生产周期短的育苗基地，大多企业不愿意大规模流转耕地，因为承载的自然风险和经营风险较高，且监督管理成本难以控制。由此，企业多采用反租倒包的方式将生产环节仍然交给小农户，企业仅负责提供统一农资、技术指导和其他生产社会化服务。

启示：一方面，对于农业企业而言，通常具备较强的资本、技术和经营管理能力，但与此同时对于投资回报率的预期也相对较高，由此，企业通常会选择具有较高盈利水平的农产品或以农业的名义从事非农经营活动，但这样容易引致耕地非农化，甚至非粮化倾向。另一方面，农业经营的高收益需求同时伴随着高风险，农户能否持续获得较高的农地租金是问题的关键。风险太高，可能导致企业经营破产，土地租金中断，出租土地的农户将受到损失。而风险太低，则意味着相应的经营收益率将难以满足企业的投资回报率和农户期望的租金需求。

3. 社会化服务层面的理论模型构建

提升农业社会化服务体系，社会化服务的提升又能释放出部分务农劳动力从事非农生产，以获得非农性工资收入。以农户家庭性经营为例，在接受社会化服务之前，其目标函

数为

$$\mathrm{TR}_1 = p\cdot f(L,K,S) - C = p\cdot AL^{\alpha}K^{\beta}S^{\gamma} - (wL + rK + nS) \tag{5-13}$$

若农户通过购买社会化服务，释放了$(1-m)L$ 的劳动力得以从事非农化生产，并获取工资为w'的非农工资性收入，并支付了C_2的社会化服务费用，其目标函数为

$$\mathrm{TR}_2 = p\cdot f(mL,K,S) + (1-m)L\cdot w' - (w\cdot mL + rK + nS) - C_2 \tag{5-14}$$

因此，农户购买社会化服务前后的收益变动为

$$\Delta\mathrm{TP} = \mathrm{TP}_2 - \mathrm{TP}_1 = p\cdot\left[f(mL,K,S) - f(L,K,S)\right] + (1-m)L\cdot\left(w' + w\right) - C_2$$

其中，

$$f(mL,K,S) = A'(mL)^{\alpha}K^{\beta}S^{\gamma} = A'm^{\alpha}L^{\alpha}K^{\beta}S^{\gamma}$$

则

$$\Delta\mathrm{TP} = p\cdot(\frac{A'}{A}\cdot m^{\alpha})\cdot f(L,K,S) + \left(1-m\right)L\cdot\left(w' + w\right) - C_2$$

由此可得，农户能否通过购买社会化服务提升收益主要受到农户购买社会化服务前后农业生产技术水平、农户非农收入工资水平以及社会化服务购置成本的影响。

此状态下，对 TR_2进行一阶求导，可得均衡式如下：

$$\begin{cases} L^* = \dfrac{p\cdot Q\cdot\alpha\cdot m^{\alpha}\cdot A'}{[mw-(1-m)w']\cdot A} \\ K^* = \dfrac{p\cdot Q\cdot\beta\cdot m^{\alpha}\cdot A'}{r\cdot A} \\ S^* = \dfrac{p\cdot Q\cdot\gamma\cdot m^{\alpha}\cdot A'}{n\cdot A} \end{cases}$$

通过对上面均衡解进行变换可得如下关系。

(1)最优劳均土地经营规模：

$$\frac{S^*}{L^*} = \frac{r\cdot\left[mw-\left(1-m\right)w'\right]}{n\cdot\alpha}$$

(2)最优劳均资本投入量：

$$\frac{K^*}{L^*} = \frac{\beta\cdot\left[mw-\left(1-m\right)w'\right]}{\gamma\cdot\alpha}$$

与之前未考虑社会化服务时的农户家庭经营最优劳均土地经营规模 $\frac{S^*}{L^*} = \frac{\gamma}{n\cdot\alpha}\cdot w$ 与最优劳均资本投入量$\frac{K^*}{L^*} = \frac{\beta}{\gamma\cdot\alpha}\cdot w$相比，非农工资性收入与农业劳动力向非农转出人口比重的影响也对农业规模经营产生了重要影响。

启示：农业生产社会化服务体系，能有效促进农业生产服务的集中规模化，成为农地规模经营外推动农业适度规模发展的又一重要路径。农业社会化服务体系包括农业生产服务体系、农产品流通服务体系、农业科技创新和技术推广服务体系、农业信息服务体系、

农业保险体系等内容，鼓励服务主体与生产经营主体的合作，通过采取服务主体加农户、加基地、加园区、加新型生产经营主体等方式，在农业生产各环节开展合作式服务，鼓励服务主体按照农户和新型生产经营主体个性化需求，签订订单式服务合同，可以有效提升农业产出效率和效益，以及经营主体持续务农的积极性。但目前，农业社会化服务体系仍然受制于地区发展不平衡、服务主体发展不平衡、服务内容不平衡、服务市场相对滞缓等多方面因素的影响。

4. 分工经济视角下规模经济与范围经济的数理解析

分工带来了专业化，促成了多类产品(服务)，并带来效益的显著提升，本书认为分工经济是促成规模经济和范围经济的重要成因。

1) 专业分工促成规模经济

假定 A、B 两人分别从事产品 X 和产品 Y 的生产，并假定二者生产这两种产品使用同样的要素资源，且要素资源总量有限，即 $E_X + E_Y = 1$，其中，E_X 表示用来生产产品 X 所使用的要素量，E_Y 表示用来生产产品 Y 所使用的要素量。

A：生产 X 产品的产量(Q_X)：

$$Q_X = E_X^a \tag{5-15}$$

B：生产 Y 产品的产量(Q_Y)：

$$Q_Y = E_Y^a \tag{5-16}$$

通过对式(5-15)、式(5-16)进行一阶求导，得出 A、B 二者的边际要素产出水平：

$$\frac{d_{Q_X}}{d_{E_X}} = aE_X^{a-1} \tag{5-17}$$

$$\frac{d_{Q_Y}}{d_{E_Y}} = aE_Y^{a-1} \tag{5-18}$$

其中，a 表示专业化经济程度参数，且通常 $a>1$，由此：式(5-17)、式(5-18)表示随着分工专业化程度的提升，X 与 Y 产量也随之提升。

进一步对式(5-17)、式(5-18)进行求导，可得

$$\frac{d_{Q_X}^2}{d_{E_X}^2} = a \cdot (a-1) \cdot E_X^{a-2} \tag{5-19}$$

$$\frac{d_{Q_Y}^2}{d_{E_Y}^2} = a \cdot (a-1) \cdot E_Y^{a-2} \tag{5-20}$$

因为 $a>0$，因此，式(5-19)、式(5-20)结果均为正值，表明随着分工专业化程度的提升，X 与 Y 的边际产量也会随之提升。

综上，产品生产的分工和专业化，能够有效提升生产者效益，专业化程度越高，其经济效益越显著，由此促成了最基本的规模经济形态。

结合农业经济领域，较具典型的解释：随着农业部门内部分工趋势增强，农业产前、产中与产后的链式结构逐渐明晰，传统自给自足小农户也渐渐参与到社会化大分工中来，主要从事农业生产环节的工作，而产前的农资采购、产中的植保和生产管理等以及产后的仓储、加工、物流和销售等渐渐委托给其他专业化服务主体，促成了产业垂直一体化，产生了比小农户分散经营更高的内部规模经济效益。若与此同时，通过改善农业外部条件，如优化农产品市场环境、农业基础设施条件以及运输交通条件等，带来分工专业化程度的进一步提升，由此引致的规模经济可视为农业外部规模经济。当然，农业内部与外部规模经济的界定，还要从分析的视角和层面进行具体判断。

2) 专业分工促成范围经济

由范围经济概念可知，若利用同样的要素资源可以生产 m 类产品，并且存在总体范围经济，则：

$$\mathrm{SC}=\frac{[C_{(y_1,0,\cdots,0)}+C_{(0,\ y_2,0,\cdots,0)}+C_{(0,\cdots,0,\ y_m)}-C_{(y_1,\ y_2,\cdots,\ y_m)}]}{C_{(y_1,\ y_2,\cdots,\ y_m)}}>0$$

即联合生产 m 类产品的成本低于生产每一类产品成本的总和。

假定分别生产 m 个产品的总成本为

$$\mathrm{TC}=C_1+C_2+\cdots+C_m$$

1 产品转为 2 产品的转化成本表达为

$$C_2=\mu_1 C_1$$

1 产品转为 3 产品的转化成本表达为

$$C_3=\mu_2 C_1$$

……

1 产品转为 m 产品的转化成本表达为

$$C_m=\mu_n C_1$$

由此，若同时生产 m 类产品，总成本表示为

$$\mathrm{TC}'=C_1+C_2+\cdots+C_m$$

同时，联合生产 m 类产品与分别生产 m 类产品成本相比，能否获取范围经济的关键在于 μ(即技术转化成本)，而影响技术转化成本最关键的因素在于产品生产的专业性。

运用超对数成本函数(translog cost fuction，TCF)作为同时生产 m 类产品的成本函数表达式：

$$\ln\mathrm{TC}=\alpha_0+\sum_{i=1}^{m}\alpha_i\ln y_i+\sum_{k=1}^{n}\beta_k\ln w_k+\sum_{i=1}^{m}\sum_{k=1}^{n}\rho_{ik}\ln y_i\ln w_k+0.5\sum_{i=1}^{m}\sum_{j=1}^{m}\alpha_{ij}\ln y_i\ln y_j+0.5\sum_{k=1}^{n}\sum_{h=1}^{n}\delta_{kh}\ln w_k\ln w_h$$

式中，TC 为总成本；y_i 代表 i 产品的产出；y_j 代表 j 产品的产出；w_k 为投入的各类要素价格。为保证成本函数二次可微和关于要素价格向量的一次齐次性，待估系数要满足：$\alpha_{ij}=\alpha_{ji}$，$\delta_{kh}=\delta_{hk}$，对于每个固定产出 y，成本 TC 对于要素投入价格 w 是线性齐次，即

$$C(y,\ \gamma w)=\gamma C(y,\ w)\qquad (y>0,\ \gamma>0,\ w>0)$$

且满足 $\sum_{k=1}^{n}\beta_k=1,\sum_{i=1}^{m}\sum_{k=1}^{n}\rho_{ik}=0,\sum_{k=1}^{n}\sum_{h=1}^{n}\delta_{kh}=0$。

对上式中 $\ln y_i$ 进行求导：

$$\mathrm{MC}_i=\frac{\partial \mathrm{TC}}{\partial \ln Y_i}=\sum_{i=1}^{m}a_i+\sum_{i=1}^{m}\sum_{k=1}^{n}\rho_{ik}\ln w_k+0.5\sum_{i=1}^{m}\sum_{j=1}^{m}a_{ij}\ln y_j$$

总体范围经济表达为

$$S_{\mathrm{R}}=\frac{C(Y_1,Y_2,\cdots,Y_m)}{\sum_{i}^{m}Y_i\mathrm{MC}_i}$$

随着产品品类的增加，可增加中间产品的批量生产，并因规模经济而引起范围经济，但这也与产品间的技术转化成本密切相关。若 $S_{\mathrm{R}}<1$，表明存在范围经济，否则不存在范围经济。

结合农业经济领域，如农林牧渔业部门间的交叉协作，促成了较为典型的内部范围经济模式：稻鱼共生、粮经复合、林下养殖等。农业与相关产业的融合发展又在一定程度上促成了外部范围经济，推动形成了新产业、新业态，实现了三次产业的加数效应甚至是乘数效应。

这也验证了斯密指出的“劳动者技巧因专而日进”，分工的专业性降低了劳动技术的转化成本，从而有利于增加产量、提升产品品质和降低生产成本。而不容忽视的是，生产规模的扩大、分工的细致化和外部条件的改善，并不一定能够带来规模经济或范围经济，这还受制于参与分工协作的各经营体之间的合作、交流与沟通能力，在专业分工明晰的基础上才能实现要素资源的优化配置利用，消除资源效率的损耗。

5.3 多种形式农业适度规模经营经济性解析

5.3.1 多种形式农业适度规模经营的实现方式

由上述分析可知，随着人们对农业规模经营认知的不断加深，以及市场经济环境的日趋复杂，学界对农业适度规模经营的研究范围也在不断拓展延伸之中。在简单的理论模型解析基础上，结合当前农业生产经营的实践，本书认为对于农业适度规模经营的理解，应结合规模经济与范围经济两种理论综合解析。农业规模经济效益体现在，通过适度扩大相对稀缺性资源以提升要素配置效率，或提升分工专业化和合作组织化水平来降低单位农业生产经营成本以实现规模效益；农业范围经济效益体现在，把农产品生产拓展到其他关联产品的生产领域，或将农业产业与其他关联产业有机融合，促成外部市场内部化，生产过程中要素资源共享，成本互补与分摊，实现一体化经营效应。

具体来说，农业规模经济效益可以通过两种方式得以实现：一是促成农业内部规模经济，多体现在农业生产环节。通过对农业内部各生产要素如土地、劳动力、资金、技术等投入量的优化配置，以实现农业产出规模或效益的提升。如针对我国农业土地经营规模偏小的现实农情，积极探索土地入股、土地托管、地块互换等方式促进土地有序流转，提高土地产出率；针对当前单位土地承载劳动力过密的问题，通过持续推动农村剩余劳动力向非农产业转移，以提升农业劳动生产率；针对当前农业发展资金供给短缺的难题，进一步加大财政支农力度和撬动社会化资本入农积极性，以提升资本产出率；针对当前农业技术推广能力弱的问题，通过强化政策扶持力度，激励和支持农业科技人员进村入户、深入田头开展科技服务，打通农技推广的“最后一公里”。二是促成农业外部规模经济，多体现在农业产前与产后环节。基于农业社会化服务体系的不断完善，通过契约、激励等制度安排，推动农业分工专业化和合作组织化，以实现农业经营效率的有效提升。如针对农村劳动力非农就业比重高、雇工成本高等现实境况，借助农业社会化服务组织实现物资采购、农机耕种、病虫害统防统治等方面的规模化服务，或通过农村经济合作组织促成农产品加工和销售等环节的规模化经营；又如依托龙头企业，通过“龙头企业+基地+农户”“龙头企业+合作社+基地+农户”“龙头企业+合作社+农户”等运作模式拉通产供销(生产–加工–物流–销售)全产业链，促成产业分工、协作和利益的有机联结。

通过关联农产品的联合生产和农业多功能属性的拓展以实现农业经济效益水平的提升，包括农业内部范围经济和农业外部范围经济两种方式。一是促成农业内部范围经济，多表现为农业内部产业发展的纵向一体化。如依靠小规模的“菜–果种植”“粮–经种植”“粮–渔复合”“果–牧结合”等，以及发展立体农业和循环农业等模式避免单一农产品生产的周期性障碍和生产要素资源的闲置，促成生产成本的互补与分摊，有效抵御市场风险和增加产业附加值。二是促成农业外部范围经济，多表现为推动农业与第二、三产业的融合互动。如以农工融合、农商融合和农旅融合渗透和交叉重组为路径，以产业链延伸、产业范围拓展和产业功能转型为表征，促进农业资源、要素、技术、市场等在三产之间创新重组，带动形成新技术、新业态、新商业模式。如以农产品生产为依托，向农产品加工业、农村服务业以及乡村旅游业顺向融合；也可以依托农村加工业或服务业基础向农产品原料基地、农产品批发市场逆向融合。同时，不拘一格地推动农业“六次产业化路径”，拓展农业文化、科技、旅游、生态等多元化功能与价值属性，为现代农业转型发展注入新动能(见表 5-1)。

表 5-1　多种形式农业适度规模经营研究具体内涵

分类		内涵界定	实践模式	经济效果
规模经济	内部规模经济	多体现在农业生产环节，农业生产者通过增加一种或几种生产要素的投入量促进生产资源优化配置，以实现农业产出规模或效益的提升	a)土地规模经营，有利于土地产出率提升； b) 技术替代劳动力(土地)，有利于释放农村剩余劳动力，促使农业经营主体生产成本下降； c) 资本替代劳动力(土地)，有利于推动劳动力或地租平均成本有效下降	实现要素资源优化配置： 扩大土地经营规模； 提升劳动者素质； 提升农业技术推广能力； 增加农业资本投入等
	外部规模	多体现在农业产前与产后环节，通过契约、激励等制度安	a) 农业产前、产中与产后各环节分工专业化、合作组织化，促成外部交易内部化；	提升农业社会化服务水平； 提升农业基础设施水平；

续表

分类		内涵界定	实践模式	经济效果
	经济	排，推动农业分工专业化和合作组织化，以实现农业经营效率的有效提升	b）有效降低农业生产成本和交易费用，促进信息流动与农业技术外溢； c）促使形成农业产业集聚效应，拉伸产业链条，提升产品附加值	成立农民合作组织； 创立农业行业协会或农业产业联盟； 增强涉农龙头企业组织带动能力； 拉通产供销(生产—加工—物流—销售)全产业链
范围经济	内部范围经济	多体现为在农业内部扩大产品的生产范围来增加收益，是同时生产多种产品形成的经济性，同时生产两种或两种以上产品的费用比分别生产每种产品的费用要低	a）促成信息共享，优化产业链，降低市场风险； b）引发对专业化农业社会化服务需求的增加； c）共享生产要素与资源要素，促成生产成本的互补与分摊	农业内部产业融合渗透： 农牧渔结合模式，如粮经复合、粮渔结合、果牧结合等； 立体农业、循环农业等； 农业线上线下有机结合
	外部范围经济	多体现为农业与二、三产业之间的融合互动关系，以产业链延伸、产业范围拓展与产业功能转型为表征，促进农业资源、要素、技术、市场需求在三产之间的创新重组，以实现新技术、新业态和新商业模式	a）延伸农业产业链，促进产业结构优化调整，促进农业循环经济发展； b）增强一、二、三产业之间的关联度，促进形成新技术、新业态和新商业模式； c）赋予农业科技、文化、生态等多元化功能与价值属性	拓展农业非生产性功能属性： 拓展农业生态保障功能； 拓展农业科技示范功能； 拓展农业文化传承功能； 拓展农业旅游休闲功能等

5.3.2 多种形式农业规模经营的“适度性”评判

鉴于农业适度规模经营范围的复杂性，对应的农业适度规模经营主体也涉及不同层面，归纳起来，主要分为农业生产经营主体和农业社会化服务主体两大类，并由此延伸出农业生产要素规模化、农业经营环节规模化、农业社会化服务规模化和农业产业融合规模化等多元化发展模式。推动农业适度规模经营的生产主体主要涉及专业大户、家庭农场、农业产业化龙头企业；农业社会化服务主体主要包括农民专业合作社、农业行业协会、农业产业联盟、农业供销社等。而农业规模经营的“适度性”，要依据不同经营主体的具体目标诉求做出分类评判。

一是，从生产经营个体的微观视角来看，如对于专业大户、家庭农场以及农业产业化龙头企业规模经营的“适度性”考量，主要在于能否通过对既有土地、劳动、资本、技术等内部生产要素的合理配置，充分发挥各种生产要素潜能，积极促成配置效应，微观层面上实现长期生产平均成本最小化或利润最大化。

二是，从产业组织化发展的中观视角来看，其“适度性”主要反映在各类农业生产经营主体与社会化服务主体之间能否通过合理分工，以形成较好的利益联结机制和统分结合的经营格局，促成多元化互动、多形式互补、多方共赢的复合型现代农业经营体系。

三是，从产业融合的宏观视角而言，考量农业内外部产业融合经营的“适度性”，目标在于能否通过农业产业结构调整、农业产业链延伸、农业多功能属性拓展等方式，开辟高附加值的现代农业发展路径。

可见，不同农业生产主体(专业大户、家庭农场、农业产业化龙头企业)与不同生产要素投入(土地、资本、劳动力、技术等)，结合不同的社会化服务主体(农民专业合作社、农业行业协会、农业产业联盟、农业供销社)，在不同生产经营环节(农技推广、农资采购、信贷支持、农产品加工、销售及储运等)与不同产业之间(第二、三产业)的有机融合会促成差异显著的农业适度规模经营演进路径，进一步论证得出，并不存在普适性的农业适度规模经营路径。

5.3.3　多种形式农业适度规模经营主体关系辨析

本书认为，多元农业经营主体的产生是生产力发展和生产关系提升的重要表现，尽管新型农业经营主体与普通小农户之间无论在经济层面还是社会层面均存在一定的矛盾关系，但这也是现代农业发展进程中二者关系徘徊式演进的一个重要体现，各类经营主体都有其适合的发展空间，他们需在不断地磨合中实现协同共生。我国人多地少的现实农情决定了小农大量存在、长期存在的客观事实，不可能完全依赖土地集中流转实现土地规模经济性。因此，通过健全农业社会化服务体系，促成农业生产性服务的纵向分工与服务外包来实现服务规模经济性，实现多种形式的农业适度规模经营需要小农与多元新型农业经营主体共同发力。

与普通小农户相比，新型农业经营主体融入了更多现代生产要素特征，在规模经营、劳动生产率和土地产出率以及农产品商品化率等方面都呈现出一定的比较优势。但与此同时，新型农业经营主体面临的自然风险、市场风险、经营风险以及政策风险也相应较大(翁贞林和阮华，2015)。比较而言，多元农业经营主体间的区别主要体现在以下五个维度。

一是，从法律维度而言，家庭农场、农业企业相比于普通农户、专业大户乃至农民专业合作社有着更明晰的法律地位。其中，家庭农场多数在专业大户基础上，经工商部门注册或者农业部门认定，以市场化为导向，实行家族式管理模式，具有较高的经营稳定性；农业企业，通常推行企业与农户联结的一体化经营模式，是以营利为主的法人组织，但企业与农户之间的契约关系具有较高的不确定性。

二是，从资本维度而言，普通小农是一个生产与消费的结合体，以自有资本为主，生产的目的主要是满足生计，不存在市场竞争意识，因而缺乏较明晰的成本效益核算理念；专业大户、家庭农场以外投资本与自有资本相结合，拥有着较明晰的资本收益率；农业企业以外投资本为主，拥有明晰的资本收益率，但经营风险明显高于其他几类经营主体。

三是，从要素资源维度而言，普通小农往往是土地和自有劳动的最直接供给者，但在设备、技术、资本、人才、管理等现代化生产要素占有方面较弱；专业大户和家庭农场以租赁农地为主，自有农地为辅，成员间主要依靠血缘关系构成劳动力，偶有邻里间换工，对于现代化生产要素的占有和使用能力较弱；农业企业主要依靠租赁农地和雇佣劳动力经营，很少有自有劳动，企业与雇佣劳动间通过契约达成合作关系，在现代化生产要素的占有和使用方面优势凸显。

四是，从生产经营维度而言，普通小农生产的农产品主要担负着维持生计的功能，生产过程中主要面临的是自然风险；专业大户、家庭农场促成了农业规模经营的初始状态，其经营目的主要是提高劳动生产率、土地产出率和农产品商品率，进而实现家庭收入水平的提升，除自然风险外，生产经营过程中还面临着土地流转风险及市场风险等，盈利能力较受限制；农业企业以营利为目标，有着延伸产业链、促成一体化经营的优势，但在经济利益驱动下，容易引致非粮化和非农化倾向，同时产业化经营中还存在着较高的契约风险；农民合作社主要为其他经营主体提供产前、产中、产后的生产性服务，但由于其非营利性质，决定了其规模小、合作领域窄，服务能力有限，无法满足农业产业化发展需求。

五是，从分工半径维度而言，传统小农生产模式处于封闭生产模式下，即使想与外界互通信息、合作交流也受交通运输不畅、信息不通达、个人能力等因素所限，致使多数情况下的小农分工多限于家庭分工范围。而新型经营主体介入下的分工合作，若未建立好良好的利益联结机制，并存在合作双方信息不对称的情况，很容易带来较高的道德风险，引致监督成本、交易成本高昂，农业专业化分工系数难以有效提升，在多类产品同时生产过程中，更存在产品间技术转化成本高的情况，导致农业规模经济与范围经济难以实现。因此，各类经营主体要认真审视自身条件与合作环境，确定适度的分工半径，以维系较为理性的分工协作关系，促使规模经济与范围经济能够在一定的合作范围内显示成效(图 5-2)。

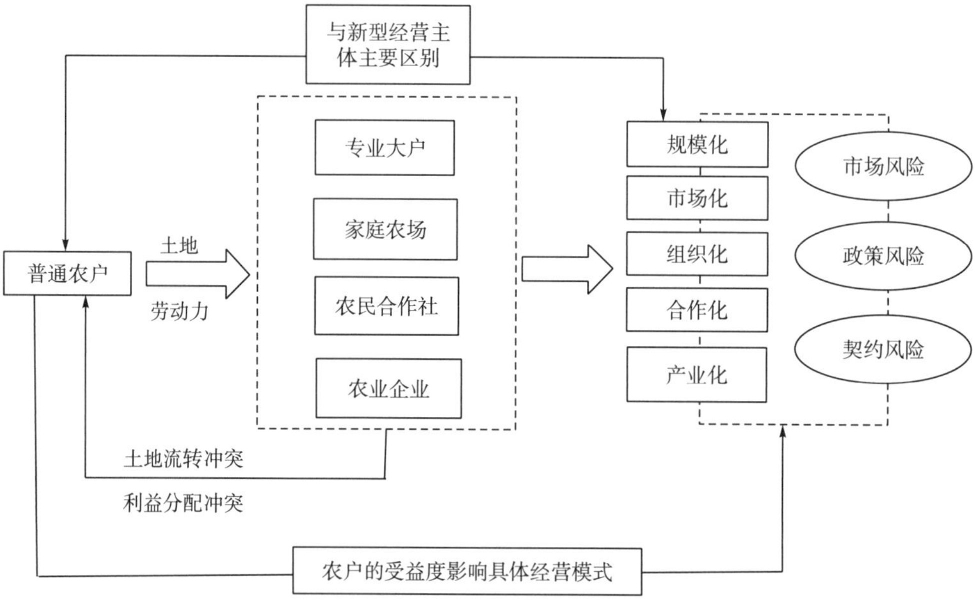

图 5-2　普通农户与新型农业经营主体关系博弈图示

农业经营主体的主要类别、基本概念、经营逻辑、主要特征及各自的规模经济路径详见表 5-2。

表 5-2　农业经营主体的类别、基本概念、经营逻辑、主要特征及规模经营路径

类别	基本概念	经营逻辑	主要特征	规模经济路径
普通小农	传统农业生产的最微观主体，生产资料（土地、农具）个体所有制为基础，以个体家庭为生产和消费单位	以自有资本为主，生产主要是为了满足生计，不存在市场竞争意识，缺乏明晰的成本效益核算观念，习惯于低资本和低技术投入的农业经营方式	仍占据农业经营群体的绝大多数；表现出小规模、分散化经营格局；农产品商品率低；越来越多地被留守小农、兼业农户所反映；小农职业分化进程较慢	
专业大户	从传统农户中分离出来的农村能人，主要从事某种单一农产品的初级生产，其规模要大于分散经营的普通农户，专业化程度相对小农较高	主要集中于种养环节，具有集约化经营的潜能，主要通过农地流转追求规模经济效益，以提高家庭收入水平为主要目标	农业规模经营的初始状态；适合大宗农产品生产；对普通小农具有示范带动作用；土地流转不规范，规模经营不稳定，盈利能力受限；人员缺乏专业培训	由于劳动力的不可分割性，土地作为规模报酬递增向专业大户、家庭农场集聚，主要是促成土地规模经济
家庭农场	具有法人资格，生产经营单位是家庭，家庭成员为主要劳动力，产业链较专业大户更长，集约化、专业化程度更高，并非简单从事初级农产品生产	推行农业规模化、集约化和商品化经营，收入接近当地居民平均水平，具有较高的经营稳定性，以提高劳动生产率、土地产出率和商品率为目标	土地租赁期相对较长，具有较强的生产经营稳定性；内部治理结构简单，成员利益高度一致，易于形成一体化经营，劳动监督管理成本低，但抗风险能力依然较弱	
农民合作社	可以是生产主体也可以是服务主体，农民自愿结合、民主管理的合作组织，通常融合联结其他经营主体	通常以提供非营利性服务为主，聚焦带动社员，在获取市场信息、农资购买、农产品销售、农业植保等生产性服务领域提供帮助，极力降低契约费用和交易成本	帮助解决单家独户解决不了的事情；提高农户市场谈判地位；提升农业社会化服务的中坚力量；存在农民对合作社信任缺失的风险；其生存和发展高度依赖政府的引导和扶持	鉴于职业经理人和生产工具、设备的不可分割性，部分生产环节作为规模报酬递增要素向服务型合作社聚集
龙头企业	企业所经营的内容，可以有效整合产业链条，推行一体化经营模式，组织化程度和专业化程度都比较高，是以营利为目的的企业法人	生产经营主要雇佣劳动工人，分工更专业化，占有资本、人才、信息、技术和市场优势，追求利润最大化，成本最小化原则	融资能力、管理能力和市场反应能力强，容易排挤其他经营主体；与农户契约具有高度的不确定性；适合进入设施农业、农业水利、农产品加工、物流环节、品牌建设等，更适合企业化经营	鉴于职业经理人的不可分割性，土地、劳动力抑或是部分生产环节作为规模报酬递增要素向企业集聚

比较而言，新型农业经营主体之间并不存在孰优孰劣、孰强孰弱的问题，且多元经营主体引导的规模经营路径也具有多层次和多样性，不仅仅局限于土地规模经营，在市场化动力的驱使下，还涉及农业生产要素规模化、农业经营环节规模化、农业社会化服务规模化和农业产业融合规模化等多元化发展模式，同时，也反作用于各类经营主体的进一步发展壮大。此外，新型农业经营主体与小农之间的关系也并非具有完全替代性，尽管排斥小农、质疑小农、放弃小农的提法不绝于耳，但小农与新型经营主体之间仍然存在着深刻的关联性，如何将小农引入现代农业的发展轨道，实现多元经营主体的协同发展，需要统筹协调好相互间的利益关系，妥善处理相关矛盾。

5.3.4　多种形式农业适度规模经营路径演进辨析

本书认为，推动多种形式农业适度规模经营存在多元化路径：一是，促成农业内部生产要素的优化配置，主要表现为调整土地、资金、劳动力、设施设备等投入量，如针对部

分地区农地经营规模偏小的客观事实，积极推动土地向专业大户、家庭农场、土地股份合作社等集聚流转提升规模经济效益；针对部分地区土地承载劳动力过剩的问题，通过着力减少附着在土地上的剩余劳动力，推动其向城镇或第二、三产业部门转移，以切实提高农业劳动生产率。二是，通过完善农业社会化服务体系，促成农业产前、产中和产后合理的组织关系。如通过组织农机耕种、统一物资采购、病虫害统防统治、农技推广、产品加工与销售、物流配送等实现诸环节服务的规模经济效应。也可以通过产业化龙头企业的带动，积极促成农业产业化，鼓励龙头企业与小农户、合作社、家庭农场等经营主体之间形成股份合作、购销衔接关系等。三是，推动一、二、三产业之间多元素的跨界融合实现农业适度规模经营模式的转型升级。如通过农业内部产业融合（如种养结合）、农业产业链延伸（如农业产供销一条龙）、农业与关联产业融合（如农商文旅跨界融合）等形式发展农业农村一、二、三产业融合，延长农业产业链、拓宽农村产业范围，实现农业附加值和农民收入的有效增长。此外，还可以通过农作制度的创新途径来实现。这种农业规模经营的表现形式是通过农作制度的创新，形成复合型、立体式的农业规模经营。

就我国实际国情而言，中国地域辽阔，区域间资源禀赋、经济水平、政策环境、气候条件等差异明显，不同地区或同一个地区不同发展阶段，甚至同一地区同一发展阶段不同经营主体间，均存在着差别化的农业适度规模经营路径。如我国沿海平原地区，资本量充足、农机化水平高，但耕地紧缺，人力资本较高，可以推行资本替代劳动力模式，走“家庭工厂化”经营模式；又如在土地资源禀赋较充足的东北平原地区，在推进农业适度规模经营时，绝不能忽视粮食战略要地的规划部署，要谨防出现工商资本大规模圈地，造成区域性粮食垄断或短缺现象；而对于地形特征差异较大的地区，如地处内陆腹地的四川省，其境内成都平原，经济发达、资本量充足，可以采取资本或技术替代劳动力模式，逐步推广“家庭农场化”经营模式；而在丘区，要积极开发适应其地形地貌特征的小型便捷式农机具，并配套提升社会化服务水平，逐渐推行“小规模家庭农场”模式；对于贫困山区而言，经济严重滞后，土地分散、细碎化程度较高，可以继续保留其小规模分散经营模式，在确保满足农民基本生存需求的基础上，通过三产适度融合开发促进提升农业经营效益。此外，我们还要重视不同经营主体对社会化服务的分类需求，重视现代科技在社会化服务体系中的灵活运用，注重农业社会化服务过程中的现代化，为农业经营主体提供全方位服务。

5.4 小结与建议

5.4.1 小结

农业适度规模经营是现代农业转型发展的必然趋势，是顺应农村劳动力大量转移和农业生产条件不断完善等市场经济形势的必然选择，其关键在于有效规避农业规模经营中的多元化风险和合理把控农业规模经营“度”的原则，在此基础上激发农业内生活力。

农业适度规模经营的路径选择一定要与各地资源禀赋、经济水平、要素构成和政策环境等实际情况相契合，要在确保粮食安全、农民社会权益和兼顾公平效率的基础上有序推进。通过积极培育多元化社会服务组织，合理构建契约激励机制，大力提升专业化和组织化水平，促进农业生产要素规模化、农业经营环节规模化、农业社会化服务规模化和农业产业融合规模化等多种模式的交替互动发展，促成外部经济效应内部化，在满足不同生产经营主体基本利益诉求的基础上，形成因地制宜、分类施策的多层次、多形式和动态演变的农业适度规模经营格局。

农业适度规模经营是一个甚为宽泛的概念，其经营形式及主体有多层次与多样性；不同经营主体与不同经营形式下的适度规模存在显著差异性，不存在“普适性”的发展路径；农业适度规模经营是一个发展演变的过程，不能一哄而起、一蹴而就；要从实际情况出发，紧密结合民众意愿，顺应农业经济规律适时推进农业规模经营；进一步强化社会化服务体系对于发展农业适度规模经营的重要性；适度规模经营重在对“度”的把控，不是一味地扩大规模，在某些情况下还存在适当缩小规模的情况。随着社会经济发展进入新常态，财政支农压力日趋增大，农业信贷融资渠道不畅，农业规范化发展进程缓慢，严重阻滞着农业要素资源的有效整合，特别是农民专业合作社长期处于小、散、弱状态，组织化程度低，与承包户、专业大户、产业基地、农业产业化龙头企业等衔接不紧密，加上工商资本下乡对传统小农生产经营的“挤出效应”影响，我国推行多种形式农业适度规模经营发展势必任重道远。

5.4.2　建议

一是，要深刻认清农业规模经营路径中面临的多元化风险。实践中发现，许多地区难以把控农业规模经营“度”的标准，导致过度规模化后边际效益递减，如土地流转规模过大导致土地租赁费用快速上涨，并伴随着巨大的交易成本和监督成本；家庭农场中过度雇佣家庭成员以外的劳动力，导致其发展偏离比较优势的政策初衷；配套设施与服务体系的滞后，又会导致新型经营主体在金融服务、土地流转中介服务、农业保险、农业技术推广等方面缺乏保障与稳定支持；工商资本进驻农业后造成非农化、非粮化倾向加重，农民社会保障权益缺失以及社会效率与公平失衡等问题。因此，在推进农业适度规模经营的具体路径中，要对可能面临的诸多风险作出良好的预判，找准施力点，科学、客观地制定出农业规模经营“度”。

二是，需强调的是，推行农业适度规模经营并不等于消除家庭经营模式。农户家庭经营与推行其他业态经营模式并不冲突，家庭经营规模可大可小，也可以向其他业态模式自然转换，这离不开市场化机制的驱动与政府的合理引导。在市场发挥决定性作用的基础上，政府要根据各类经营主体推行下的农业规模经营实施分类指导，但基本政策至少应涵盖三个方面：①在土地流转中严格限制土地用途改变和保护农业综合生产能力，理性推进工商业资本下乡入农，强化监管机制；②在财政保险、金融信贷、农业保险、技术推广等方面要逐步加大对农业规模经营主体的政策倾斜力度，有效强化激励机制；③要在确保粮食安全的基础上合理优化农业产业结构，加快发展农村第二、三产业以进一步转移农村剩余劳动力，配套完善农村社会保障体系，在此基础上，适度推行以追求经济收益为目标的农业规模经营。

三是，要有效化解小农与其他经营主体之间的多重矛盾问题。一方面，要有效化解小农分散流转意愿与新型经营主体连片流转意愿的矛盾。新型农业经营主体在推行农业适度规模经营的过程中，通常会需要集中流转连片土地以实现土地规模经济效应。但另一方面，这可能会因为个别农户不同意流转而影响整片土地的流转进程，并极大地抬高农户与新型经营主体之间的交易成本；新型经营主体还可能在违背农民自愿的前提下仍然强制推动农地流转，损害了农民的土地权益，特别对于那些留守的中老年劳动力，由于文化水平低、缺乏技能，在成为失地农民后成为更贫困的弱势群体。鉴于此，首先要加大对新型农业经营主体的意识教育，让其尊重小农的意愿和基本权益；其次，要切实了解小农户的真实诉求，注重通过完善农村就业保障体系或提高其非农收入水平以降低对土地的依赖性。一方面，无论是对于普通小农还是新型农业经营主体，均面临着农业自然风险和市场化风险，但受灾害风险的影响程度会随着风险偏好不同而有所差别。如农户经营的自然风险分散在每个小农身上，风险相对较小，而新型经营主体多采取大规模经营，一旦出现大规模的自然灾害，其后果通常较为严重。另一方面，各类经营主体还面临着不同程度的市场风险、价格风险、资金储备风险等。因此，不论是小农还是新型经营主体，在作出农业生产经营决策之前，应对各类风险作出理性评估，不能盲目跟风。

四是，积极防范规模化新型经营主体引致的非粮化、非农化问题。传统小农精耕细作的特点对于保障国家粮食安全和农产品稳定供给具有重要意义。而新型农业经营主体的快速发展，尽管相比于小农效率效益更高，但在确保国家粮食安全方面，存在着较多质疑。如部分新型经营主体并没有真正务农的意愿，仅为了获取国家惠农政策补贴，或获得农村土地的增值收益，导致在实践中催生了一批“伪农业新型经营主体”，其规模经营的粮食单产也远远低于小农水平。一些经营主体通过垄断性方式获得土地，排挤了其他经营主体，并将部分经营行为非农化，在一定程度上瓦解了农村社会结构，甚至制造了社会不稳定因素。因此，政府应认真审视农业经营主体的经营价值取向，避免财政资金分配的错误导向，更加合理配置利用财政支农资金，让财政补贴真正惠及那些愿意致力于务农事业的农户与新型经营主体。

五是，要妥善处理好新型农业经营主体和原有小农户家庭之间的财政补贴分配问题。财政多元化补贴对于推动农户从事农业生产具有最直接的激励效应，同时也有利于引导发展和壮大新型农业经营主体。在经济下行压力下，财政资金投入有限，合理配置和优化利用财政支农资金是亟待关注的问题。财政支农的资金配置中需要极力避免三类问题倾向：首先，财政支农资金将投入对象仅限于新型农业经营主体，而将小农户排斥在外；其次，剥夺了土地流转户享有国家财政补贴的权利；再次，要避免出现新型农业经营主体对财政支农资金的过度依赖和占用，防止出现一旦停止补贴，新型农业经营主体就退出农业生产的情况。最后，要避免经营主体以农业生产经营之名圈地和套取农业补贴等行为的发生。

总体而言，经营主体的多元化催生了农业组织经营模式的多元化，由此，农业规模经营的路径也朝着差别化和多样化发展。在推进农业适度规模经营发展的路径中，农业各类经营主体之间的利益相互交错，其不同的利益诉求致使要素(土地、资金、设备、技术、劳动力等)之间又存在着相互牵制的关系，特别是新型农业经营主体在极力提升自身经营水平的同时，既要稳妥处理好新型经营主体间的相互关系，避免产生不良的“挤出效应”，还要积极保障小农户利益，尽量满足其诉求，并通过发展具有整合功能的服务组织载体，将小农户有效引入现代农业的发展轨道中来。

第6章　多种形式农业适度规模经营具体案例评析

我国人多地少的资源禀赋决定了家庭经营耕地细碎化特征，又突出表现为地块零散、破碎与不规则。据官方统计数据，2003 年我国户均土地经营规模 7.51 亩，户均地块 5.72 块，平均每块土地面积 1.32 亩。2015 年末，我国户均土地经营规模进一步降至 7.06 亩，反映出我国农地细碎化的严峻性(表 6-1)。随着技术与经济的快速发展，农地细碎化弊端愈加凸显，农业经营管理成本不断提升，农业生产的边际效益不断递减，农业基础设施建设与管护难度不断加大，老年农业难以维系，等等，农民对农地细碎化整治的诉求不断提升。

表 6-1　2010～2015 年我国农户经营耕地情况

年度	户均经营面积/公顷	户均经营地块数/块	平均地块面积/公顷	不同规模地块数			
				1 亩以下	1～3 亩	3～5 亩	5 亩及以上
2010	0.455	4.02	0.113	2.4	1.08	0.30	0.24
2011	0.469	3.98	0.118	2.33	1.07	0.32	0.26
2012	0.484	3.58	0.135	1.98	1.02	0.31	0.27
2013	0.469	3.51	0.134	1.98	0.97	0.29	0.26
2014	0.474	3.33	0.142	1.84	0.92	0.30	0.27
2015	0.471	3.27	0.144	1.85	0.88	0.30	0.25

注：数据来源于《全国农村固定观察点调查数据汇编(2010—2015 年)》。

过去为了调动农民生产积极性和维系地权稳定，根据田块好坏远近推行“插画式”的分田到户，但这在很大程度上为日后细碎土地的整治埋下了伏笔。此外，复杂的土地权属关系又进一步降低了农户整治细碎土地的意愿。鉴于此，我国适时提出土地“三权分置”改革，试图在稳定土地承包权(增强农民土地获得感)的同时，放活土地经营权(盘活土地财产权功能)，多地实践经验也正是对“三权分置”改革的灵活运用。

然而，我国地域辽阔，各地区自然经济社会条件差异较大，地区间要素资源禀赋也各不相同，促成了多类型农业经营主客体，结合多元化农业经营，并配套创新性组织服务模式构成的多种形式农业适度规模经营实现路径。因此，在不同地区、不同产业、不同环节都有各自的适应特色和发展空间，避免农业适度规模经营千篇一律，需就具体情况作出具体分析。鉴于农村情况千差万别，农业发展很不平衡，为此，本章案例将兼顾我国不同区域，选择若干有代表性的农业适度规模经营案例展开论述。其中，较为典型的案例有黑龙江省克山县农机合作社引领土地规模经营、湖北省沙洋县的按户连片耕种模式、江苏省射阳县的联耕联种模式、安徽省繁昌县(现芜湖市繁昌区)的农地集中流转模式和江苏省太仓市东林村“合作农场”模式等。

6.1　黑龙江省克山县大型农机化“仁发模式”

6.1.1　案例介绍

黑龙江省土地面积大、地势平坦，农业机械化程度普遍较高，与我国其他地区不同，这里相对人少地多，适宜发挥土地和现代技术装备优势，实现土地经营权规模化流转。克山县位于黑龙江省西部，齐齐哈尔市东北部，全县面积 3186.2 平方公里，辖 15 个乡镇，133 个行政村。2017 年末，克山县全县总人口 46.34 万人，其中农业人口 35.88 万人，全县耕地面积 302 万亩，农民人均耕地达到 8.4 亩，具有典型的人少地多特征，且随着农业人口的持续减少，人均耕地面积还在不断扩大。克山县是全国重点商品粮基地县、大豆基地县和马铃薯基地县，也是全国 500 个产粮大县之一，2017 年全县粮食总产量达到 86 万吨，土地规模经营达 270 万亩，占耕地总面积的 89.4%，全县三次产业结构为 43.6∶20.6∶35.8。近年来，随着农业和农村劳动力的大量城镇化转移，各家各户依托自家小农机具的分散耕作模式越来越难以支撑农业大规模经营，为防止大面积耕地撂荒，提高农业集约化、规模化程度，黑龙江省出台了系列支持现代农业发展的政策举措，积极鼓励农机化发展，为农村土地流转注入了强大动力。2017 年，全县农机合作社达到 48 个，大型农机具 1.4 万台套，农机总动力 64.2 万千瓦，全县耕地连片作业面积达到 89.4%以上，田间综合机械化程度高达 99.25%。

克山县仁发现代农业农机专业合作社(下称仁发合作社)正是在黑龙江省系列农机支持政策下出现并蓬勃发展起来的。2008 年，黑龙江省为加快推进千万元以上农机合作社建设，出台了“财政补贴 60%，个人自筹 40%”的千万元农机合作社支持政策。2009 年克山县河南乡仁发村李凤玉等筹资 850 万元成立仁发合作社，以推动建立起“带地入社、按股分红”的发展模式。该模式充分发挥大型农机具替代劳动力和小型农机具的比较优势，推动土地要素向大型农机资本集聚，吸引本村及周边农户以土地入股，对入社农民给予每亩 350 元的保底金(高出当地每亩土地租金 110 元)，并将年终生产盈余按照入社资金进行等比例分红；合作社获得的国家补贴资金盈余按照社员数量平均分配；可分配盈余中提取 50%作为公积金；坚持入社自愿和退社自由。其后，为激发农机资本、技术的活力，2013 年仁发合作社取消土地入股每亩 350 元保底收益，按入社成员土地数量分红，分红总额不低于可分配盈余的 60%；入社股金、补贴资金及公积金分得盈余剩下的 40%，促使成员之间的利益更加紧密(图 6-1)。截至 2018 年底，仁发合作社固定资产总额达到 7632 万元，农机具近 200 套，入股耕地 56000 亩，总经营收入 7712 万元，先后获得了“全省现代化农机合作示范社”“全国农民专业合作社示范社”等荣誉称号。

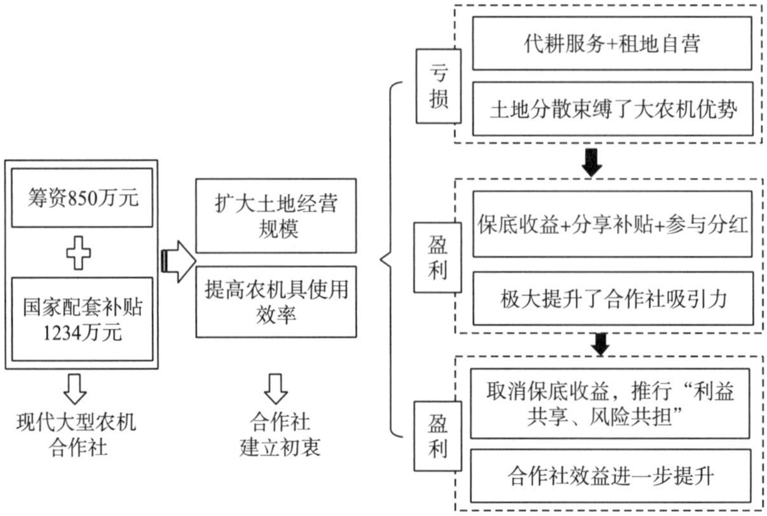

图 6-1 仁发合作社经营模式发展演变图

6.1.2 实践成效

克山县仁发现代农业农机专业合作社的建立离不开政府的大力扶持，在充足的农机资本支撑下，土地、资本和劳动力等要素之间能够形成有机利益联结方式，合作社依托大型农机具不断扩大种植规模、调整种植结构，对作物从播种到收获实行统一管理，较好地把控农产品品质，并通过“以产定销”的发展理念，保障了农产品销路。从生产力和生产关系两个角度来看，仁发合作社既解决了农业生产效率问题，也通过创新利益联结机制解决了公平问题，达到了农业增产、增效和农民增收的三重目标。

从经济学角度解析不同阶段的激励机制：

$$Y = f(L,K,S) = AL^{\alpha}K^{\beta}S^{\gamma}$$

第一阶段：土地投入规模偏低，土地要素激励不足，合作社亏损。

“代耕服务+租地自营”模式失败的原因主要归结为难以充分发挥大型农机的规模效应。由于合作社租入的土地难以大规模成片，导致大型农机具只能靠“秋整地”获取一定的服务费，甚至还要额外支出小型农机具租赁费用，导致种地亏损，若将农机折旧费与日常维护费计算在内，亏损更严重。从该农业经营模式来看，仅仅农机资本参与了合作社的盈余分配，未能与劳动、土地之间有效配合，土地规模化水平难以达到预期要素回报率，要素之间的替代性不完全，很大程度上表现为土地要素投入严重不足，难以匹配庞大的农机资本，由此导致土地产出率严重偏低，难以弥补经营成本，导致亏损。

第二阶段：增加土地投入，土地要素被激励，合作社盈利。

鉴于上一阶段的发展困境，该阶段合作社主要做法在于推动土地向农机资本集聚。合作社积极鼓励农户带地入社，并通过“保底+分红”激励农户向合作社流入土地的积极性。该阶段合作社将土地要素持有者的农户也纳入了盈余分配机制中，通过赋予土地要素剩余索取权解决了土地要素激励问题。合作社提高土地入社保底价格(350 元/亩的土地保底分红大于 110 元/亩的土地流转租金)，土地要素以折价方式与农机资金同等参与合作社盈余分配，以及全体社员共同享受国家补贴资金，提高了土地要素的盈余分配份额，促使成员增加了对合作社土地投入的热情。这一阶段，土地要素投入规模明显提升，有效解决了上一阶段农机资本与土地要素比例失调的问题，大型农机资本优势得以充分发挥，土地产出率大幅度增加。但值得注意的是，“土地保底+二次分红”激发了土地与资本活力，但经营风险却始终加载在合作社的原始股东身上，而他们并没有享受相应的风险性收益，这就为第三阶段农业经营机制创新提供了新的空间。

第三阶段：构建风险共担机制，利益分配机制进一步优化，盈余增加。

该阶段合作社取消了土地保底，并推进按股分红，其目的在于激发土地、资本和劳动综合要素的活力。2013 年仁发合作社修改了利益联结机制，取消了土地保底价，建立了资本、土地和劳动共担风险机制；同时，将盈余的 3%作为管理人员的工资发放，赋予了劳动要素剩余索取权，解决了原始股东独自承担风险以及劳动不享有盈余分配的问题，极大激励了劳动要素的有效投入。新的分配机制不再提取公积金，促使随着要素投入的增加，合作社盈余也相应得到提升。

6.1.3　推广前提

“仁发模式”的推广应用，首先，需要建立在人少地多的资源禀赋条件上，要让大型农机具有足够的施展空间，过于分散细碎化的土地是难以承载大型农机具的。其次，政府要给予大型农业机械化发展充足的补贴和扶持，让农机资本要素具有足够的吸引力，能够吸引大量的农户参与大规模土地流转。再次，要具备较完善的利益联结与分配机制，能够激发农户积极性，做到自主维护契约的稳定性，契约双方也能够根据市场波动，灵活调整土地流转双方的合作关系。

6.1.4　经营风险

一是，克山县仁发现代农业农机专业合作社近年来不断推动农民带地入社，但是入社面积一味求多的情况下，难以实现土地面积与单位收获之间的平衡，过大的土地规模对于合作社田间管理、社员分红压力均很大，如果遇到市场行情低迷的情况，合作社与周边非入社土地的亩均收益将难以反映出比较优势，甚至在土地分红收益压力下而愈加显得难以维系。二是，仁发合作社收入主要来源于土地经营和农机作业。在土地经营方面，种植作物极易受市场价格波动影响，加之产品销售市场未完全打开，很容易引致土地经营规模与最优技术经济规模的偏离，合作社获益稳定性不强。三是，在土地规模持续扩大的情况下，仁发合作社经营销售规模跟不上，尽管提出“以销定产”发展思路，但订单生产在总产量中的比重仅 6～7 成，其他部分产品的销售存在不确定性。四是，农地管理面临后继乏人的窘境。随着农业农村人口的不断流失，该合作社同样面临农地管理人才断代的风险。现有农田管理人员的年龄多在 50 岁以上，如何有效激励人才返乡务农，激发劳动要素活力是当下解决“仁发模式”下谁来种地问题的关键。

6.1.5 案例启示

仁发现代农业农机专业合作社不同阶段农业经营方式的创新转型表明，只有不断增强对投入要素的激励力度，促进要素间合理配置，并在此基础上构建起良好的利益联结机制，才能充分发挥要素效用，提升合作社的经营水平和发展动能。简而言之，就是“仁发模式”较好地推动了生产要素的有机联结，能够实现不同要素(土地、资本和劳动)的预期回报，能够发挥出要素合力。同时，为了稳固和提升合力效用，合作社通过不断改进农业经营管理模式和利益分配机制，促进实现合作的可持续性。此外，在农产品市场价格波动较大的情况下，如何根据市场变化及时调整土地经营规模和继续稳定相关主体的利益联结关系，是确保“仁发模式”高效运营的重要挑战。因此，建议构建灵活的复合式土地利益分配联结机制。即“土地技术经济规模+土地机动规模”，其中农机资本决定土地的技术经济规模，土地租赁面积作为机动规模以应对市场价格波动。相应地，合作社与土地持有者之间构建起多样化土地契约关系，包含入股、租赁、“保底+分红”等松紧适度的合约结构，有效应对市场波动情况下合作社的土地成本压力。

6.2 湖北省沙洋县“按户连片耕种”模式

6.2.1 案例介绍

沙洋县位于湖北省中部，是典型的农业大县。沙洋县地处江汉平原西北腹地，丘陵面积居多，是全国重要的粮食生产基地。20 世纪 80 年代初分田单干，按家庭人口平分土地，为确保公平，土地分户还综合考虑到土壤肥瘦、距离远近、水源灌溉等差异，导致地块高度细碎分散，全县农户户均耕地面积 7.69 亩，户均块数 8.7 块，平均每块田仅 0.88 亩，严重制约了农业机械化、规模化和集约化发展，在大量劳动力外出背景下，土地细碎化还引致多处土地撂荒，土地资源难以有效利用。

鉴于此，为克服农地细碎化带来的诸多弊端，沙洋县早在 20 世纪 90 年代末第二轮土地延包时期，部分农村就开启了“划片承包”制度创新，鼓励农户通过变更承包经营权将田块调整到同一片区，但因农户持有的田块差异较大，大多数农户不愿意互换“承包经营权”。其后，又于 2014 年提出了“按户连片”的农地经营制度，并将其作为农地细碎化治理的总体思路，促进土地和劳动力资源得到优化配置。其主要做法：村小组内流转经营权为主(超过 8 成)，互换承包权为辅(约占 1 成)，不得整村打乱重分。集中表现为“三稳定一调整两集中”：保持家庭承包方式、面积和期限稳定，农户经营地块调整，经营权或承包权连片且向单个农户或新型经营主体集中。他们将这种做法归结为“按户连片集中耕种”的模式。截至 2015 年底，全县连片种植率达到 90%。2016 年，沙洋县“按户连片耕种”模式还被写入了中央 1 号文件《关于落实发展新理念加快农业现代化实现全面小康目标的若干意见》，在全国范围内推广。截至 2018 年底，沙洋全县承包耕地面积 141 万亩，按户连片耕种面积达到 129.98 万亩，连片耕种率达 92%。此次“按户连片耕种”能够有序推进，在某种程度上而言，主要依赖于“三权分置”新政策的推行，农民土地保障功能和财产功能均有所体现和得以保障，土地“承包者”和“经营者”能按照自身诉求自愿开展土地调整工作(图 6-2)。

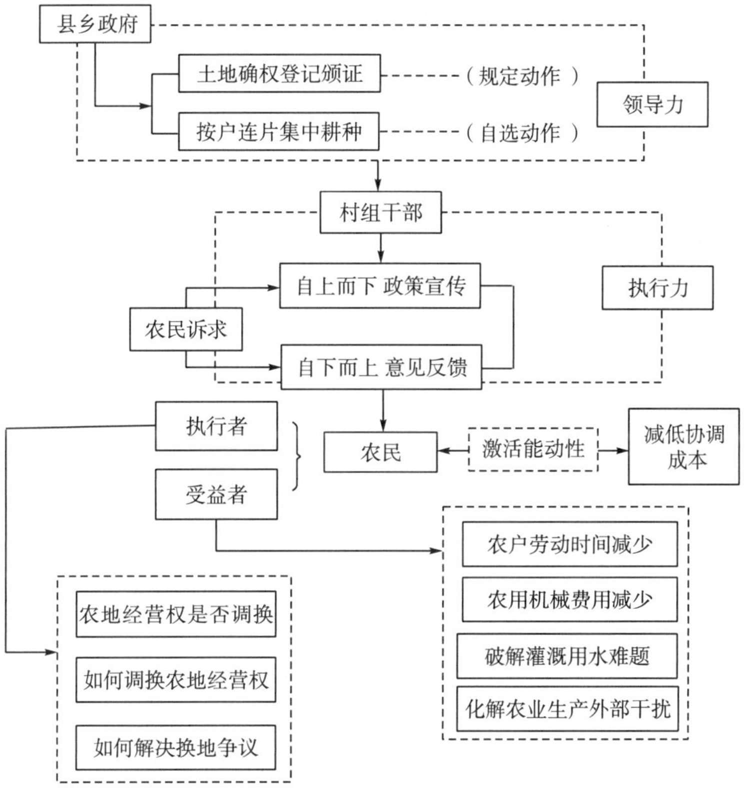

图 6-2　沙洋县“按户连片耕种”模式运行机制

6.2.2　实践成效

据相关调研统计，沙洋县按户连片耕种可使农机使用率提高 40%，资金投入成本减少 25%，劳动投入时间减少 75%，综合生产能力提高 4 倍以上。据席莹等 2018 年调研，通过对沙洋县 61 个水稻种植户单季中稻机收费用的考察，发现农地集中后，农户土地的块数及单位面积的机收费用明显减少，表明农地细碎化治理能够显著减少土地块数和降低农业生产成本。沙洋县这种“按户连片耕种”模式，能够就各乡镇实际情况，根据农民的权益诉求和意愿优化农地资源配置，有效破解了农地细碎化问题，充分调动了农民务农积极性，农地得以大规模有序流转，是生产力提升的重要表现形式，在切实降低农业成本和增加效益的同时，能够较好地解决农村劳动力分散成本过高、劳动力结构性短缺，以及水利基础设施重复建设和难以维护等问题(表 6-2)。

表 6-2 “农地集中连片”前后农地块数与机收费用

项目	农地集中连片前			农地集中连片后		
	户均块数/块	每块面积/公顷	单位面积机收费用/元	户均块数/块	每块面积/公顷	单位面积机收费用/元
平均值	4.70	0.18	1798.7	2.05	0.43	1519.8
中位数	4.00	0.18	1800.0	2.00	0.42	1500.0
最小值	2.00	0.08	1500.0	1.00	0.16	1175.7
最大值	8.00	0.32	2125.0	4.00	0.87	1800.0
标准差	1.79	0.06	129.8	0.85	0.16	152.5

资料来源：席莹,吴春梅.“三权分置”下农地细碎化治理的社会路径及其效果、效益分析——基于“沙洋模式”的考察[J].长江流域资源与环境,2018,27(2):318-327.

沙洋县太山村支部书记范诗文还专门作了一首《连片耕种颂》，表达出了基层民众对“连片耕种”模式的认可和赞许。

连片耕种颂

分散种田弊端大，旱涝灾害冇得法
东一块来西一块，半天巡回管不来
整田施肥和收割，哪样都得人肩驮
地界不明难清理，邻里吵闹怎平息
你防我来我防你，堰塘无水现了底
连片耕种就是好，泾渭分明没计较
田好管来水好调，机械作业效率高
忙月过得挺逍遥，连年丰收喜眉梢
连片耕种就是好，昔日纠纷不见了
邻里和睦互帮衬，文明村风掀浪潮
农村改革谋新篇，助推中国梦实现

6.2.3 推广前提

“沙洋模式”的推广应用，首先建立在国土部门规模资金巨额投入的基础上。据相关文献，王能应等(2017)报道，2014～2015 年，沙洋县共实施土地整治项目 45 个，总建设规模 78.68 万亩，总投资 16.11 亿元，累计新增耕地 2.89 万亩。通过土地整治和田户间基础设施建设，打破了原有田块细碎化格局，推进高标准连片农田建设，农民在农田基础设施配套完善之后，重新调整土地的意愿才被调动起来。其次，县乡政府及村组干部需要有较强的领导力、执行力和组织协调能力。土地流转与互换建立在农民自愿的基础上，受农民分化以及相关利益不均衡影响，土地流转或互换在推进过程中很容易受阻，农民之间要想促成土地连片存在高昂的协调成本。因此，这就需要政府具备较强的组织协调能力。为大力推动土地连片，沙洋县基本每周会召开县级土地按户连片工作督办例会，并将确权颁证和连片耕种一同部署。在具体操作过程中，以村为单位，召开村民代表会，拿出方案；以村民小组为单位，反复召开户主会，讨论完善方案；力争做到人人签字。

6.2.4　经营风险

“沙洋模式”表明，集体经济组织具有调整土地权能的重要性，如果集体经济组织没有被赋予一定的农地调整权利，农村公共品供给以及公共工程建设将陷入无法占用农民土地的困境。土地具有不可移动特征，在我国很多地区均出现过，若一两户农户不支持公共品供给，将导致全村公共品无法供给的现象。公共品供给的公共目标与个体农民利益容易相冲突，导致农民间合作异常困难，容易造成土地资源等闲置或利用不足等问题，反将促成“反公地悲剧”。当前，各地积极推行农地确权登记颁证，旨在强化农民土地权利，但这在很大程度阻滞了农地调整，使得地权分散的格局或农地低效利用的状态进一步凝固化，若不能积极调动集体经济组织的能动性，那么土地集体所有制的制度安排只能被架空。

6.2.5　案例启示

农地改革的目的是解放生产力和发展生产力，40 年前农村改革的重要成果“家庭联产承包责任制”是农业生产关系的重大变革，积极调动了农民生产积极性，促进了生产力发展。现阶段，随着农业农村经济发展和农村社会变迁，农业生产力要素发生了明显变化，也由此凸显出农业“生产力系统结构”不对称问题。沙洋县“按户连片耕种”模式能够有效治理农地细碎化问题，但其做法一定程度上与土地法律提及的“不允许土地调整”相悖。在基层集体经济组织功能不断弱化的背景下，“按户连片耕种”模式仍处于政策风险之中，在实践中也容易引致“反公地悲剧”的困局。

如图 6-3 所示，传统农业向现代农业转型过程中，构成其生产力的组成要素及其组合方式也随之发生演变，构成生产力要素的劳动者、劳动资料均发生了显著变化，而我国多地土地零碎化，土地数量与质量难以有效改善，甚至趋于恶化，这是造成农业生产力系统“结构不对称”的主因。由此，解决土地问题仍是加快我国农业生产力要素结构优化调整的重心。

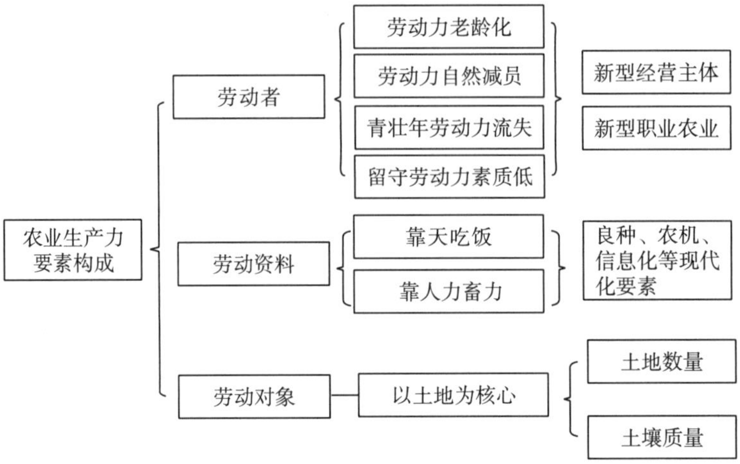

图 6-3　农业生产力要素构成模式(传统农业向现代农业转型)

承包地“三权分置”的制度安排指明了当前我国土地改革的总体方向，但在实际操作层面，仍然存在诸多技术性和细节性难题，尤其是土地细碎化问题，这是我国绝大部分农村面临的共性问题，若不改变农地细碎分散的状况，就谈不上农业农村现代化。随着农业劳动力成本的迅速攀升，农业机械化发展推动农业规模化的呼声日趋增强，因此，沙洋县“按户连片耕作”模式的自发实践为我国多地农业适度规模经营发展给予了较强的启示，尽管仍存在一定的政策性约束，但这也为农地改革的制度创新和理论创新提供了新的发展空间，以及在调动基层经济组织的能动性与创造性方面具有较强的启示意义。

6.3　江苏省射阳县“联耕联种”经营模式

6.3.1　案例介绍

射阳县是江苏省盐城市下辖县，位于江苏盐阜平原东部，地形以平原为主，全县总人口 96 万人，其中农业户籍人口就高达 73 万。射阳县是以粮食生产为主的典型的农业大县，“射阳大米”作为地理标志产品，享誉国内大米市场。2020 年，射阳全县粮食种植面积达到 234.29 万亩，总产量 113.65 万吨，播种面积及总产量均位居盐城市各区县之首，产量达到 483 公斤/亩。

与沙洋县一样，射阳县之前的土地细碎化问题十分突出。与此同时，射阳县地处沿海发达地区，有着良好的外出务工契机，农地主要依托留守老人经营，农村务农劳动力的平均年龄达到 60 岁左右，他们接受新技术的能力普遍较弱，其农地流转意愿也不高，导致农地零碎化格局在一定程度上有所固化。

联耕联种模式最初由射阳县农户自发推动形成，其后，随着政府职能作用的彰显，逐渐演变为由政府主导、村委牵头，在持续稳定家庭联产承包责任制的基础上推动农户联合起来，按农户自愿原则，用打暗桩等形式确定各家界址，破除田埂，将零碎地块连成大片，促使“一田多户”向“多户一田”转变，统一进行旋、耙、平田等“联耕”作业，选用统一品种统一播种进行“联种”，在土地规模化耕作基础上，推动农机、育秧、植保等专业服务规模化。

射阳县结合地方实际，探索出三种联耕联种的推进形式。一是“联种分管”，即统一粮食品种和耕种，但农业具体的生产管理交由农户各家负责。二是“联种统管”形式，不仅统一粮食品种和耕种，兼具注重统一田间管理，提供打药、施肥、植保、病虫害防治等统一的社会化服务。三是“全程联营”形式，与前两种模式最大的区别在于，此模式促使农户彻底脱离农业生产环节，聘请社会组织进行统一经营管理，并根据参与种植规模进行成本分摊和效益分配。截至 2017 年末，全县联耕联种推广面积累计 120 万亩，其中，全程联营推广面积比重提升较快，从 2013 年的 9%提升至 29%。

6.3.2　实践成效

由图 6-4 可知，射阳县“联耕联种”模式在不改变耕地所有权、承包权和经营权的基础上，将分散的小农户与规模化的社会化服务有效对接起来，尤其对于那些流转意愿较低但从事农业生产又力不从心的老年农户来说具有较强的激励作用。据射阳县农委统计数字，联耕联种的土地，亩均粮食增产 200 多斤，折合增收 250 多元，亩均成本又减少 300 多元，可以增加农业综合收益 500 元/亩以上。再以水稻和小麦种植为例，据唐逊(2017)提供的调研数据，射阳县农户分散种植水稻通常采用直播稻形式，常年亩产量约 650 千克，在推行联耕联种模式之后，以移栽稻模式替代了直播稻，亩均产量增加 50 千克以上，小麦亩产出量也增加 40 千克左右(表 6-3)，同时，农业机械化效率明显提升，并通过统一的技术推广和指导，粮食作物的品质得到明显提升，市场销售价格每斤提升在 0.1 元以上。

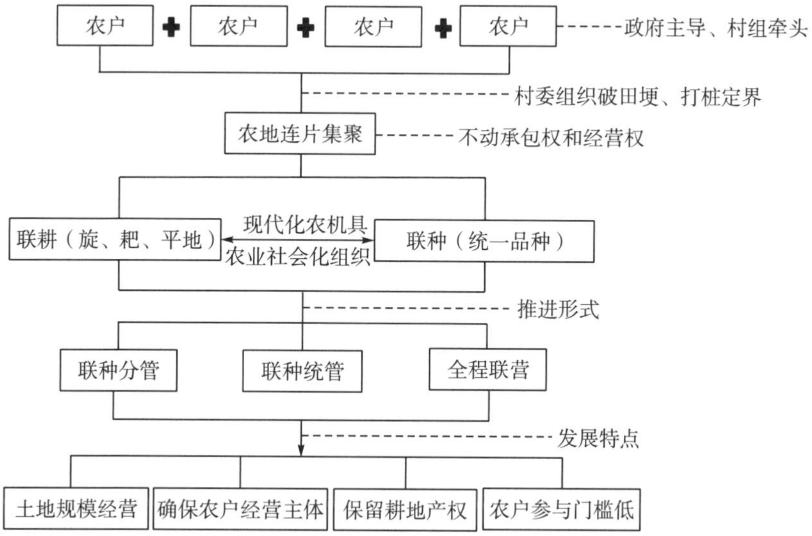

图 6-4　射阳县“联耕联种”模式运行机制

表 6-3 联耕联种与分散种植的产出对比表

水稻亩均产出/千克		小麦亩均产出/千克	
联耕联种	分散种植	联耕联种	分散种植
700	650	500	365

结合射阳县地方实践，可见，首先，“联耕联种”促成了土地不流转仍能实现规模经营和规模经济的新路径。在坚持农民家庭经营的主体地位的基础上，有效维系农民与土地之间的紧密关联性，农民的土地承包权、经营权没有受到任何影响，避免了农民的失地忧虑，还促成了农户间的联耕联种合作，党国英(2015)把这种模式称为“稳定地权，协作经营”。在此基础上，促成了土地规模化、服务规模化经济效应。据射阳县农委相关统计，自推广“联耕联种”模式后，全县综合机械化率达到78%，年减少粮食遗撒20万吨以上，年节约劳动力工日11万个，推动农村富余劳动力能够更好地非农化转移。“联耕联种”模式推动实现农地规模化经营，促使束缚在土地上的富余劳动力被充分释放出来，新的生产力再次被激活，如家庭农场、专业大户和农民合作社等新型经营主体真正有了用武之地，经营主体之间的强强联合又促成了农业产业联合体的兴起。随着城镇化和工业化步伐加快，农民非农化诉求持续提升，由此对大型农机化作业的需求日渐增强，可以说，该种模式在化解“两栖农民”或者兼业农户处境难问题上的作用尤为凸显。最后，“联耕联种”模式推动要素有效聚合，能够促使社会化服务的“统”和农户田间管理的“精”有机结合。农药和化肥施用量明显下降，据推算，在实行“联耕联种”模式后，全县农药和化肥施用量相对以往水平降低30%以上，促使农村生态环境有效改善，秸秆焚烧现象明显得到遏制，秸秆全部翻耕还田，对于改良土壤品质具有深远影响。加之农作物品质的提升，又促使市场对其采购价格明显高出平均水平，农户还可以通过订单种植、入股分红及二次分配等方式获取更多收益。

6.3.3 推广前提

从射阳县“联耕联种”模式的推广实践来看，该种模式若要在大范围内推广应用，须具备较强的前提条件。一是，显而易见，“联耕联种”模式的大面积推广只适用于平原宜耕的传统农区，而在山丘区，地块之间难以连成片，并且不适应大型农机具的运作，因此难以促成土地或农机资本的规模经济性。二是，“联耕联种”模式的推广除受到地形条件的约束外，对农作物品种同样有着较为严格约束，即品种一致、茬口一致，否则难以进行统一的大田作业与社会化服务管理。三是，“联耕联种”对于土壤质量分布均衡性也有一定的要求，如同一匡耕地中，部分地块产出较好，部分产出较差，将直接影响分散农户联合种植的意愿，如若基层协调不当，反而更易于引发矛盾纠纷。四是，“联耕联种”模式主要适用于机械化作业的粮食作物，如水稻和小麦，而在经济特色作物优势相对明显的地区，农民推行“联耕联种”的意愿将明显偏低。五是，“联耕联种”的目的是实现农地规模化经营和促成规模经济，对政府公共品依赖性较强。但如果政府不能为农户提供优惠补贴与政策支持，不能完善农业基础设施配套和提供科学的种植决策及社会化服务载体，如主推品种的选择、提供植保和病虫害防治以及田间作业的督导等，那么“联耕联种”对农户的吸引力也会大大减弱，甚至难以为继。

6.3.4 经营风险

一是，组织层面的风险十分明显。“联耕联种”模式的组织成本较高，村组工作量较大，也缺乏相应的激励机制，对于农村基层组织较为涣散的地区风险较高。在该种模式推行过程中，如果政府不利用“有形之手”加以引导，在遇到耕种、收割抢农时的环节中，村两委工作量激增，若不能有序调节，而任由市场机制发挥作用，或者说仅凭借农户自发联合很难形成稳定的联合体，“联耕联种”的合作机制很容易瓦解，甚至危及粮食生产安全。二是，“联耕联种”模式具有明显的公共需求，不可避免地会出现“搭便车”现象，难以通过市场获得，需要政府的规制和大力投入。举例来说，在农户联合上，由于利益纠纷、信任危机等种种因素，农户自发联合的信任链很容易断裂，如部分农户自家持有小型农业机械，不愿意参与联耕联种；抑或是农户农作物播种时间不一致，导致农作物成熟时间也不一致，大型农业机械无法统一收割，难以顾及所有农户。如果政府在推进“联耕联种”的过程中不能有效引导、规范和监督，则不能促进“联耕联种”的推广普及。三是，随着政策对“联耕联种”模式宣传力度的减弱，导致地方政府对其关注度也随之下降，由此引致财政支持力度不断减弱。最明显的态势表现为，政府在农田基础设施建设上的投入(土地平整、农田水利与机耕道建设以及设施管护)越来越跟不上“联耕联种”的步伐。政府扶持缺位带来的负面效应将不断扩大。四是，“联耕联种”模式中基层组织与农民权责关系难以厘清。从射阳县“联耕联种”实践来看，基层村组干部承担了大量的工作任务，甚至很多情况下还承担了农户的具体事务。由此，农业生产中的诸多风险转嫁到了基层干部身上，他们不仅要承担“联耕联种”过程中丈量土地、确定界址、破除田埂、收取费用等工作，还承担了统一供种/种植/灌溉/施肥、农机服务、植保、田间管理等社会化服务工作，此外还要协调处理农户间的诸多矛盾，极大地增加了村组干部压力，并打消其积极性。

6.3.5 案例启示

射阳县在全国率先探索了分散地块的“联耕联种”模式，促使耕地规模化、机械化经营效应显著。“联耕联种”模式在稳定和巩固农村基本经营制度的基础上，凸显了集体组织“统”的功能，大大降低了农业种收成本，促成了与当前生产力发展相适应的农业生产联合机制。与此同时，“联耕联种”推动了农户之间的紧密关联，是促进小农户与现代农业有机衔接的创新典范，并且表现出了更加丰富具体的内涵形式(可以不改变农户独立经营或者农民选择完全脱离农业生产)。2016年射阳县“联耕联种”耕作模式被写入中央1号文件，在全国推动农业适度规模经营发展方面作出了表率。

但另一方面，从射阳县近年来“联耕联种”模式推广应用来看，部分矛盾与问题也不断涌现出来，特别是村镇基层干部积极性在多重压力下不断降低。同时，政府对于农业基础设施建设与管护、农业金融保险支持、农户补贴等方面的投入力度趋弱，导致农户对于“联耕联种”模式的参与热情也在不断减弱，“联耕联种”可持续发展受到了制约。此外，随着小农结构性分化不断演进，不同类别农户对于农地或农业服务规模化的态度也截然不同，这对于基层村组的统筹功能又提出了新的挑战，在外部行政驱动力不足的情况下，基层组织与农民之间的权责关系如何均衡是影响“联耕联种”深入推行的重要问题。

6.4 安徽省繁昌县①“农地集中流转”模式

6.4.1 案例介绍

繁昌县是“四大米市”之一的安徽省芜湖市辖县，位于芜湖市西南部，地处长江南岸，为皖南丘陵地带。繁昌县总面积584平方公里，可耕种的土地面积1.12万公顷。该县辖6个镇，71个行政村，全县总人口27.96万人，其中农业人口20.7万人。繁昌县水稻生产历史悠久，常年水稻种植面积8700公顷，粮食总产量在9万吨以上，是全国重要的粮油生产基地。繁昌县户均耕地面积仅3.8亩，耕地细碎化情况较为严重。近年来，繁昌县在依法推进农村土地流转方面进行了积极探索。

以繁昌县平铺镇为例，该镇于2012年实施土地整理项目，意图将细碎化的土地打造为“田成方、树成行、路相通、渠相连、旱能浇、涝能排”的现代农田经营格局。为避免传统土地整理方式带来的弊端，繁昌县创新推出新的农地流转制度，并称之为“农地集中流转模式”。

繁昌县“农地集中流转模式”是指，将农户承包地分为“自耕功能区”和“流转功能区”两大功能区块，需要耕作的农民在“自耕功能区”，不需要耕作的农民将土地流入“流转功能区”，农民每5～10年集结一次流转意愿，不必担心有朝一日返乡面临无地可耕的窘境。由此，“农地集中流转模式”不仅解决了土地细碎化经营问题，也促使农民土地流转积极性提升。

2017年繁昌全县家庭承包经营耕地面积19.50万亩，其中耕地流转面积11.56万亩，耕地流转率为59.28%。繁昌县家庭承包耕地主要以出租(转包)、互换以及股份合作方式流转，对农业种植大户流转面积达50亩以上的实行亩均50～80元的奖励。2017年，全县流转用于粮食作物的耕地面积达11.00万亩，占耕地流转总面积的95.16%，流转出耕地的农户数占家庭承包经营农户总数的75.63%。2017年繁昌县土地流转去向及所占比重见图6-5。2019年繁昌区流转耕地50亩以上的流转总面积达到7.67万亩，土地承包经营权

① 安徽省繁昌县于2020年7月撤县设区。因本节研究基于2020年以前资料，均称繁昌县。

流转大户奖励总额达到 516.29 万元，亩均奖励金额达到 67.31 元。

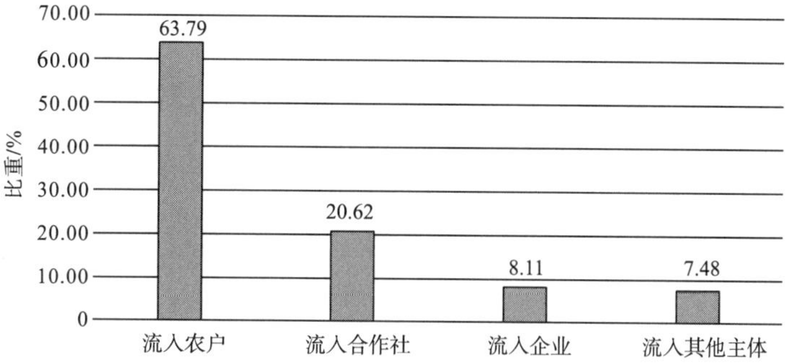

图 6-5　繁昌县 2017 年土地流转去向及其所占比重

6.4.2　实践成效

从理论而言，繁昌县的做法可以归结为以“虚拟确权”为特征的“三权分置”。村民组作为土地整理之后的确权单位，同时以原土地承包合同为依据，将农户实际承包面积作为土地承包经营权的收益面积，但是不规定地块的具体位置，也就是说农民种的不一定是自己的地块，而获取的土地收益权类似于农地入股形成的“股权”，这样就把实体化的承包权转化为虚拟化的收益权，这种做法更加凸显了土地的财产属性。“虚拟确权”正是在“三权分置”的农地产权结构改革的创新应用，将农地经营权充分激活。随着城镇化的推进，越来越多农户选择外出务工，由此越来越多的农户愿意接受土地收益权这一形式。

繁昌县规定，土地整理之后的确权单位是村民小组。农户能够保有较高的土地流转积极性，一方面在于能够切实获取土地收益权，另一方面还在于土地流转的“可逆性”设计。村民小组将土地流转期限意愿调整期设定为 5～10 年，这样既保证了土地流入主体的积极性，同时，又保障了农户土地流转热情。繁昌县基于虚拟确权上的“农地集中流转”模式(图 6-6)，避免了传统农地流转模式中过高的交易费用，推动土地细碎化的产权集中，有效克服了土地细碎化问题和促成了农地规模经营，较好地响应了十八届三中全会之后中央提出的“既可以确权确界，也可以确权不确界”的号召，给予地方政府和村社集体足够的制度创新的弹性空间。

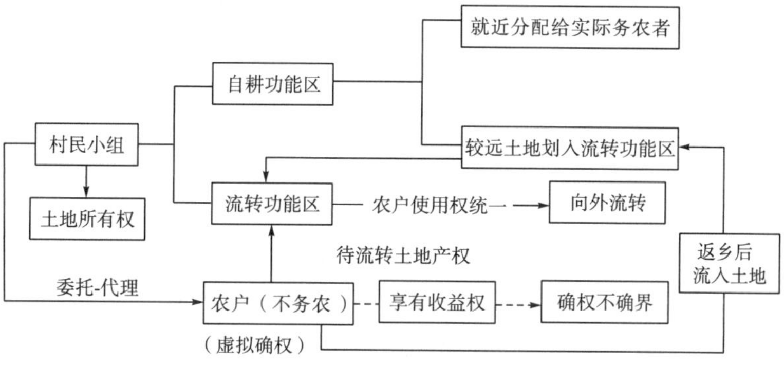

图 6-6　繁昌县农地集中流转模式示意图

6.4.3 推行前提

安徽省繁昌县推动了土地流转模式的制度创新，通过“虚拟确权”推动农地产权结构从传统的集体土地所有权与承包经营权“二权分离”朝着农地所有权、承包权和使用权“三权分置”转变，确保了农地改革“三条底线”不触碰，并满足了不同农户土地流转的基本诉求。鉴于此，繁昌县推行的虚拟确权模式，需要建立在较为成熟的农地流转市场上，要能够充分尊重农民流转意愿，才能使创新土地产权制度得以施展，让农民接受建立在虚拟承包经营权基础上的“收益权”。新农地产权制度不同于传统的分配实地模式的地权制度，而是将承包权虚拟化，在贯彻落实过程中，需要基层村社集体具有较强的组织协调能力，否则多数农民难以理解和接受新的、抽象化的地权观念。加之，该种模式侧重于农户土地流转的可逆性，因此很有必要定期集结农民土地意愿，这对于基层组织协调力也具有较高的要求。

6.4.4 经营风险

尽管繁昌县通过折中方式，把一次土地流转期限定为5～10年，但是这种对于土地流转期限的规制仍然在一定程度上抑制了新型经营主体的土地流转意愿，对于部分土地流入主体来说，土地精耕细作的意愿也不是很强。同时，在地权虚拟化过程中，部分弱势农民阶层的地权还可能遭受损害；如若村民小组组织协调能力不足，在村务农的农户还要经常与不在村的农户进行沟通协商，其中的协商成本也在不断抬高。此外，部分流转出土地的农民工返乡后再次流入土地的过程中很容易产生纠纷，由此造成土地流转契约关系的不稳定性。

6.4.5 案例启示

总体而言，除“仁发模式”外，上述其他三种农业组织经营模式，无论是沙洋县“按户连片耕种”模式、射阳县“联耕联种”模式，还是繁昌县“农地集中流转”模式，均体现了以小农生产为基础的农业经营组织形式的创新，体现了“三权分置”在实践中的创新，反映出对小农利益不同程度包容和保护的基础上小生产与大市场的有机衔接，不同程度地提高了农业社会化水平，促使农民群体能够分享到农业现代化经营的好处。其中，“按户连片耕种”模式侧重于回应小农户而非其他农业经营主体的生产诉求；“联耕联种”模式侧重于小农户之间的紧密联合，以便于促成农地规模经营和农业服务规模化；“农地集中流转”模式偏重强调农地财产属性及土地流转的“可逆性”，特别是强调保障返乡农民再次耕种土地的权利。总体而言，这三种模式均保障了小农户的土地经营权利，在促进实现农业规模经济的同时，还促使农民能够从土地中获取一定的就业保障与社会保障，反映出尊重农民首创精神，因地制宜探索以农民为主体的农业现代化道路的重要性。

6.5　四川省崇州市“农业共营制”模式

与前几种形式不同，四川崇州“农业共营制”模式更偏重解决未来“谁来种田”的现实问题，以及应对“怎样种田”和“种什么样的田”的现实问题。目前已经初步形成以家庭承包为基础，以农户为核心主体，农业职业经理人、土地股份合作社、社会化服务组织等多元主体共同经营的新型农业经营体系。统筹考虑了小农户、新型经营主体、职业经理人等主体之间的利益关系，实现多元农业经营主体之间的“共建共赢”。

6.5.1　案例介绍

崇州是四川省成都市代管的县级市，位于成都平原西部，距离成都中心城区 25 公里。全市户籍总人口 67 万人，其中农业人口 46.2 万人，占比 68.96%，是成都市的农业大县和粮食主产区。但另一方面，崇州市农村劳动力大规模流出，其外出务工人员比例高达 73.4%，农村留守劳动力基本是 60 岁以上的“高龄农民”，农村“谁来务农”、农业“谁来经营”和“谁来服务”的问题十分严峻。鉴于此，崇州市从 2010 年起，积极推进农业发展方式转变，将部分农地划为连片地块(300～500 亩)，引进专门种田人员对水稻进行生产管理。同时，作为成都市粮油主产区，2011 年成都将大量资金投入崇州十万亩粮食稳产、高产、高效综合示范基地建设项目中。受到该项目推动，隆兴镇黎坝村顺势组建了杨柳农村土地股份合作社(下称杨柳合作社)，鼓励农民以承包经营权入股合作社，推动农地规模化经营。加之项目资金的有效带动，平整土地、各种水电设施及相关设备、田间路径等问题均得到了妥善、有效处理。由此，围绕保障粮食生产能力，进一步推动农村产权制度改革，创新农业经营体制机制，探索构建了“土地股份合作社+农业职业经理人+农业综合服务”三位一体的“农业共营制”，对于破解“三难”问题取得了较好成效。

“农业共营制”的主要做法如下。

1. 推进土地股份合作经营，旨在破解“谁来经营”难题

2008 年，成都获批全国统筹城乡综合配套改革试验区后，对农村土地承包经营权等 6 类产权进行确权颁证。在此基础上，探索成立土地承包经营权股份合作社，推动土地股份合作经营。2010 年 5 月，崇州市隆兴镇黎坝村的 30 户农民自愿凭 101.27 亩土地承包经营权入股，共同商定创办杨柳合作社，这是我国第一个用土地承包经营权入股，同时通过工商注册的农民合作社。崇州市推进土地股份合作经营，一是，以自愿为前提，确保农民自愿加入。按照“入社自愿、退社自由和利益共享、风险共担”的原则，引导农户以土地承包经营权作价折资、折股，工商注册成立土地承包经营权股份合作社，按照《崇州市发展专业合作社章程》选举理事会、监事会，产生理事长、监事长，建立健全合作社各项规章

制度。二是，以社员为主体，确保农民的话语权。借鉴现代企业管理制度，公开竞聘农业职业经理人，形成“理事会+职业经理人+监事会”运行机制。理事会代表入社社员决策“种什么”，监事会负责监督合作社财务收支执行情况，农业职业经理人负责“怎样种”和“如何种”。三是，以利益联结为保障，确保社员增收。本着经营收益多方共享、分配方式灵活多样的原则，合作社收益由职业经理人与入社社员协商确定，通常按照纯收入 1∶2∶7 分配(即 10%作为公积金、20%作为农业职业经理人佣金、70%作为社员土地入股分红)；再辅以超产分成或保底二次分红等分配方式，保障入社社员收益。

2. 推进农业职业经理人种田，破解“谁来种地”难题

参照现代企业制度对合作社进行管理和运营。理事会负责合作社经营决策权，协商决定种植何种农作物，并聘请种田能手、技术员以及带头人担任职业经理人。以杨柳合作社为例，聘用一个职业经理人专门对农业生产进行管理，并负责一些其他事项，如确定生产资金、工资薪酬、产量指标、盈亏奖罚等。崇州目前已经建立了一套较完善的职业经理人培训体系(图 6-7)，能够适应农业规模经营的专业化诉求，构建了教育培训、认定管理、政策扶持“三个体系”，开展以农业职业经理人为重点的新型职业农民培育，破解“不会种地”“低效种地”等问题。一是，建立选育机制，培育新型职业农民队伍。采取自愿报名与乡镇推荐相结合、农业部门审查的办法，选择有志于农业生产经营的人员。通过组建专家学者、农技推广人员互为补充的教学师资队伍，优化整合培训资源，建立职业农民“双培训”机制，开展生产经营型、专业技能型、社会服务型“三类协同”分类培训，培养一批懂技术、会经营、善管理的农业职业经理人，形成“农业职业经理人+职业农民”的专业化团队。截至 2017 年末，累计培育新型职业农民 7329 人，其中职业经理人 1883 人。

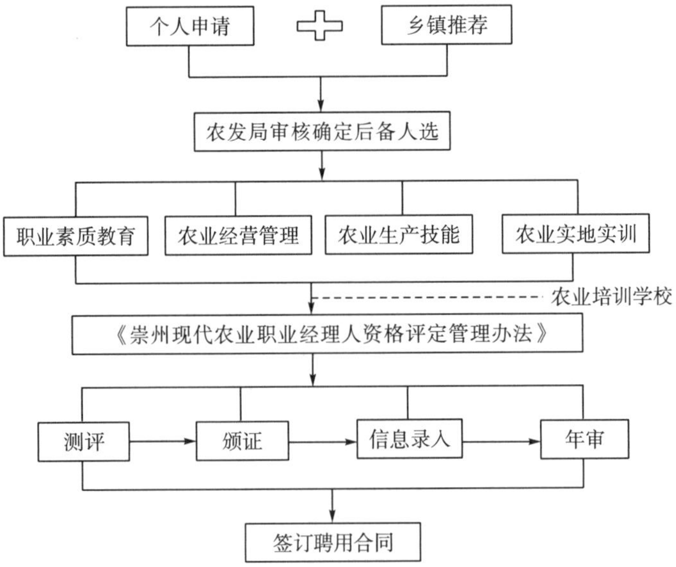

图 6-7 崇州农业职业经理人培育体系

二是，健全管理机制，推动农民职业化。建立职业经理人初、中、高“三级贯通”评定制度，根据其经营规模、生产技能、管理能力和经营水平，每年测评一次，对符合条件的颁发相应等级证书，实行准入及退出的动态管理。目前，已分别评定初级、中级、高级农业职业经理人 342 人、116 人、19 人。采取优先推荐、公开竞聘等方式，鼓励农业职业经理人在市域范围内自由流动，实现规模经营主体与农业职业经理人双向选择。三是，构建激励机制，稳定职业农民队伍。主动适应新型农民队伍建设的需求，支持职业经理人参与农业专业化、社会化服务。充分整合各级扶持政策，制定农业职业经理人享受城镇职工养老保险补贴、信用贷款贴息扶持等办法，健全产业、社保、金融等配套扶持政策体系。整合公益性和经营性服务资源，完善农业科技、农业全产业链、农村金融等服务机制，为职业经理人提供全要素服务保障。

3. 推进农业综合服务社会化，破解“谁来服务”难题

2010 年以来，崇州市坚持“政府引导、市场参与、多元合作”的发展思路，探索构建起土地股份合作社+农业职业经理人+农业综合服务“三位一体”的“农业共营制”新型农业经营体系(图 6-8)，并形成了公益性服务与经营性服务相结合、专项服务与综合服务相协调的新型农业综合服务体系。一是，建立农业科技创新体系。依托“一校两院”(四川农业大学、四川省农科院、成都市农林科学院)，聘用百余名农业专家，形成“专家大院专家+农技人员+粮食规模经营主体”科技服务模式，促进农业科技“产学研用”各环节融合，实现了农业科研成果到田间地头的无缝对接。二是，健全农业全产业链服务体系。构建“农业服务超市”，与土地股份合作社建立生产合作关系，农业服务超市统一购买农资、提供专业技术人员、提供农业机械化服务以及提供农业活动的专业设备等，促成了农业生产的“一站式”服务平台，通过开展产前、产中、产后“一条龙”农业社会化服务，满足适度规模经营对耕、种、管、收、销等环节多样化服务需求。与此同时，农村富余劳动力也可以通过“农业服务超市”招入进行专业化技能培训，带动解决乡村劳动力就业问题。三是建立农村金融服务体系。抓住崇州市开展国家农村承包土地的经营权抵押贷款试点、四川省农村产权抵押融资试点等机遇，构建农村产权交易服务、价值评估、金融服务、风险防控、担保收储、政策扶持“六大体系”，搭建崇州市“农贷通”平台，依托农村电子商务平台，建立村级农村金融综合服务站，开展土地经营权、林地经营权、林木(果)权、农村养殖水面经营权等抵押贷款，促进农村产权、资源盘活变现，撬动了社会资本和金融资本投入农业农村。崇州“农业共营制”模式于 2017 年被写入四川省一号文件、2018 年其中精髓“农业职业经理人培养”又被写入中央一号文件，农业和林业“共营制”在全国范围内得以推广。

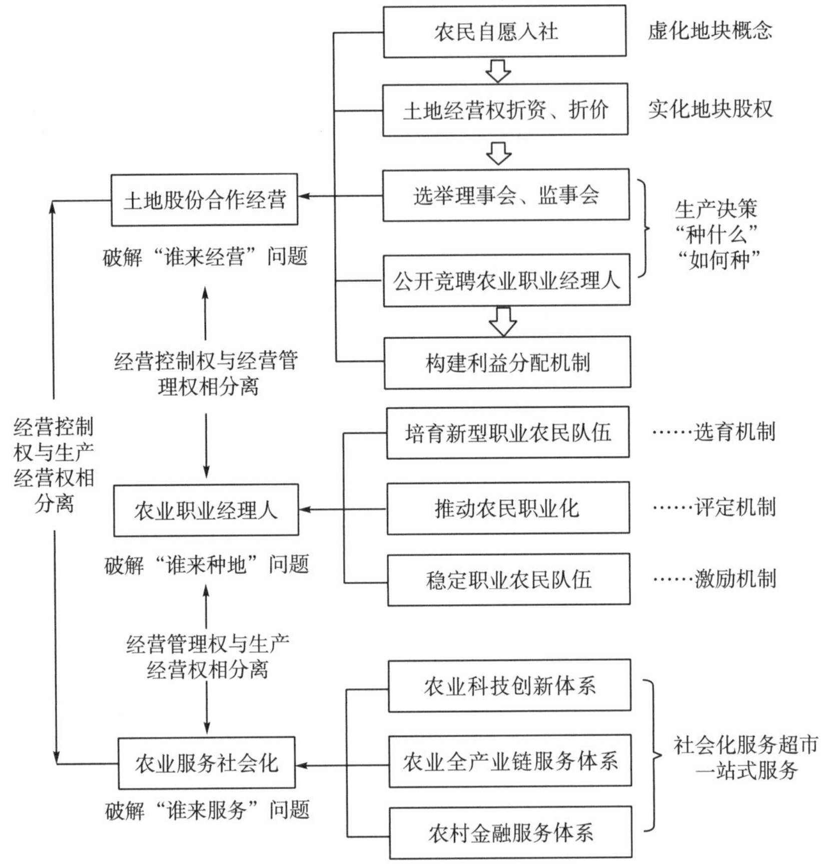

图 6-8 崇州“农业共营制”模式运行机制

6.5.2 实践成效

一是，通过土地股份合作经营，推动农地适度集聚。截至 2020 年末，崇州市土地规模经营率达到 76%，粮食规模经营率 92%，农业标准化覆盖率达到 90%。二是，通过培育职业经理人，推动农业生产专业化。崇州市大力开展以农业职业经理人为重点的新型职业农民培育行动，并建立完善相关资格认证、政策扶持等制度，着力解决“谁来种地”和“科学种田”的问题。截至 2020 年末，崇州市培育农业生产社会化服务组织 160 个，农业职业经理人 2358 人。据地方统计，农业职业经理人经营的水稻种植平均每亩增产 10%，生产资料投入与机耕机收成本下降 15%。三是，通过建立“一站式”服务超市，促进农业社会化规模服务。崇州市按照“政府引导、资源整合、市场参与、多元合作”原则，分片区建立农业服务超市，搭建农业技术咨询、农业劳务、全程机械化、农资配送、专业育秧(苗)、病虫防治、田间运输、粮食代烘代储、“粮食银行”等一站式全程农业生产服务平台，实现适度规模经营对耕、种、管、收、卖等环节多样化服务需求与供给的对接。四是，通过创新合作经营模式，实现全产业链发展。通过合作经营模式的创新，推动了粮油规模种植、种养循环、粮油烘储、产品加工、电商营销、休闲农业、乡村旅游，形成“产加销服一条龙、农工贸旅一体化”经营经济实体，充分让资源、资金、劳动、技术等要素优化配置，延伸了农业产业链，促进农业信息、金融信贷、生产资料以及现代农业物流业发展，实现了农业产业链横纵向延伸和一、二、三产业的融合发展。2020 年，全市共接待游客 1472 万人次，旅游综合收入 48.1 亿元，创建为国家全域旅游示范区，农村居民人均可支配收入 25747 万元，2013～2020 年年均增长 14.6%。

可见，崇州“农业共营制”模式的优势主要体现在两个方面，一是，凸显了新型农业经营主体在推动农业适度规模经营中的重要性。崇州“共营制”案例中，农业职业经理人和农业专业服务组织作为两类新型经营主体在推进农业适度规模经营发展进程中发挥了积极作用。前者有效改善了农业的知识分工与生产决策效率；后者促进了农业技术分工，带动产前与产后服务效率的明显提升。二是，凸显了通过农业社会化服务推动实现农业适度规模经营的重要性。突破了传统农业适度规模经营依靠扩大土地规模的单一性，进一步强调了农业企业家才能和农业社会化服务的重要性，增强了农业可持续发展能力。优化了农业资源配置，实现了现代物质技术装备、企业家才能等先进生产力要素与经营方式的高效对接。

6.5.3　推广前提

一是，崇州“农业共营制”模式需在三权分置的基础上，依托较优势的区域地理条件（平原适宜机械化作业），较好的组织经营模式，较充足的科技服务资源，较优的农业人力资本和较为发达的农业社会化服务，才能有序发展。二是，崇州“农业共营制”的推行在一定程度上表现出对财政补贴较强的依赖性。据统计，崇州土地股份合作社社员收入的 70%来自财政补贴，这并非多数地区可以效仿复制。三是，“农业共营制”内含高额的交易成本，需要较好的村集体组织动员能力和协调治理能力。土地入股牵扯到全体农户的组织动员，农户的异质性和多元化使得农民在土地股权问题上难以达成一致，在土地流转后，转入方难以获得完全的决策权，由此内含了较高的交易成本。在“熟人”和“半熟人”的乡村地域，村集体作为农户的代理人，在土地集中连片、地块调整、谈判签约和纠纷协调等方面发挥着不可替代的作用。因此，村集体的组织协调能力显得至关重要。

崇州市农业财政补贴的标准与种类

一、粮（油）规模化生产财政奖补

粮油规模化生产财政奖补的补贴对象为：一是，在一个区（市）县域内种植水稻（含制种）、小麦、玉米（含制种）面积在 50 亩以上的农业经营者；二是，在崇州市 10 万亩粮食高产稳产高效综合示范基地及重庆路沿线区域内规模化生产连片种植油菜花面积达到 50 亩以上的农业经营者。

粮油规模化生产财政奖补的标准是：一是，在一个区（市）县域内种植水稻（含制种）、小麦、玉米（含制种）面积在 50～100 亩（不含 100 亩）的每亩奖励 160 元、面积在 100～500 亩（不含 500)的每亩奖励 180 元、面积在 500 亩以上的(含 500 亩)每亩奖励 200 元。中级以上农业职业经理人从事水稻、玉米、小麦规模化生产或主要由中级以上农业职业经理人负责水稻、玉米、小麦规模化生产事务的专业合作社和家庭农场，享受提高粮食规模化生产财政奖补 10%的补贴。三是，规模化生产连片种植油菜花面积 50 亩以上的每亩奖励 50 元。

该项补贴直接发放到土地股份合作社或其他新型农业生产经营主体。

二、农业支持(耕地地力)保护补贴

农业支持(耕地地力)保护补贴的补贴对象为：成都市市内拥有耕地承包权的种地农民。

农业支持(耕地地力)保护补贴的补贴标准：按照中央、省、成都市的部署，从 2015 年起将农作物良种补贴、种粮农民直接补贴、农资综合补贴，即“三项补贴”合并为“农业支持保护补贴”。2017 年成都统一农业支持(耕地地力)保护补贴标准为每亩 95.8 元。

该项补贴将通过“一折(卡)通”直接发放给拥有耕地承包权的农民。

三、耕地保护基金

耕地保护基金的补贴对象为：在成都市内，具备土地承包运营且承担耕地保护责任的农户，以及负责对未承包到户的土地进行保护的村组织。

耕地保护基金的补贴标准是：基本农田每亩 400 元，一般耕地每亩 300 元。

该项补贴最终发放给拥有耕地承包权的农民。

四、其他补贴

水稻、玉米的保险金额为 400 元每亩，财政补贴占 75%，农民自行承担 25%；农机购置补贴标准为 50%左右。

针对农业职业经理人的财政补贴政策有：①中级以上职业经理人从事水稻、玉米、小麦规模化生产事务的专业合作社和家庭农场，享受提高粮食规模化生产财政奖补 10%的补贴；②鼓励符合城镇职工养老保险条件的农业职业经理人以个体身份参加城镇养老保险，以上一年度全省在岗职工平均工资的 60%为缴纳基数；③县级农业政策性平台公司或市准公益性农业项目资金可根据职业经理人的评级给予 10 万～100 万元的贷款支持。

数据来源：成都市农委提供。

6.5.4 经营风险

一是，基于补贴导向的规模化种植，通常表现为种植规模越大，得到的补贴就越多。由此，农业经营者为了获取更大利润，会盲目扩大规模。根据崇州市农村发展局的数据，2017 年获得崇州市粮食(油菜)规模化生产财政奖补专项资金发放的 65 位农业职业经理人中，种植面积在 500～1000 亩的有 19 位，占 29.2%；种植面积在 1000～2000 亩的有 28 位，占 43%；种植面积在 2000 亩以上的有 11 位，占 16.9%。而在访谈中，农业职业经理人也纷纷表示现在收益高了，越来越多的人想要从事农业生产，他们想要获得更高的收益就要用业绩去竞聘更多土地股份合作社的农业职业经理人职位。现有的农业财政补贴政策缺乏对规模经营适度性的指导，经济因素会使农业经营者没有考虑到自身的生产与管理能力而持续扩张，不利于农业经济的可持续发展。

二是，组织创新的生存压力：经理人业绩考核、补贴减量无益于国家粮食安全保障的长期维护。合作社对职业经理人的考核为一年一聘，这强化了职业经理人将保障社员收益作为维护其“职业声誉”的首要任务，否则下一年很难续聘。但这一要务势必使保障国家粮食安全的目标让步于社员收入递增诉求，由此带来经济作物种植比重提升，种粮规模不断压缩。与此同时，随着省县一级补贴陆续取消、下一轮补贴规模减量甚至可能取消等不利因素增多，加大了合作社生产压力与创收难度，其结果会加剧“非粮化”经营。

三是，组织创新的“挤出效应”。多政策支持下的农业共营制在某种程度上会对家庭农场、专业大户等其他新型经营主体发展造成排挤，尤其是造成要素不合理流动和非自然集聚，诸如土地、补贴、项目等要素向土地股份合作社的单向转移。这种强者愈强、弱者更弱的主体发展态势，不利于新型经营主体的均衡发展。

四是，入股土地的农业用途可能发生改变。通过土地承包经营权入股在很多地方的土地改革中已进行了试验推广，但如果乡镇府或农场集体经济组织过多干预，强制推行农民土地承包经营权入股，易造成土地补偿、租金、土地折价和折资等方面的矛盾。此外，现有案例中，改变入股土地的农业用途的情况仍然时有发生。据相关调研表明，一些地区耕地流转后用于种粮的比重仅 6%，这种现象值得警惕。

6.5.5 案例启示

此外，课题组还对四川省其他市(县、区)进行了农业规模化经营调研，如邛崃市“土地预流转+履约保证金”、眉山市“委托流转模式”、安岳县“土地信托”模式等。四川通过着力放活土地经营权，促成了多种形式的、适合平原与山丘区的农业适度规模经营模式，一方面，推动了农村富余劳动力向非农产业部门转移，并为新型农业经营主体发展壮大提供了有利条件；另一方面，通过不断完善农业社会化服务组织，着力提升小农户生产条件，多种途径把小农引入农业现代化轨道中来。

但其中也有着诸多不容忽视的问题，以成都市为例，在财政扶持下，成都市粮食规模化种植能够得到稳步推进，如崇州市“农业共营制”、邛崃市“土地预流转”等模式的推行均离不开市级、县级财政的有力支撑。邛崃“土地预流转+土地履约保险”是针对土地流转拖欠租金和违约情况而创设的，每亩土地履约保险费用 30 元，财政“以奖代补”分摊 50%，剩余由业主和农户分摊，而在实际操作中，业主缴纳剩余的全部费用。农户通过将土地“预流转”给村集体，再由村集体统一招标流转给规模化业主。课题组在调研过程中发现，这种土地履约保险的创设并没有发挥预期作用，甚至在一定程度上违背了推动土地规模化流转的初衷，降低了许多规模化业主流入土地的意愿，究其原因：土地流入主体须先缴纳齐全土地租金再投入(粮食)规模化生产，因此，土地履约保险的职能基本不存在。而业主(粮食)种植的规模化补贴是否能拿到手，又与其是否参与履约保险和农业生产保险紧密挂钩，缺少这两项保险，业主无法获得(粮食)规模化种植补贴。在课题组调研中不难发现，业主签订履约保险多表现出被动性意愿。随着财政下行压力不断加大，粮食规模化补贴压力也随之提升，加之粮食生产功能区和重要农产品生产保护区这“两区”的划定，不少规模化业主被划归“两区”之外，因而存在难以获取粮食种植补贴的风险，在生产成本高涨和补贴不定的情况下，很容易做出放弃规模化种植或者缩短土地流转期限的选择。

可见，尽管现阶段农业规模化经营实践表现出多样性特征，但改革中的壁垒与弊端依然无处不在，需要积极发挥政策配套与改革的综合效应，防止改革举措的碎片化问题。现行改革难点在于如何兼顾农业规模化经营中多方利益主体的多元化诉求，这就要求在稳定农户经营自主权的基础上，重新审视农村集体经济组织权能，凸显以“村两委”为代表的基层行政组织的统筹功能。基层集体经济组织只有做到协调处理好处于结构性分化的小农户与新型农业经营主体之间的合作与利益分配关系，才能让多种形式农业适度规模经营“主体”切实根据自身条件选择土地、劳动、资本等要素配置方式，并在此基础上实现农业生产经营的规模经济效应。

6.6 江苏省太仓市“合作农场”模式

6.6.1 案例介绍

东林合作农场是江苏省太仓市建立的首批合作农场之一。合作农场主要是由村集体经济组织发起，本村农民既可用土地承包经营权入股，也可用劳动力、农业机械等生产资料或资金自愿入股，到工商行政管理部门办理登记手续并取得法人资格，领取农民专业合作社执照，从事农产品生产、加工、销售的农民合作组织。东林合作农场所在的东林村位于江苏省太仓市区北部，辖区面积 7 平方公里，有 765 户农户，2895 人，耕地 1400 余亩。2007 年，东林村在太仓北部新城区开发建设中，对土地进行了重新规划，村民全部搬进农民新型社区东林佳苑和明星二园中，农村企业向城镇工业园区集中。农户搬迁入住小区后，东林村对腾出的高低不平的宅基地和分布在河道纵横交叉中的农田进行整治改造，加上宅基地复耕的 400 亩耕地，全村共 1800 亩土地经过集中整治，形成了集中连片、设施配套、高产稳产的高标准农田，这也为规模经营和发展现代农业奠定了基础。

整理之后的土地如何经营、谁来经营，成为摆在村集体面前的重大问题。在广泛征求意见的基础上，2010 年 6 月，由东林村、东林劳务合作社和东林农机专业合作社联合发起，组建“东林村合作农场专业合作社”，领取农民专业合作社营业执照，简称东林合作农场(图 6-9)。经村组织研究，将土地资源掌握在村集体经济组织手中，合作农场采用“大承包、小包干”经营机制，聘请村里种田能手任分场场长，场长包干管理费用，对农场雇工按月考核打分发工资。“大承包”是指合作农场与 2 个分场长(即农业职业经理人)签订承包合同，2 个分场长各自承包 600 亩农田，他们包产、包肥、包农药、包用工，得到的基本工资为 1200 元/月。“小包干”是指分场长雇佣 20 个农场专业管理人员开展农业生产，农场专业管理人员根据各自能力来认定包干面积，包干的管理费用核定为水稻每年 200 元/亩，小麦每年 150 元/亩。同时，该合作农场以“成本核算、绩效挂钩”为考核手段调动分场长和农场专业管理人员的责任心和积极性。东林合作农场对村民入股土地采用“保底租金+二次分红”的分配方式，入股土地的保底租金为每年每亩 600 元，计入农场的经营成本，农场盈余部分的 40%再作二次分红。对于合作农场，普通农民通过以土地入股拿租金，以资金入股拿股金，以劳务入股拿薪金三种模式获得收入。合作农场的经营和发展离不开土地和劳动力，这也为农户持续稳定增收拓宽了渠道。农户以承包地入股合作农场，可获得平均每亩 900 元的保底分配；劳动力入社拿薪金，工资收入有保障。全市实际参与合作农场常年经营的管理人员(包括分场长)337 人，通过超产分成、降本奖励，平均每人能获得 4 万～5 万元年薪。

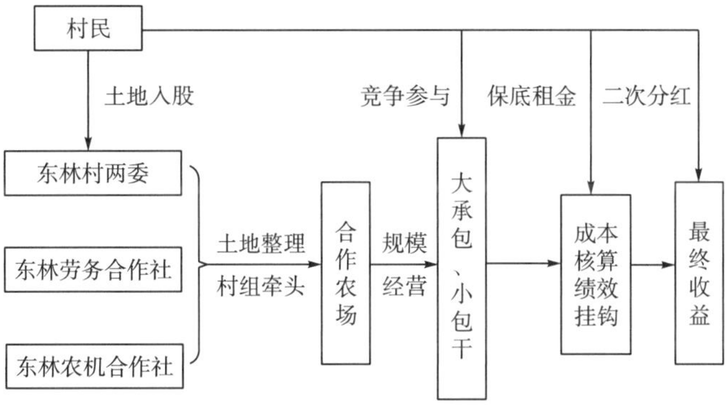

图 6-9　太仓市“合作农场”模式运行机制

6.6.2　实践成效

一是，截至 2019 年末，东林合作农场经营规模达到 2000 亩，拥有农业机械设备总量 200 多台套，粮食种植、植保、收割、加工、储藏、包装实现全程机械化，在此基础上设立了提高生产积极性的“大承包、小包干”制度。经营内容更为丰富，通过科技支撑、体制创新、绿色理念这三大优势的引领，已从单一的以生产经营粮食作物为主，转为种养加结合的综合性合作农场发展模式，推动了农业机械化耕作、规模化经营、标准化生产，大大提升了农业现代化水平，推进了农业转型升级。二是，农业劳动生产效率得到显著提升。东林合作农场人均管理土地面积 100 余亩，极大提高了生产效率。耕地有开沟平整机，育秧-工厂化集中育秧、插秧用插秧机，施肥靠自动化施肥机，打药通过自动化植保机，收割利用联合收割机，稻谷晾晒依靠烘干机，秸秆处理引进整套的秸秆收储设备，较高的劳动生产率主要归功于农场现代化的管理和实现了粮食生产全程机械化。三是，品牌农业建设得到快速发展。农场化发展能够使农业的生产、经营、管理得到有机统一，农业的标准化生产成为可能，农业的高质量发展有了基础。农场生产的产品契合市场消费需求，由此推动了品牌农业的快速发展，切实提升了农产品市场竞争力。四是，农民务农收入渠道得到大幅拓宽。农户以承包地入股合作农场，可获得租金保底分配；同时，劳动力入社还可以获取工资性收入；全市实际参与合作农场的常年经营管理人员(包括分场长)，通过超产分成、降本奖励，还可以获得年薪分红。五是，村级集体经济得到全面壮大。东林合作农场与中科院苏州硒谷研究院合作，生产的富硒大米采取普通包装、精包装、礼品包装分类销售，取得了较好的市场效应。同时，还建造生态米厂、生态养殖场等项目，走“稻养畜、畜肥田”的生态循环农业之路，形成完整的农业产业链，经济效益十分明显，带动了村级集体经济的发展壮大。东林村集体经济稳定收入从2004年的70万元上升到2019年的2553万元，其中农资企业实现1747万元收益，包括农场营收315万元，米厂营收152万元等，村级总资产已超过2亿元，先后获得江苏省社会主义新农村建设先进村、江苏省最美乡村、江苏省民主管理示范村、苏州市十大幸福乡村、太仓首批乡村振兴示范村等多项荣誉称号。

6.6.3 推广前提

从江苏太仓市东林村的“合作农场”模式的实践来看，这种模式在大范围推广还需要具备以下条件。一是，村级集体经济组织必须具有较强的组织能力和一定的经济实力。合作农场由村集体经济组织发起和主导，这对村级集体经济组织乃至村级组织提出了较高的要求，要确保经营机制能够充分调动所有者、生产者和经营者的积极性，发挥最大经济效益。东林合作农场的出现有一个很明显的特点，即在长三角一些现代农业发展较快的地方出现并较快推广。二是，合作农场耕地的集约高效利用需要更大的资金投入。合作农场模式的基本功能是要集约高效使用耕地资源，农业现代化装备是基础。实现规模化经营的首要基础条件是农业的机械化程度，东林合作农场化推进过程中，注重粮食生产全程机械化，是实现农机高质量发展、推进农业现代化的重要手段。东林合作农场由不到20人常年负责种植管理，人均管理100多亩，其主要原因是建设了高标准农田和实现了粮食生产全程机械化。合作农场投资1000多万元从韩国引进秸秆收储设备10台套，稻麦秸秆实现搂草、打捆、青贮包膜全程机械化，农场的农业机械设备总量也达到了200多台套。农场经营的土地形成了“田成方、渠成网、路成框”的标准农田，农业基础设施不断完善。三是，合作农场的产品需建立自己的品牌，抑或形成自己的品质特色。合作农场发展富硒米，与科研院所和企业合作引进富硒水稻种植技术，统一品种布局、统一提供服务、统一产品质量标准、统一收购入库，积极谋划“农超对接”，成立了金仓湖农副产品营销中心，创建“金仓湖”品牌，经营的富硒大米已经成功打开苏州、上海及周边地区的市场。还建设保鲜米加工厂，对农场种植的优质、品牌大米进行深加工，富硒大米能卖到8～15元一斤，市场供不应求，大大解决了失地农民的就业和增收。

6.6.4　经营风险

一是，生产风险和市场风险过于集中。东林合作农场与土地入股农户签订了土地入股书面合约，采用“保底租金+二次分红”的分配方式，是“政社一体、多组织合一”，农场几乎承担了土地转入以后的全部经营风险，如果经营不善也会有村委会和村集体经济组织“兜底”，农户保留了土地发展收益的分配权利，这给合作农场和村级组织带来了较大压力。二是，东林合作农场基本垄断了东林村的土地市场。东林合作农场属于自营性质，全村耕地全部入股东林合作农场，东林合作农场成为东林村土地经营权的买方完全垄断者，一方面使得土地经营关系较为稳定，土地租金上涨压力相对较小，农户土地股份合作社的成本较高。另一方面，合作农场经营规模难以扩大，外部市场经营主体难以进入。在东林村，几乎没有外来的种植大户能跟村民私下流转土地。三是，合作农场面临人才危机。当前东林村务农人员的年龄总体偏大，长年聘用的 20 人大部分都在 50 岁以上，现代农业知识欠缺，发展现代高效农业有点力不从心，急需年轻人加入。合作农场现有的报酬水平虽然已经超过或者接近企业职工工资，但也只能起到稳定农业生产队伍的作用，要吸引更多有知识、懂经营、会管理的年轻人加入合作农场中来难度还较大，还需要更多的人才储备和人才引进(表 6-4)。

表 6-4　东林合作农场经营机制与稳定性分析

总体模式	大承包、小包干	土地经营期限	契约时间较长且稳定
利益创造	1.土地进行自我积累 2.提高机械化水平 3.创建自有品牌	合同约束力	通过书面约定，村集体经济组织介入
利益分配	保底租金+二次分红	土地流转市场环境	垄断市场
风险分担	农场承担经营风险	投资强度	较强
合作稳定性：比较稳定			

6.6.5　案例启示

一是，土地适度规模经营必须充分调动土地经营各方的积极性，兼顾集体利益和个人利益。土地适度规模方式可以多元化，可以是家庭经营、公司+农户合作经营、农民专业合作经营、村集体合作农场经营，但最有效的经营机制应该是能够充分调动所有者、生产者、经营者的积极性，发挥最大的经济效益。东林合作农场所有“三置换”土地由村集体统一经营，而不是发包给个人或企业进行经营，这样经营的所有收益都由村集体和农民共享，得到了持续增收的保障和能力。在农场的主导下，深入发展种养结合循环农业，没有因为只注重单纯的经济效益而忽视了生态效益，为修复生态环境反而增加了村集体负担，实现了经济效益、社会效益、生态效益的有机统一。

二是，土地适度规模经营必须要注重制度和运行机制的优化完善。合作农场最主要的特点是一般由集体统一经营，如果没有好的经营机制和运行模式，不采取能够充分发挥和调动各方积极性的管理模式，不会产生良好的经营效益，将会“穿新鞋、走老路”。因此，必须要加强合作农场内部管理，建立较为科学合理的考核激励机制。在合作农场成立之后，内部建立起一套运行规章制度，在土地、人力、技术、资金等生产要素方面，政府出台了具体措施；村两委作为合作农场运行的管理主体，在决策、操作、监督方面发挥重要作用，来自村集体层面的其他规则和价值观构成了合作农场的规范性基础要素。同时，合作农场采取的是分包体制，内部责权明晰。本着共赢共享的原则，采取“大承包、小包干”生产经营方式、“成本核算、绩效挂钩”考核办法和“固定用工与农忙季节劳务补充”用工形式，通过竞争和考核来充分调动农场管理人员及职工的主动性和积极性。

三是，拓展农业多功能开发有助于推进土地适度规模经营。农业多功能性即农业具有经济、生态、社会和文化等多种功能，各种功能自古有之，客观存在。随着经济社会发展阶段的转型，面临市场需求，农业多功能性的价值不断提升、不断显现。东林合作农场通过强化种养结合生态循环农业建设，发展羊业、食品加工业、秸秆加工、农肥生产，探索发展种养结合的生态循环农业新模式，形成了“猪、羊—肥—稻、果循环”“富硒农产品一体化循环”“生态种养复合循环”三条生态循环农业产业链；积极推进农产品展销、林果采摘、开心农场、休闲垂钓、农耕体验、特色餐饮等农业旅游精品项目，吸引城市居民游玩、消费。合作农场对农业多功能开发不仅提升了农村基础设施整体水平，丰富了各类农产品供给，推动了地产农产品实现产加销一体化全产业链，还为休闲观光农业发展，推进农村一、二、三产业深度融合发展创造了条件。

6.7 调研案例的综合比较分析与述评

农业现代经营方式有很多种，但从中国实际农情发展来看，探索以小农户为主体的农业现代化路径，对于农业可持续发展、生产方式转变、农技推广、农机使用和确保粮食安全等，具有重要的现实意义(表 6-5)。“三权分置”改革试图通过“稳定承包权，放活经营权”来兼顾承包地的保障功能和财产功能，但在权利总量不变的情形下，仅仅通过这种权利的细分能够在多大程度上实现这一目标，仍有待深入研究。

表 6-5 六地典型案例经营模式、做法、成效、推行条件及经营风险对比

地区	类型	经营模式	主要做法	成效与特点	推行条件	经营风险
黑龙江省克山县	企业型	大型农机化推动农地规模化经营	凭借雄厚的资金实力和较好的利益联结分配机制，实现土地规模化经营	扩大种植规模； 调整种植结构； 较好地把控农产品品质； 实现增产、增效和增收三重目标； 有效吸收新技术和推广新品种	分户进行农业生产的比较效益低，规模化经营的效益空间较大，能够实现现代化或机械化的地区	与所有农户达成流转协议实现土地成片经营较为困难； 公司经营的市场风险和自然风险均存在

续表

地区	类型	经营模式	主要做法	成效与特点	推行条件	经营风险
湖北省沙洋县	土地集中型	按户连片耕种	调换农地承包权或经营权	减少土地细碎块数； 破解灌溉用水难题； 降低农业经营成本； 缓解老年农民农业压力； 维护农户主体经营权利	基层组织协调能力要强； 分户农业生产比较效益较低； 土地整治与基础设施配套建设力度要大； 集体经济组织具备调配土地的权能	若集体经济组织能动性不足，易造成农民个体利益与公共利益冲突，导致农地低效利用格局的凝固化，基层组织交易费用过高
安徽省繁昌县		农地集中流转	虚拟确权基础上的“三权分置”，划分自耕功能区和流转功能区	可逆的土地流转模式； 优化农地资源配置； 降低土地流转交易成本； 保护了小农耕作权利； 抑制资本大规模下乡； 满足农民流转意愿不同的诉求	基础组织协调能力要强； 农地流转市场较为成熟，在乡土性的基础上兼顾市场性； 尊重农民意愿，定期集结农民土地流转意愿； 村社集体拥有足够制度创新的弹性空间	土地流转期限的限制不利于土地精耕细作；土地流转契约关系的稳定性较弱；受产权和自然风险影响，农户与新型经营主体权益均无法得到全面保障
江苏省射阳县	合作型	联耕联种	农户联合破除田埂，统一联耕	有助于粮食作物品种改良； 农业机械化水平提升； 亩均粮食增产效益显著； 缓解老年农业压力； 维护农户主体经营地位	基层组织协调能力要强，具备现代经营意识； 完善的制度体系和利益分配机制； 仅适合平原农区； 作物品种一致、茬口一致； 有大户或经济能人牵头； 产业较具规模或良好基础	易推高组织交易费用；农民“搭便车”现象较为普遍；农户多元化种植诉求的矛盾；不利于发展特色经济作物 农户与委托方存在委托代理问题，农民权益无法有效保障；合作社资金短缺，融资渠道不畅，贷款利息过高；人才缺乏，尤其缺少农业技术方面的人才
四川省崇州市	统一服务型	农业共营制	依托社会化服务组织，实现农业生产经营某个或某些环节的规模化	降低土地耕种成本； 农民外出务工时间增多； 有利于增加农民收入水平； 促进农业生产专业化； 凸显农业服务规模化； 推动农业全产业链发展	农业社会化服务体系健全； 政府引导监督机制完善； 较强的基层领导激励机制； 客观公平的农业职业经理人选育和评定机制； 相关产业具备良好发展基础	农户异质性和多元化致使在土地股权上难以达成一致； 农户与合作社之间，合作社与职业经理人之间存在委托代理关系，主体权利难以有效保障； 具有高额的契约交易成本； 土地流入方难以获得完全决策权
江苏省太仓市	大承包、小包干	合作农场	农民以土地、劳动力、资金等形式入股，从事农业生产、加工、销售的农村新型合作经济组织	农村土地规模经营得到明显提升； 农业劳动生产效率得到显著提升； 品牌农业建设得到快速发展； 农民务农收入渠道得到大幅拓宽； 村级集体经济得到全面壮大	村级集体组织能力和经济能力较强； 农业机械化程度较高，能够集约高效使用耕地资源； 农地规模经营能够兼顾集体和个人的利益； 能够建立自己的农场品牌，有效促进农民就业增收	对政府支持依赖性较高； 生产风险和市场风险较为集中，农场存在“兜底”风险； 农场生产经营的资本压力较大； 农业经营主体仅仅局限于农场内部； 农场人力资本存在弱质化倾向

适度规模经营若能满足不同经营主体的发展诉求，其引导下的农业适度规模在产权细分角度、专业化分工角度、利益分配角度方面均能表现出较为趋同的发展优势（图 6-10）。发展共性要求在于以下几点。

一是，产权明晰，积极盘活土地经营权。不同的产权细分和交易方式对应不同的交易成本，由此将形成不同的市场交易规模和分工经济发展路径。在坚持土地集体所有制不得改变、农村土地承包经营权长久不变的原则下，唯一可以运作的只有农地经营权，因此通过农地经营权的产权细分，将“小而全”的农户纳入分工经济，由此实现分工深化和报酬递增，这是改善农业经营规模、推进农业经营方式创新的重要方向(胡新艳等，2016)。

无论是繁昌县“农地集中流转模式”还是崇州市“农业共营制模式”，均是在坚持农户主体地位、家庭承包权的基础上，盘活了土地经营权，并通过经营权的进一步细分与重新配置，形成合作社、农户、职业经理人、家庭农场、社会化服务组织等多元化主体共同经营的新型农业经营组织体系。实现决策者、管理者、生产操作者的三重分离，将不同的权能支匹配给具有比较优势的行为主体。有效解决了单个农户进入市场所面临的外生交易费用高、谈判能力弱等问题；同时有效确保了农户的主体地位，防止土地流转“非农化”或“非粮化”问题。

二是，注重专业化分工，极大水平提升农业生产效率。专业化分工促使不同组织之间的依赖关系实现迂回经济效果。如崇州职业经理人的发展促成代营外包模式(管理与知识交易)，社会化服务超市促成了代耕外包(技术与劳务交易)模式，促进农业分工与专业化。射阳县利用地方政府信用担保这种公共资源，增强了农户参与土地流转的意愿，较好地解决了工商资本投资农业过程中土地细碎化及谈判成本、道德风险较大等问题，同时，土地信托经营机构可利用自身优势，以土地经营为平台，在农业生产与科学管理上有效整合资源，引入更多社会主体参与其中，有序推动农业产业化分工和农村产业结构调整进程。

三是，村级组织具有较强的组织动员和协调治理能力。基层村级组织的动员和协调治理能力是推动异质性、多元性农户土地集中连片经营的不可替代的内部力量，同时在推动制度创新方面发挥着重要的能动性。

四是，具备较完善的农业生产社会化服务体系。土地适度集中与规模化经营离不开农业生产社会化服务组织的支撑，二者相辅相成、相互促进。在土地集中流转和规模经营发展水平较高的地区，农机、植保等各类专业社会化服务组织门类齐全、服务专业，反过来又能推动农业适度规模经营的进一步发展。

五是，利益分配要具有公平性。从微观层面而言，有效确保了各个参与主体的权益，并调动了各方的积极性。首先，确保分散农户在稳定自主经营权基础上脱离小农经济的局限性，能够参与社会化分工，保证其经营决策的主体地位；其次，职业经理人通过企业经营与规模经营，实现创业增收；最后，社会化服务组织通过专业化与生产性服务外包，实现农业从土地规模经营向服务规模经营过渡。

六是，处理好政府与市场的关系。推进必须抓好后续产业的发展，这样的土地适度规模经营才具备可持续性。因此，要以市场为导向，明确政府在土地规模经营后的产业发展中的职能。应采取财政、信贷等多元支持方式，侧重于提高土地生产力，加快田间基础设施建设，为促进土地流转、加快产业发展打好基础；加快一、二、三产业融合发展，实现农业多功能化，使农户在土地流转中可以获得更多收入。

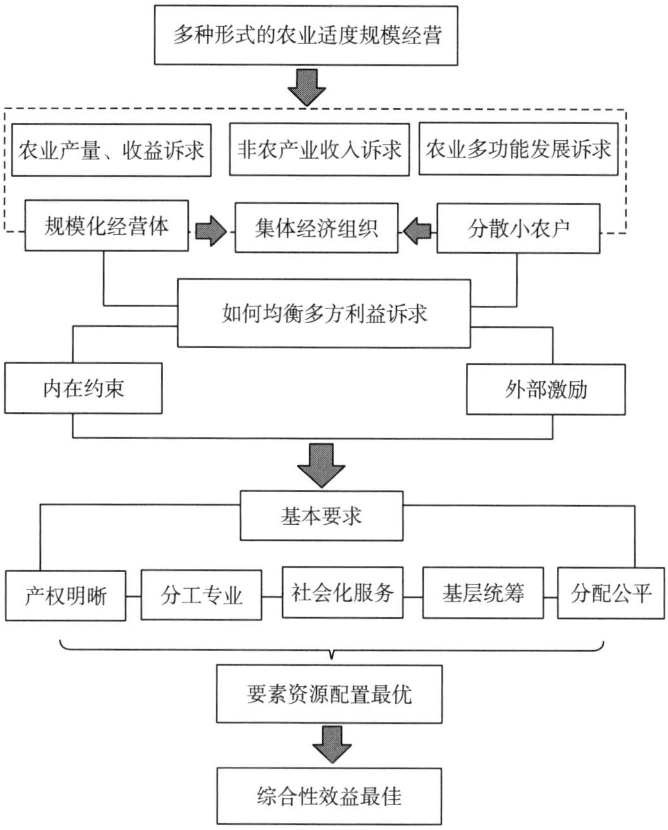

图 6-10　多种形式农业适度规模经营形成机制

另外，从各地调研案例中发现，承包地“三权分置”是推动实现农业适度规模经营的重要指导方针，各地实践多以此作为理论指导。但由于各地资源禀赋、经济发展水平、人地关系差异较大，以农地为核心的适度规模经营发展既需要因地制宜探索多元化方案，也需要合理规划。首先，加快推进农村土地确权登记颁证工作，提升农村土地承包管理服务的信息化与智能化水平。其次，侧重优势、培育典型，积极探索多元化“三权分置”创新实践模式。通过土地集中型或服务集中型，拓展承包地三权分置的有效实现形式。最后，完善农地金融二级市场建设，进一步推动农村土地流转。建立信用担保体系、搭建充分的土地信息和高效的交易平台，促进农地抵押贷款。

此外，需强调的是，随着农业多功能属性的发展，农业产业链的横纵向拓展还带有规模经济和范围经济效应，而这些效应的产生均离不开上述的六点要求，甚至有着更高的产业标准和主体权能的界定。

6.8 实行多种形式农业适度规模经营中需规避的盲区

6.8.1 各地推进农地“三权分置”中的共性问题

一是，多地农村承包地流转程序依然不规范。流转协议中“口头协议”较多，有的虽然签订了书面协议，但内容也极不规范，有的是由村委会直接参与与投资业主签订合同，没有农户的书面委托，这也为土地流转纠纷埋下了诸多隐患。二是，土地流转纠纷多、风险大。由于自然灾害、市场变化、经营不善等原因，即使签订了书面合同，也存在诸多纠纷问题。有农户收不到租金，有农户违反流转协议；有业主违反协议，不支付流转费甚至“跑路”；有村组不经过农户书面委托擅自与业主签订流转协议；有业主擅自改变农业用途，修建硬化设施，破坏耕地，不利于产业集中连片规模化发展。三是，流转土地经营权的确权颁证率低。据课题组在四川的典型性调研，目前已经流转的土地承包权、经营权分置不到位，90%以上的流转土地没有获得经营权证，导致经营权再流转、抵押融资等难度较大。农地经营权无法实现从“资源”向“资本”的有效转包，影响了土地效益的充分实现，也容易加剧业主资金链的断裂风险。

6.8.2 仍然存在盲目追求土地流转规模的现象

一是“怎样的流转规模是适度的”缺乏认定标准，经营者为实现一定的经济目的，对土地的流转规模进行人为操作。以四川省为例，2015 年四川省委办公厅、省人民政府办公厅印发《关于进一步引导农村土地经营权规范有序流转发展农业适度规模经营的实施意见》，要求对土地流转面积 30 亩及以上、100 亩以下的，由乡镇政府组织审查；100 亩及以上、500 亩以下的，由县级农业行政主管部门组织审查。在具体实施过程中，审查部门能否对流转经营者的真实目的进行准确研判，依然存在问题。如为获得更多补贴，经营者先一次性大规模流转，之后再向小业主分包经营。调研发现，某经营者为达到扶持补贴门槛，一次性流转近 5000 亩土地用于蔬菜生产，获得当地流转分级补贴的最大额度。但该经营者又按照每宗 100～200 亩的规模转手给其他经营者，成为当地农民口中的“流转补贴贩子”。又如，为增加设施农业用地规模，经营者将土地流转化整为零。据四川省相关规定，作物种植设施用地规模控制在种植面积的 1%～5%，但每宗不超过 10 亩的标准划定设施农业用地。但有的经营主体为了用设施用地建设餐饮、棋牌、住宿等临时设施，将 1 宗地变为 5 宗地，每宗地按照 10 亩的标准划定设施农业用地，影响了农用地规范管理。

二是乡镇经管站撤销导致土地流转难以有效统计，农业行政部门反映摸不清家底，相关的政策制定也难以做到精准施策。由于缺乏专职经管人员，县级以上层面对农村基层情况和数据的掌握逐渐弱化。以自贡市为例，2016 年全市土地流转超过 1000 宗，但是土地流转在乡镇甚至村级层面手续就办完了，真正报到该市农村产权交易中心的只有 6 宗。摸不清家底成为土地流转领域精准施策的最大障碍。

三是作为土地流转的新探索，农村土地承包经营权有偿退出机制尚未理顺。首先，补偿标准过低导致农户缺乏承包地退出动力。以内江市市中区为例，补偿标准是 800 元/(亩•年)，当地 600 元/(亩•年)的土地流转租金加上地力补贴也接近 800 元/(亩•年)，补偿标准与流转的收益相差无几，没有优势。农户承包地退出后就失去了未来征地赔偿的希望，用农户的话来说叫“捡了芝麻丢了西瓜”。其次，补偿政策存在锦上添花有余而雪中送炭不足的问题。从目前农民承包地退出的资格来看，需要农民同时满足在城镇有至少一套房产、已购买社保、有稳定工作、有稳定收入等条件，但满足这些条件的居民一般生活富裕，也不太看重土地的退出补偿。调研发现，农村子女在外打工、自身劳动能力较差的 50 来岁的农民，承包地退出的意愿较强，但希望集体能为其购买社保。购买社保一般在 5 万元以上，远超当前补偿水平，村集体难以实现。再次，受农户青睐的承包地长久退出在本质上仍属于中长期流转范畴。内江市市中区采取的永久退出、长久退出比较典型，其中永久退出是永久放弃土地承包经营权，按照 3 万元/亩补偿；而长久退出是指土地退出到 2028 年第二轮土地承包到期为止，每亩补偿 1.2 万元。愿意永久退出的农户一般有两种：一种是在城镇从业，家庭条件很好，只希望能“斩断农根”；另一种是目前手中急缺资金，靠土地退出的补偿救急。更多的农户倾向于退出到 2028 年，既能一次性获得资金，又保存了 2028 年后征地赔偿的可能性。

6.8.3　土地股权化、资本股份化需要谨慎稳妥推进

一是在农业欠发达地区农地承包权“确权确股不确地”埋下了隐患。调研发现，农业发达地区采用“土地股权化、资本股份化”的方式(即“确权确股不确地”)确实有利于推进农业适度规模经营，但是在农业欠发达地区则不尽然。首先，村集体新增加的耕地确权不确地，在难以实现流转时只能被动由集体粗放经营，土地杂草丛生。以四川省巴中市巴州区化成镇白庙村为例，该村将建设用地指标按照 29.5 万元/亩价格卖给成都后，由集体管理新增复垦耕地。但目前因没有新的业主接手，而只能种植李树粗放管理，成了“烫手山芋”。其次，一些地方“确权不确地”，在工商主体跑路后土地难以恢复原状，容易造成集体和农户的纠纷。事实上，从四川调研来看，尽管“确权不确地”这种方式更易于吸引资本，但客观上也存在工商资本跑路后村民找政府要剩余年限流转租金，“只认政府不认合同”的风险。再次，在落后偏远地区，承包权“确权不确地”实质上也使土地承包权的客体虚化不特定，易导致农用地的用途改变，使得非农化风险加大进而危及生态安全和土地安全。

二是农村承包土地经营权抵押贷款遭遇金融机构参与动力不足的难题。首先，“两权抵押”中“一社一行支三农”的情况突出。目前，开展“两权抵押”贷款的银行主要是地方性法人机构，如农信社(含农商、农合行)、邮储银行等，占贷款笔数的 70%以上(贷款总额的 50%以上)。被调查银行普遍认为开展此项工作有困难或没有必要，主要原因是总

行有产品开发权，分支机构开办该类抵押贷款需要得到总行授权，尤其是县域网点更无权确定是否开展相关试点；农户承包土地经营权证件不齐全，无法办理抵押业务；地方政府的风险担保作用有限，市场的分担机制不完善；收益太低。其次，抵押价值有被低估倾向。目前试点地区的做法主要是参考同类地区或同种土地农户之间流转的租金来确定，这种确定价值的方法实际上是农地经营权的用益物权的一种评值办法，一般评的价值比较低，虽然金融机构比较欢迎，但不利于解决农民贷款“两难”问题。

6.8.4 山区小块田地流转需要避免行政强制干预

山区小块田地经营主要面临机械化程度低、粗放经营且流转意愿低、新一轮山区土地退耕还林的农民积极性低等问题。

一是山区农村土地基础设施落后，机械化水平低。山区农村的交通设施相对落后，道路狭窄，大型机械车辆无法通行或无足够操作空间；灌溉农田的水利设施不完善，很多地区农作物靠雨水、山涧水来浇灌，处于“靠天吃饭”的状态。同时，对适合山区作业的小型机械的研发应用少，已有的机械又存在价格高、使用率低、维修困难等问题，土地转入者流转土地后，要实现机械化生产，需要大量的前期投入，而这些前期投资金额大，周期长，见效慢，风险高，因而缺乏对土地转入者的吸引力。调研组在达州调研时，宣汉县有农民反映他们的机耕道只有 1 米多宽，不要说拖拉机、旋耕机等中型设备，就是三轮车通行都很费力。

二是农民转出土地积极性不高，土地以粗放经营为主。究其原因，首先，转出土地的补偿标准低。由于基础设施落后、土壤产出率低，山区农地的价值含量不高，市场交易价格偏低，巴中、达州等地有些土地流转仅 30 元/(亩·年)，有的甚至是无偿的。农民转出土地得不到理想的补偿，对其生活质量并不会有明显改善，因而积极性不高。其次，土地对山区农民仍承担着收入、就业和保障功能。山区非农经济不发达，农村过剩劳动力不能稳定转移，而社会保障体系保障功能又偏低，土地仍是基本生活资料的最后保障，离开土地就会失去安全感，因此也不愿转出土地。再次，随着各地土地流转速度加快，出现很多“挂着羊头卖狗肉”的业主，他们在山区低价格转入大量土地后，却用来种植桉树等强烈降低肥效的经济林，或者从事牲畜饲养造成环境污染，严重损害了农民利益，因此山区农民心存担忧而不敢贸然转出土地。

三是山区土地流转收益等于或超过退耕还林补贴，导致退耕还林目前进展缓慢。2017年四川新一轮退耕还林开始，补贴由原来的 300 元/(年·亩)上调至 400 元/(年·亩)，共补贴 8 年，且前 5 年补贴可一次性支付，总计补贴 3200 元/亩。但调研组在宜宾、泸州等地调研时发现，新一轮退耕还林在适宜推进的重点区域进展缓慢，主要原因是这些区域的山区田地流转费用达到 150～200 元/(年·亩)，且不受 8 年的时间限制，因此农民更倾向于低价格流转土地而非退耕还林。

6.8.5　正视部分地区土地流转风险上升的现实问题

(1) 土地流转风险上升问题。目前土地流转费用过高，在农产品价格低迷的背景下，土地流转风险在上升。在成都一些地区，土地流转费用达到 1000～1600 元/亩，过高的流转费用直接侵蚀了农业经营利润。黑龙江土地流转费用平均为 400 元/亩，受粮食价格持续低迷影响，克山县等地出现了粮食规模经营主体减小经营规模、减少流转数量的趋势。不少地方出现合作社、大户、企业不再续签土地流转合同的情况，个别地方甚至出现了流转土地规模较大的企业因经营亏本“跑路”的现象。

(2) 土地退出补偿和毁约风险问题。大部分试验区的“退地”试验仍处在起步阶段，取得的主要制度成果是探索出了退地的几种途径和方法，退出前后的一系列问题还并没有得到根本解决。一是价值评估问题。确定交易价格至少需要考虑承包面积、承包期限和土地条件，因此难以准确评估土地承包价值。二是资金来源问题。集体回收土地承包权需要一次性支付补偿金，而收取的土地租金大多是按年支付。这种期限错配导致村集体往往缺乏足够资金回收土地承包权。如果为了减少村集体的资金压力，要求转入土地的经营主体一次性支付若干年租金，又会大大增加他们的资金压力，并可能刺激其盈利动机，加剧土地“非粮化”。

(3) 毁约风险问题。由于退地农民仍是集体经济组织成员，如果将来再度主张自己的土地权益，集体很难获得法律支持。开展承包土地退出探索，需要加强改革放权，并从更高层面统筹谋划。

第7章 多种形式农业规模经营在发达国家的做法与启示

世界各国在由传统农业向现代农业的转变过程中，由于自然资源、土地制度等自然、社会、经济因素的差异，各国农业现代化的路径和模式不尽相同。当今市场经济国家的农业规模经营大致可以分为三种类型：一是以美国、加拿大、澳大利亚等国为代表的第一类，这类国家人多地少、劳动力资源短缺，走的是企业性或商业性大中型家庭农场占优势的规模经营，农业现代化的建设路径是大幅度提高劳动生产率，在机械化得以实现的基础上重点转向生物技术，最后实现农业现代化；二是以日本、荷兰等国为代表的第二类，这类国家人多地少、劳动力丰富，中小型家庭农场占多，其农业现代化的建设路径是大幅度提高土地生产率，在生物技术的基础上发展机械技术，实现农业现代化；三是以英国、法国为代表的第三类，介于前两类之间，现代农业建设的路径是土地生产率和劳动生产率双重提高(张士云等，2014)。但无论是哪一种类型的农业现代化进程，都是由传统的分散经营的小农经济向集约化、规模化现代农业经济转变的过程，在这一过程中，农业生产经营主体数量不断减少、规模不断扩大，农业规模经营是农业现代化的必然选择。

欧美国家人少地多，在现代化推进过程中，农村劳动力转入非农产业，农村经济比例逐步下降，却依然保持城市化、工业化高速发展，这与不断扩大土地规模经营是分不开的。美国是资本主义国家中典型的土地私有制国家，它的农业生产发展经历了一个由小规模分散粗放型家庭经营到家庭适度规模经营阶段，最后发展到现代化的专业化综合型家庭大规模经营阶段。加拿大在历史上由于过度开垦导致土地退化严重，伴随着高度发达的农业机械化设施，其土地规模经营以大型家庭农场为主。亚洲一些人多地少的国家同样经历了农地向规模经营的转变过程。日本土地呈现出零星分散、私人所有、小规模家庭经营等较为突出的特征。农户人口高龄化的程度远远高出总人口高龄化水平；骨干农业劳动者减少且年事偏高；农业接班人缺乏；兼业户中第二兼业户[①]的比例大为提高，农业副业化现象突出；弃耕耕地增加，耕地利用率降低等方面的因素都决定了日本农地经营规模必将出现扩大趋势。法国、荷兰作为西欧发达国家，在规模经营上有着与日本类似的地方，它是小农经济占优势的国家，土地经营规模小，土地占有关系不平等，土地集中政策成为政府农业土地政策的重点。

可见，世界上很多国家在农业发展过程中都面临经营小块土地规模不经济的问题，从而采取农地规模经营的策略，并且农地经营规模随着生产力发展表现出逐步扩大的态势(表7-1，表7-2)。

① 第一兼业户，指农户家庭收入中的务农收入高于非务农收入；第二兼业户，指农户家庭收入中的务农收入低于非务农收入。

表 7-1　不同国家人均耕地面积比较　（单位：公顷）

国家	1995 年		2000 年		2015 年	
	总人均	农业人口人均	总人均	农业人口人均	人均	农业人口人均
美国	0.683	3.01	0.622	2.98	0.474	2.58
加拿大	1.551	7.00	1.489	7.26	1.217	6.69
澳大利亚	2.219	15.96	2.47	19.30	1.934	18.25
巴西	0.358	1.60	0.330	1.76	0.389	2.72
阿根廷	0.775	6.57	0.746	6.84	0.903	11.01
法国	0.305	1.22	0.301	1.25	0.277	1.35
日本	0.037	0.17	0.035	0.16	0.033	1.97
荷兰	0.057	0.21	0.057	0.25	0.061	1.56
中国	0.099	0.14	0.094	0.15	0.087	0.20

数据来源：https://data.worldbank.org/.

表 7-2　不同国家土地分散程度比较

国家	年份	平均地块大小/公顷	户均地块数/块	家庭经营规模/公顷
印度	1960～1961	0.46	5.7	2.6
荷兰	1950	2.3	3.2	7.4
比利时	1950	1.1	6.8	7.5
联邦德国	1949	0.7	10.0	7.0
罗马尼亚	1948	0.9	6.6	5.9
希腊	1950	0.5	5.6	2.8
西班牙	1945	1.6	7.0	11.2
中国	1929～1933	0.38	5.6	2.1
中国	1999	0.087	6.1	0.53

资料来源：谭淑豪，曲福田，尼克·哈瑞柯. 土地细碎化的成因及其影响因素分析. 中国农村观察，2006(6)：24-30.

7.1　美国农业规模经营的做法与启示

美国农业无疑是当今世界最发达、生产力水平最高、最具代表性的现代农业之一，在世界农业中占有巨大份额，其发展模式是农业现代化的典型范式。美国农业的成功很大程度上归功于其家庭农场模式的成功，美国用仅占全国 1%人口的农业劳动力养活了 3 亿多美国人民，还推动其发展成为世界上最大的农产品出口国。美国农业生产组织体系中最核心的单位是家庭农场，围绕家庭农场还催生了各类农民合作社、农业企业、农业协会和社会化服务组织等生产经营主体和服务主体，同时，国家农业支持保护政策基本围绕家庭农场演变而调整(张红宇等，2017)。为推动家庭农场适度规模经营扩大，美国政府在信贷支持、利息调节、价格补偿和政策倡导等方面给予了支持(丁关良，2010)。

7.1.1 美国家庭农场发展现状

在美国，通常将农场定义为一年销售农产品在 1000 美元以上的农业生产单位，分为家庭农场和非家庭农场。其中，家庭农场是指其主要业务由家庭成员及与其有亲缘关系的人拥有，含独资、合伙或家庭公司农场，不含合作社、非家庭公司、持有不动产或信托经营的农场(杨阳，2015)。

1950 年，美国农场数量总数 565 万个，到了 2015 年农场总数下降为 206.7 万个，农场数量下降了 63.42%，但平均规模却扩大了一倍多(表 7-3)。农场数量递减并非匀速，而是呈现出逐渐放慢的态势。20 世纪 50 年代平均每年减少 17 万个，60 年代平均每年减少 10 万个，70 年代平均每年减少 5 万个，80 年代平均每年减少 3 万个，进入 20 世纪 90 年代以来，农场总数已开始趋于稳定。据美国农业部数据显示，2015 年，美国共有 206.7 万个农场，其中接近 99%是家庭农场，种植业农场占据 8 成左右，其余为畜牧业农场。同时，鉴于美国农业劳动力价格增势明显高于土地、机械等要素价格的上涨速度，因此，美国农业具有节约劳动力、降低劳动力对农业生产贡献率的趋势，促使家庭农场不断通过科技与机械投入扩大经营规模，农业人口的减少也不会对农业生产造成障碍，反而促使美国单位农场规模化经营程度不断提升。从土地规模化趋势来看，自 1982 年以来，美国农场的平均面积变化不大，但其中点面积逐年增加。1982 年，美国农场的中点面积仅为 600 英亩，约为 243 公顷，相当于我国的 3642 亩，到了 2012 年，该指标则超过了 1200 英亩(7284 亩)，表明美国农场规模的扩大化趋势十分显著。

表 7-3　2007～2015 年美国农场数量、土地规模和平均面积变动情况

年份	农场总量/万个	土地规模/万英亩	平均面积/英亩
2007	220.50	92146	418
2008	218.45	91860	421
2009	216.97	91759	423
2010	214.95	91566	426
2011	213.12	91442	429
2012	210.98	91460	433
2013	210.20	91403	435
2014	208.50	91300	438
2015	206.70	91200	441

注：1 英亩≈0.4047 公顷≈6.07 亩；数据来源：美国农业统计年鉴。

1. 大规模家庭农场占据明显主导地位

美国大规模家庭农场占据着全国农业生产的主导地位，并呈现出规模越大、机械化水平

越高，区域化与产业化相结合的特征。由表 7-4 可见，小规模家庭农场数量接近 9 成，其经营的土地面积还不足五成，为 48%，其创造的农产品产值比重也仅占 24.2%。大规模家庭农场尽管只占农场总数的 2.9%(大型农场占 2.6%，超大型农场占 0.3%)，却是市场农产品的主要提供者，占据着 23%的土地经营面积，农产品供应量达到 42.4%的市场份额。可见，经营的规模化可以有效促进农业产业化、机械化，促进农业产值提升。受市场竞争驱动和美国政府鼓励农地规模经营的系列优惠政策影响，越来越多的家庭农场主要通过租赁土地扩大农场规模或吞并邻近规模较小、经济效益较差的小农场，导致小型家庭农场的数量不断减少，大中型家庭农场的数量相对固定但规模不断扩大，相应的农场平均用地规模不断扩大。

表 7-4　美国各类农场数量、土地经营面积与农产品产值比重比较(%)

分类	农场数量比重	土地经营面积比重	农产品产值比重
小规模家庭农场	89.7	48.4	24.2
中等规模家庭农场	6.1	22.5	22.8
大规模家庭农场	2.9	23.0	42.4
非家庭农场	1.3	6.1	10.6

数据来源：https://www.ers.usda.gov/webdocs/publications/81408/eib-164.pdf?v=42709.

2. 大农场的规模竞争优势较明显

美国各类农场经营利润及其风险见图 7-1。

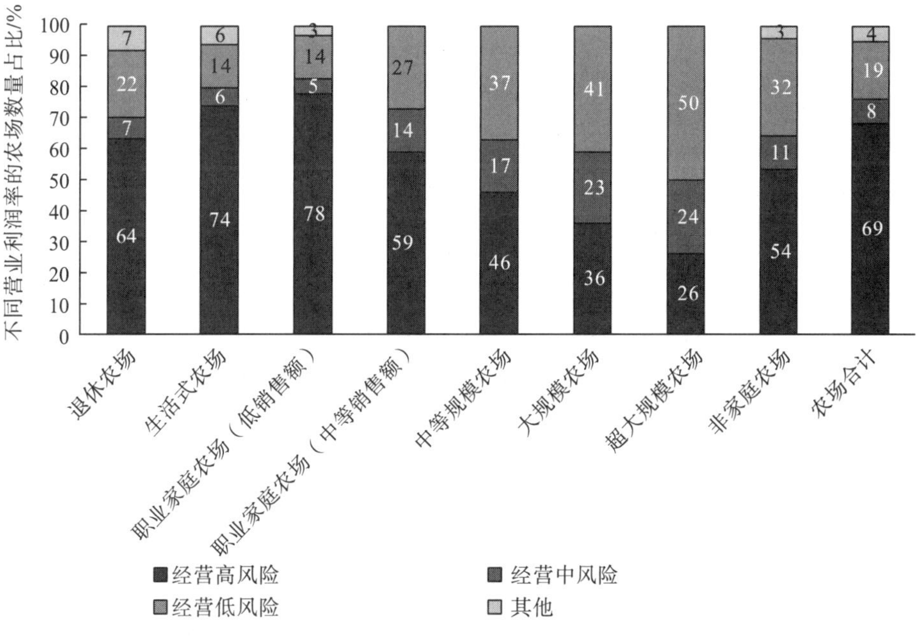

图 7-1　美国各类农场经营利润及其风险比较

首先，从财务情况来看，农场大规模化生产有利于农业收益的提升，通常表现为农场规模越大，农场的财务绩效越佳。以玉米、大豆、小麦农场为例，将其种植规模划分为100英亩以下、100～249英亩、250～499英亩、500～999英亩、1000～1999英亩和2000英亩以上。从表7-5中可以发现，农场的规模越大，其净收益率越高，小规模家庭农场的净收益率甚至是负的。可见，美国农场的规模经济效应十分明显，大规模农场促成了较低的生产成本和较高的利润回报率。另外，每英亩收获面积上的劳动投入和资本(设备)的使用量随着农场规模的扩大呈现出明显的递减趋势，可见，随着家庭农场规模的扩大，农场越来越表现出高度机械化和集约化特征。

表7-5 2008～2011年玉米、大豆和小麦农场劳动和资本亩均投入量和净收益率比较

类别	作物	低于100英亩	100～249英亩	250～499英亩	500～999英亩	1000～1999英亩	2000英亩以上
劳动：每英亩投入的工作时间/小时	玉米	38.6	12.3	7.8	5.7	3.5	2.7
	大豆	45.7	10.4	7.3	5.8	3.8	3.0
	小麦	40.4	8.7	5.8	5.3	3.2	2.2
资本：每英亩投入的设备价值/美元	玉米	2532	847	683	568	505	432
	大豆	2880	826	640	535	387	332
	小麦	3325	588	396	320	278	242
净收益率/%	玉米	−0.9	1.2	2.9	4.8	5.3	8.0
	大豆	−1.3	−0.03	1.1	1.7	5.4	8.2
	小麦	−2.6	−0.6	0.6	0.4	4.6	5.5

注：表中三类指标数据值反映的是2008～2011年的平均值；数据来源：USDA Economic research service, Economic research report，2013.

其次，从农场经营风险来看，大规模农场相对于小规模农场而言，其经营风险较小。通常而言，大规模会伴随着高风险，但美国大规模农场通过不断地整合、兼并小型农场，逐步凸显了其相对于小规模经营主体的比较优势，劳动力和资本更加集中，能够将组织、谈判、契约成本降到最低，极大提高了运营效率和降低了市场营销风险。据美国农业部统计，2015年，有59%～78%的小规模农场存在经营高风险，其营业利润率还不足10%；仅14%～27%的小规模家庭农场经营风险较低，其经营利润率在25%以上。相比较而言，大约37%的中等规模家庭农场和41%～50%的大规模农场的经营利润率高于25%，且大多数中等规模和大规模家庭农场的经营风险相对较低。

3. 农场专业化程度及产值日趋提升

根据地域资源禀赋的差异性和农作物生长的适应性，全美共分为10个“农业产业带”，每个区域专业化种植1～2种不同农产品，如北部平原为小麦带，中部平原为玉米带，南部平原和西北部山区为畜牧带等，充分利用自然条件，发挥地区优势，便于大规模使用农业机械设备，提高农业生产技术，有效降低生产成本，形成农业生产的高度区域化和产品专业化。以此区域化布局为基础，地处不同区域的家庭农场通常情况下也只生产1～2 种农产品，并实现了生产经营的商品化和专业化。同时，借助完善的社会化服务体系，以家庭农场为单位的主体联盟积极与服务于农业的组织通过契约形式相连接，家庭农场主往往只承担某种产品部分环节的生产活动，其余诸多职能都移交给农业专门服务机构，进一步形成了风险共担、利益共享的联合体。农场专业化水平的提升有效推高了农业产值水平，1970 年，农场每英亩的农业产值为 196 美元，2005 年，每英亩的农业产值升至 1510 美元，2015 年进一步提升至 3020 美元。正是这样高度规模化和专业化的农业生产经营模式，促使美国农业长期在世界上保持高产出、高效率和高竞争力的地位。

4. 家庭农场能够实现较高收入水平

美国家庭农场的收入水平普遍增加，2000 年以来美国家庭农场收入已经明显超过城乡居民家庭的年均收入水平，且二者收入差距仍处于扩大态势(表 7-6)。据美国农业部统计资料，仅 31%的家庭农场农户收入低于美国家庭平均收入。2000 年，美国家庭农场户均收入是美国家庭平均收入的 1.09 倍，到 2015 年为 1.51 倍。另外，美国家庭农场主收入渠道多元化，分为农事收入和非农收入。通常情况下，家庭农场规模越大，其农事收入比重越高。而农场主的非农收入又包括了来自非农自主创业或者工资类收入，或利息、股息、社会保障、政府项目、赡养费、养老金、不动产或者信托纯收入以及个人退休金等，有效保障了美国家庭农场主较高的收入水平。

表 7-6 美国家庭农场农户平均收入与美国家庭平均收入比较

	2000 年	2001 年	2002 年	2003 年	2004 年	2005 年	2006 年	2007 年
家庭农场农户平均收入(A)/美元	62223	63983	65761	68597	80604	81317	81043	88796
美国家庭平均收入(B)/美元	57135	58208	57852	59067	60466	63344	66570	67609
A/B(%)	108.91	109.92	113.67	116.13	133.3	128.37	121.74	131.34
	2008 年	2009 年	2010 年	2011 年	2012 年	2013 年	2014 年	2015 年
家庭农场农户平均收入(A)/美元	79796	77169	84458.72	87290.06	111524.28	121119.76	134164.3	119880.01
美国家庭平均收入(B)/美元	68424	67976	67392	69677	71274	75195	75738	79263
A/B(%)	116.62	113.52	125.32	125.28	156.47	161.07	177.14	151.24

注：https://www.ers.usda.gov/data-products/farm-household-income-and-characteristics/farm-household-income-and-characteristics/#Farm Household Characteristics.

7.1.2 美国家庭农场经验做法

美国家庭农场的发展模式表现为大规模家庭农场不断兼并小农场，积极整合劳动力、土地和资本，促使小规模分散农场数量不断减少，推动运营管理朝着专业化和低成本化发展，大大降低了市场营销风险，进而实现规模经济效应。而在美国农场规模化发展进程中，政府发挥了极其重要的作用。

1. 稳定清晰的土地产权

美国农场土地产权清晰，农场主对农场具有自主支配权。政府通过法律和制度规范建立了稳定、清晰的农地产权，既有利于降低家庭农场主及相关利益主体之间契约的不完备性和不确定性，同时又能鼓励农场主在政策许可范围内进行土地自由买卖、转让、租赁或抵押，实现规模化生产经营的目的。根据市场需求的变化而改变生产与经营管理方式，并引导分散农户向家庭农场集中，发展适度规模经营。机制健全的土地市场为农村土地资源利用效率的提高及经济发展提供了保障(徐琪峰，2018)。此外，通过在土地资源保护与合理开发方面，以及严禁农用地向非农土地流转等方面设立法律，有效防止了土地无序开垦和盲目扩张。这些法律政策对家庭农场经营主的经营行为的努力程度和投资行为产生了强烈的正向激励作用，大大提升了农场的经营效率和效益。

2. 完善的社会化服务体系

美国农业社会化服务体系的形成伴随着美国商品农业的发展，经过 100 多年的发展，目前已经十分完善。通过立法手段，美国农业逐渐形成了较为完备的“农业教育—农业科研—农业推广”的社会化服务体系，其主要服务形式是“公司+农场”“公司+农户”，以及合作供销。美国为发展农业社会化服务专门制订了各种补贴政策，包含直接补贴和间接补贴。2014 年以来，美国支农政策有所调整，美国新农业法(2014～2018 年)取消了直接支付补贴项目，加强了政府对农业保险的补贴力度，对农场主在遭受自然灾害和市场波动损失时给予补偿。随着农村经营规模不断扩大，美国逐步形成了一套农业经营主体与社会化服务体系分工合作的局面，农业社会化服务组织完全承担了种养殖业等经营的产前、产中和产后的相关服务，很大程度上提升了美国农业社会化服务体系的专业化和规模化(周婕，2017)。同时，美国州政府也会通过一些特定项目支持家庭农场发展，如北卡罗来纳州实施农业发展和农地保护项目，通过保护农地来促进家庭农场的发展及可持续性。美国农场主们通常都会成立农场协会，为农场提供生产、经营、信贷等方面的服务，并向政府游说争取利益。

3. 政府补贴政策类多面广

美国政府的补贴政策促进农场快速大规模发展。美国对农业实行高额补贴，玉米、高粱、大麦、燕麦、水稻、大豆、油料、棉花、奶类、花生、糖类、羊毛和马海毛、蜂蜜、苹果、干豆类等约 20 种农产品被纳入农业补贴范围，品类几乎涵盖所有大宗农产品(郎秀云，2008)。由于补贴与农作物的面积和产量相挂钩，因此，主要农产品和大农场主是农业补贴政策的最大受益者，9 成以上的农业补贴集中在小麦、大豆、玉米、大麦、棉花这 5 种作物上。1994～2004 年期间，美国农产品补贴达到 1430 亿美元，其中 10%的大农场获得了补贴总额的 72%，即约有 1030 亿美元给了 10%的大农场(魏晓莎，2014)。美国对农产品的补贴实行全程补贴，一是，通过休耕补贴即休耕造成的损失进行补贴以保证农业可持续发展；二是，通过生产补贴即对农作物面积和产量进行补贴以提高农场主生产积极性；三是，通过储备补贴鼓励农场主将部分谷物储存起来以保持生产供需平衡；四是，通过出口补贴以提升其拓展海外市场的能力。2014 年美国取消农业直接补贴项目，扩大了农作物保险项目的覆盖范围和补贴额度，进一步凸显了保险在防范农业生产风险中的作用。2015 年美国全国农场的 1/6 加入了联邦农作物保险计划(图 7-2)，大约有 2/3 的中等规模家庭农场和 3/4 的大规模家庭农场加入了联邦农作物保险计划。受保险的农作物面积从 1989 年的 1.02 亿英亩增至 2015 年的 2.97 亿英亩，保额也超出了政府补贴额度。为了刺激农场主理性扩大规模，美国政府还依据农场主现有生产规模的大小，提供差别化农业补贴。

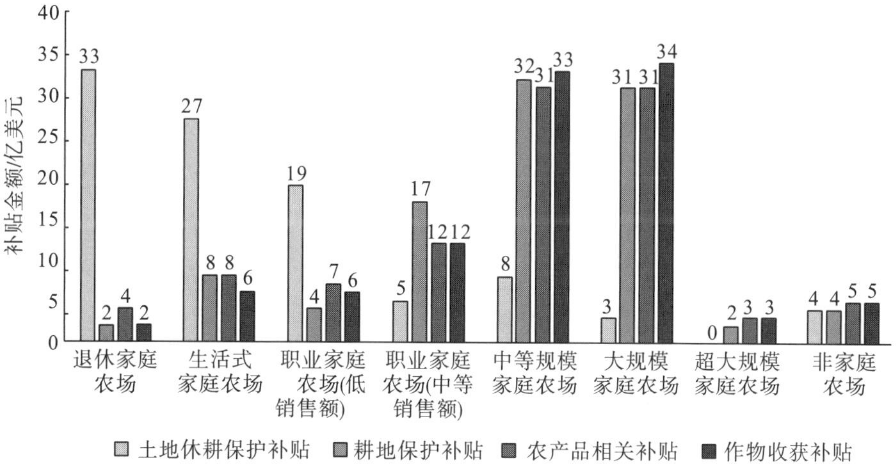

图 7-2　2015 年美国政府对各类农场的补贴分配情况

4. 重视农业科技研发推广

美国农场主以先进的科学技术作为支撑发展农场经济。美国农场的科技水平较高，具体表现为：一是农业机械化水平高。2008 年，美国每千名农业劳动力拥有的拖拉机数量为 1644.34 台，是世界平均水平的 75 倍，达到我国平均水平的 476 倍。二是现代科技手段广泛运用在农业生产中。美国高度重视生物技术在农业生产领域内的广泛应用，通过运用一系列生物技术对动植物品种进行改良，以期获得高产量、高品质，拥有较强抗病性的动植物。同时，信息化技术已经渗透美国农业的方方面面，直接促成了美国“精确农业”的兴起，对于病虫害防治、家禽疾病控制、农业资源和灾害监测等意义重大。现代科技手段的运用极大地节约了农业生产成本。三是集农业科研、教育及技术推广三位一体的科技成果推广体系发展完善，在很大程度上推动了农场的大规模化生产。可以说，美国家庭农场的成功，主要在于在科技引导下高度规模化、集约化和专业化经营。

5. 高度重视农业基础设施建设

农业基础设施是实现农业现代化的重要基础，美国农业基础设施建设十分完善，为农业现代化做出了重要贡献，尽管如此，政府仍然在持续加大对农业基础设施领域的投入力度。一是，着力推进农田水利建设。美国在全国范围内先后修建了大量的灌溉和防洪水库堤坝、排灌渠道以及铺设了大量的滴灌管网等设备，极大地提升了农业节水灌溉效率。二是，推动发展交通运输、电力供应、仓储设施等保障农业大规模经营的配套基础设施建设。三是，政府对口增加财政支出，组织建立与农业经营相关的加工、贮藏、销售等网点，配备相应技术指导人员，同时积极配置农业生产动力设备，广布农业气象站点，扩大农业气象站点的覆盖面。农业基础设施的不断完善，促进农业行业分工进一步细致化，加速了农业产业不同分工环节的联合与重组，实现了农业经营管理的“强强联合”，并使规模经济效益更为显著。

6. 注重人力资本的投资

从表 7-7 知，美国农场主素质普遍较高，尽管家庭农场主的平均年龄达到 60 岁，其中纯农户的平均年龄为 61 岁，兼业农户的平均年龄为 55 岁，但他们的文化素质普遍较高，研究生以上学历的比重竟然接近 3 成，大学学历以上的比重更是高达 54%。

美国政府机构、大学和私人企业纷纷建立与农业相关的研究机构，以应对美国农业生产实践中出现的各类问题，推动智力完善美国农业现代化发展体系。全美有 3300 多个农技推广机构和 1.7 万名农技推广人员，经常深入农村对农民开展技术培训，及时有效地把最新科研成果推广给农户。同时，美国农业的信息化水平已超出了工业水平，读报、上网早已成为美国农民日常生活的一部分，农场主可根据市场信息独立作出生产和销售决策。正是因为农场主的职业化素质较高，能够将最新的科研成果很好地应用于农业生产经营中，促使农业经济效益得到显著提升。

表 7-7　2015 年美国家庭农场经营者特征分析

项目	纯农户	兼业户	非务农户	合计(或平均)
家庭农场数量/个	918467	784513	329319	2032299
家庭成员数/人	2.5	2.8	2.0	2.5
农场经营规模/亩	4188.3	946.92	776.96	2385.51
经营者平均年龄	61	55	70	60
其中:				
35 岁以下	4%	6%	0	4%

续表

项目	纯农户	兼业户	非务农户	合计(或平均)
35 岁～44 岁	6%	12%	1%	7%
45 岁～54 岁	12%	24%	4%	16%
55 岁～64 岁	38%	40%	22%	36%
65 岁以上	40%	18%	73%	37%
经营者受教育程度：				
高中以下	7%	4%	8%	6%
高中文化	44%	34%	35%	38%
大学文化	26%	28%	26%	27%
研究生及以上	23%	34%	31%	29%

注：https://www.ers.usda.gov/data-products/farm-household-income-and-characteristics/.

总体来说，美国家庭农场的扩张与农业生产技术的革新、生产资料市场的变化、农场主人力资本的提高，以及这些因素的相互作用紧密相关。通常，较大的农场有着更高的单位资本、单位生产资料、单位劳动生产率和单位资本回报率。

7.1.3　美国家庭农场发展经验对中国的启示

结合我国农业高成本、低效率的现实农情，借鉴美国经验，我们认为，发展壮大家庭农场是实现农业现代化，推动工业化、城镇化、城乡融合发展的重要途径，需要着重从以下几个方面推进。

1. 加强家庭农场规范化建设

无论在理论中还是实践工作中，我国关于家庭农场的认定标准、登记管理与支持路径均存在较多分歧，甚至很多地方将家庭农场的数量发展纳入政绩考核机制，导致家庭农场数量与质量发展严重失衡，因地制宜、因境施策的家庭农场规范化建设较为滞后。家庭农场规范化建设涉及基础设施建设、经营主体合规性、管理规范程度、生产标准化以及经营市场化等方面，实践中不难发现，我国家庭农场注册规定的缺失、土地流转的制约、基础设施建设的薄弱、资金周转的困难等，均成为阻滞家庭农场规范化建设的关键问题。鉴于此，首先，家庭农场自身要积极探索和创新发展模式，坚持标准化生产、专业化分工，及时调整新品种和新技术，与大市场有效衔接。其次，政府对于家庭农场的认定标准应立足于不同地域的农业特点，要体现地方特色；同时，各职能部门也要积极发挥自身作用，加大对农场种养殖技术、农机化作业、农场制度建设、基础设施建设等方面的支持力度，改善其生产经营环境，推动家庭农场发展成为新型农业市场主体的生力军。

2. 稳步推进家庭农场适度规模发展

就我国人多地少的实际农情而言，家庭农场实现了土地集中，扩大了土地规模，是适度规模经营的主体，可以合理控制生产品种和数量，有利于农业市场的稳定性和降低经营风险。土地流转是发展家庭农场的前提和基础，目前，农村土地承包经营权确权不到位、权能不完善，农村土地流转服务平台不健全、流转信息不畅通，工商资本盲目下乡租地，推动租金过快上涨，都使家庭农场扩大经营规模面临不少困难。伴随着城镇化进程的推进，部分农户的生产经营规模会逐步扩大，但在很长一段时间内，注定是大规模小农户和适度规模的家庭农场并存的局面，同时还要统筹协调好家庭农场与其他新型经营主体之间的关系，家庭农场的发展必然具有长期性和艰巨性。因此，需在持续稳定小农生产的基础上，健全土地流转机制和促进农村劳动力有序转移，因地制宜、分类指导，推进适度规模经营的家庭农场发展，坚决制止拔苗助长、一哄而上的现象，稳步推进家庭农场适度规模发展。

3. 有效提高农业社会化的服务水平

美国家庭农场的经营经验表明，社会化服务是农业土地集聚、规模化经营和专业化生产的需要，经营者采纳农业社会化服务有利于降低经营成本、规避财务风险、提高生产效率。我国农业社会化服务水平与农业经营主体需求尚有较大差距，在推进农业社会化服务进程中，要鼓励和引导社会力量参与公益性服务，政府购买服务仍是趋势。要加快构建新型农业社会化服务体系，培育多元化、多形式、多层次的农业生产服务组织，做好产前的农资供应、市场信息服务，产中的农业技术指导、农机协作服务，产后的贮藏、加工、物流和销售服务等，为家庭农场提供服务保障。

4. 建立有效的农业风险防范机制

从美国农场发展特征来看，农场规模越大，经营风险反而相对越小，其财务绩效表现得越好。而在我国，家庭农场生产经营过程中面临着过度规模化、生产成本高、市场价格波动大、资金链易断、自然灾害等诸多风险，因此，政府有必要采取多重举措提高家庭农场生产效率和抗风险能力。面对家庭农场生产成本上涨的压力，政府应通过引导农地经营权有序流转，推动土地适度规模集聚，避免地块过于分散，并通过构建农地产权交易平台降低农地交易费用。对于农业生产经营风险，政府要发挥“托底”功能，采取分阶段、动态式补贴，补贴对象侧重新型农业经营主体，补贴资金要向家庭农场这类适度规模经营主体倾斜。对于农产品市场风险，政府可以指导建设农产品价格信息发布与预测平台，帮助农户对农产品价格趋势做出理性预判，从而调整农产品生产结构。对于自然风险，政府可通过推行政策性农业保险有效分担，从而最大限度降低农民损失。在面对资金短缺风险的时候，可以通过大力发展农村金融服务体系为家庭农场提供“一揽子服务”，涉及推行面向家庭农场的金融产品，创新家庭农场贷款担保方式，协助农场财务管理以及提供农场风险补偿等服务。

5. 加强对家庭农场经营主的培训力度

目前，我国大多数家庭农场发源于传统的承包农户，农场经营者文化素质水平总体较低，缺乏专业技能和经营管理能力。因此，政府层面要统一思想和转变观念，注重农业职业教育，强化对家庭农场主的技术培训，同时还要尽可能提升家庭农场主的文化素质、商品意识、信息意识和市场意识，着力提升其经营管理水平。为村干部、农民企业家和种养殖大户这类潜在农场主提供转型发展平台，并通过完善相关政策措施支持和引导农业职业院校毕业生、务工返乡人员以及那些立志从事农业创业的骨干农民创办家庭农场。切实加强家庭农场发展后劲。

7.2　日本农业规模经营的做法与启示

日本农业一直以来都是以家庭劳动的小农经营为主要特征，从 1880 年至今的 100 多年历史中，日本户均耕地面积仅从 1.0 公顷发展到 2.1 公顷，即便到了 2015 年，日本人均耕地也仅 0.033 公顷，户均耕地面积也仅为 2.14 公顷(表 7-8)。因此，日本现代农业的发展在一定程度上饱受诟病，与中国同样面临着务农劳动力老龄化、耕地面积不断减少、农地撂荒现象蔓延、农业接班人断层等严峻挑战。此外，日本对农业的重金补贴又造成了沉重的财政负担，以及为保护国内市场对进口农产品征收的高额关税，对日本农业农村可持续发展产生了严重阻滞。尽管如此，日本仍能从本国资源禀赋特征出发，通过不断创新改进农地制度、加大农业科技投入力度、大力扶持农业合作组织、培育农业专业经营者、提供财政和信贷政策倾斜等一系列措施，实现了由传统分散经营的小农经济向集约化、适度规模化的现代农业的转变，为以小农经营为主的传统农业国家实现农业现代化树立了典范。

表 7-8　日本农业就业人口人均可耕地面积变化情况

年份	农业就业人口数/百万	农业就业人口占社会劳动力比重/%	可耕地面积/万公顷	农业就业人口人均可耕地面积/(公顷/人)
1950	1600.0	—	585.8	0.37
1960	1339.0	—	607.1	0.45
1970	1025.2	18.77	579.6	0.57
1980	697.3	10.42	546.1	0.78
1990	451.0	7.22	524.3	1.16
2000	326.0	5.06	483.0	1.48
2015	209.7	3.58	449.6	2.14

数据来源：日本统计官网，http://www.stat.go.jp/.

7.2.1 日本推行农业适度规模经营的背景分析

1. 食物自给率低，大量依赖国外进口

食物问题关系到一国的国家安全与社会稳定，无论是基于热量计算的食物自给率还是基于生产金额计算的食物自给率，日本食物自给率自20世纪60年代以来持续下跌（图7-3，表7-9）（潘希迁，2017）。1960～2015年，日本热量基准的食物自给率从79%降至39%，下跌40个百分点；生产金额基准的食物自给率从93%降至66%，下跌27个百分点；主食用谷物自给率从80%降至61%，下跌近20个百分点。这促使日本成为世界上最大的食物净进口国。随着日本居民饮食习惯日趋西化，居民对蛋白质和油脂类的食物消费量进一步增长，除大米能够基本满足本国居民需求外，肉类、豆类、牛奶等多品类农产品均需大规模进口。由于日本家庭农业经营规模普遍偏小，极易造成农业生产结构僵化和生产成本居高不下，加之政府对国内农产品实行巨额补贴和对国外农产品设置高关税壁垒，导致国内农产品市场价格劣势明显，食物自给率表现出持续走低的发展态势。

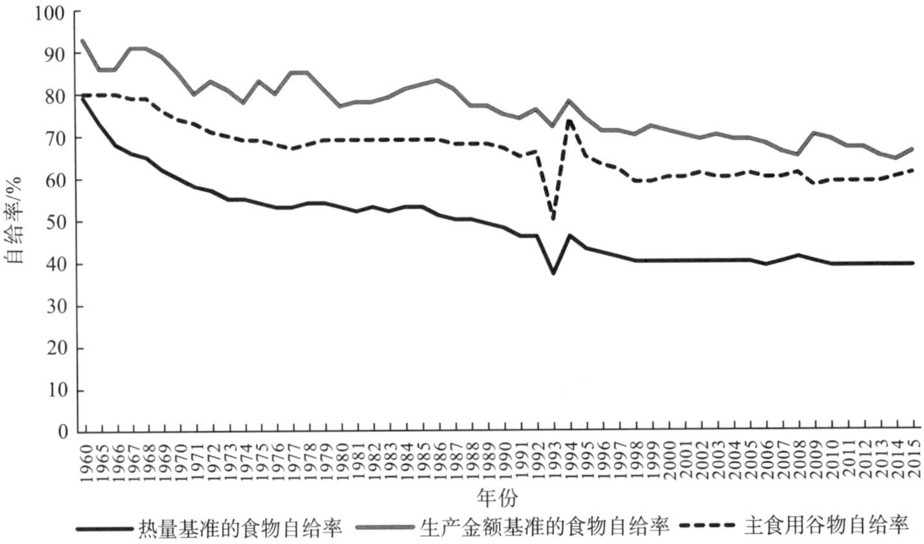

图7-3 日本历年的综合食物自给率（1960～2015年）

注：热量基准的食物自给率，即将食物换算成热量单位，测算每个国民每天摄取的热量中，国产食物提供的热量比重，侧重于食物的基础性营养价值；生产金额基准的食物自给率，即按照金额计算国民消费的食物中，国产食物的比重，因计入了热量低、价格高、本国产品占比重较大的蔬菜和水果，因此比值较高。资料来源：日本农林水产省食物供给表，http://www.maff.go.jp/.

表 7-9　日本主要农产品自给率变化趋势(%)

品类	1965 年	1985 年	1995 年	2005 年	2010 年	2015 年
大米	95	107	104	95	97	98
小麦	28	14	7	14	9	15
大豆	11	5	2	5	6	7
水果	90	77	49	41	38	41
蔬菜	100	95	85	79	81	80
畜产	90	81	57	54	56	54
水产	100	93	57	51	55	55
油脂类	31	32	15	13	13	12
乳制品	86	85	72	68	67	62
饲料	55	27	26	25	25	28
主食用谷物	80	69	65	61	59	61
基于食物热量	73	53	43	40	39	39
基于食物生产额	86	82	74	69	69	66

资料来源：日本农林水产省食物供给表，http://www.maff.go.jp/.

2. 农业人口大量流失，耕地撂荒严重

二战后的日本变革了封建土地关系，促成了“耕者有其田”的农业小规模经营范式，但也由此造成了严重的土地细碎化格局。随着国内经济高速增长，大量农业人口从农村转移到城市和非农产业部门，致使农业劳动力数量急剧减少。1960 年日本农户总数为 606 万户，到 1998 年降至 329 万户。此后，随着农业机械化与现代化水平的提升，日本农民务农意愿持续走低，2015 年日本农户数量降至 216 万户，农业就业人口仅约 200 万人(表 7-10)。与此同时，日本国内耕地撂荒面积随着弃农人数的增加而不断扩大，1975 年日本耕地撂荒面积为 13.1 万公顷，到 2015 年，全国耕地撂荒面积增至 21.8 万公顷，增幅高达 66.4%。日本耕地撂荒的群体涉及销售农户、自给农户和拥有土地的非农户，耕地撂荒的深层次原因主要表现在：一是，农村人口过疏化与高龄化引致农业劳动力供给严重不足；二是，农业比较收益低下致使务农机会成本越来越高，农民务农积极性被严重挫伤；三是，非农地块价格上涨较快，农地所有者通常抱着资产持有的心态等待农地被征用转为非农地，这种现象在都市近郊地区尤为突出。

表 7-10　2010～2015 年日本农业人口主要指标情况

年份	耕地面积/万公顷	农业就业人口/万人	骨干农业从业者		
			总数/万人	男/万人	女/万人
2010	459.3	260.6	205.1	114.8	90.3
2013	453.7	239.0	174.2	101.3	72.9
2014	451.8	226.6	167.9	97.8	70.1
2015	449.6	209.7	175.4	100.5	74.9

数据来源：Japan statistical yearbook 2016，http://www.stat.go.jp/english/data/nenkan/index.html.

3. 农户兼业化程度高，土地集中受阻

销售农户[①]是日本农业家庭经营体的重要组成部分，在农业经营体系中占据重要地位。如表 7-11 所示，2015 年日本销售农户数量 132.96 万户，平均每个销售农户拥有耕地面积 2.19 公顷，受制于土地高成本与农产品市场竞争的恶化，农户很难维系有效率的农业生产。小规模下农业经营性收入偏低，甚至不足以维持生计，农户因此纷纷走上了兼业化道路。日本销售农户家庭收入的一半以上来源于非农收入，农户兼业化现象十分普遍，且愈演愈烈。2015 年日本销售农户中专业农户比重仅为 33.30%。兼业农户中，以农业收入作为主要收入来源的“第一兼业农户”[②]数量仅约 16 万户，还不足 20%；以非农收入为主的“第二兼业农户”占据压倒性优势，其比重仍在提升。农户兼业程度的不断加深，致使日本小农经营格局一定程度上趋于凝固化，严重影响了土地集聚和农业经营条件的改善，其结果是大量土地、劳力、资本过度分散在兼业农户手中，单个农户经营的耕地规模并没有随着农业从业人数的减少而明显增加，农业劳动生产率难以有效提升。在农业劳动力趋紧、非农工资率上涨的境况下，兼业化又进一步加剧了耕地撂荒的倾向。

表 7-11 2005～2015 年日本销售农户、专业农户及兼业农户变化趋势 （单位：万户）

年份	销售农户	专业农户	兼业农户	第一兼业	第二兼业
2005	196.32	44.30	152.02	30.83	121.19
2010	163.08	45.10	117.98	22.46	95.52
2013	145.4	41.50	103.9	20.50	83.40
2014	141.2	40.60	100.6	19.60	81.00
2015	132.96	44.28	88.68	16.48	72.20

数据来源：据日本农林水产省官方公布数据整理，http://www.maff.go.jp/e/data/stat/index.html.

4. 务农劳动力高龄化，农业后继乏人

随着青壮年从农村地区大量迁出，日本农村老龄化和少子化问题愈加严峻，成为影响农业农村全面发展的重要因素（表 7-12，图 7-4）。早在 2007 年日本老龄化率已达到 21.5%，正式步入了高龄化社会[③]，而农业人口的高龄化程度更是远远超出了全国平均高龄化水平。在日本山丘区，伴随着农村人口老龄化和过疏化，许多村落濒临消失。据日本总务省调查，截至 2015 年 4 月，日本临界村落数量 15568 个，相比 2010 年增加了 5000 个，在村落中的占比从 15.55%升至 20.6%，数千座村落面临着“恐将消失”的危机，临界村落农业劳动力超前老龄化问题极为严峻，促使村落社会共同体功能加速瓦解。2015 年日本农业就业人口平均年龄达到 66.4 岁，男性和女性农业从业者平均年龄分别达到了 66.1 岁和 66.6 岁，骨干农业从业人员的平均年龄高达 67 岁，超老龄化导致耕地大面积抛荒，租入耕地

① 销售农户是指经营耕地面积在 0.3 公顷以上，或过去一年间农产品销售额达到 50 万日元以上的农户。
② 第一兼业户，指农户家庭收入中的务农收入高于非务农收入；第二兼业户，指农户家庭收入中的务农收入低于非务农收入。
③ 高龄化社会，指一个国家或地区的老龄化率超过 21%；老龄化率超过 50%的村落被称为“临界村落”。

的农户数量也明显趋减，从 2010 年的 56 万户降至 2015 年的 48 万户。日本农业劳动力全面老龄化及主业农户数量不断减少，青壮年劳动力接续不上，农业面临着后继乏人的严重危机。

表 7-12　2005～2015 年日本销售农户中农业就业人口及骨干农业从事者年龄分布结构

年份	农业就业人口/万人	年龄分布结构(%)			
		15～39 岁	40～59 岁	60～74 岁	75 岁以上
2005	335.2	9.49	21.45	44.51	24.55
2010	260.6	6.79	19.34	42.83	31.04
2014	226.6	6.75	16.20	43.35	33.70
2015	209.7	6.72	16.43	45.21	31.64
年份	骨干农业从事者	年龄分布结构(%)			
		15～39 岁	40～59 岁	60～74 岁	75 岁以上
2005	224.1	4.91	25.16	49.31	20.62
2010	205.1	4.67	20.97	45.64	28.72
2014	167.9	4.94	17.52	46.87	30.67
2015	175.4	4.87	16.77	47.33	31.03

数据来源：Japan statistical yearbook 2016，http://www.stat.go.jp/english/data/nenkan/index.html.

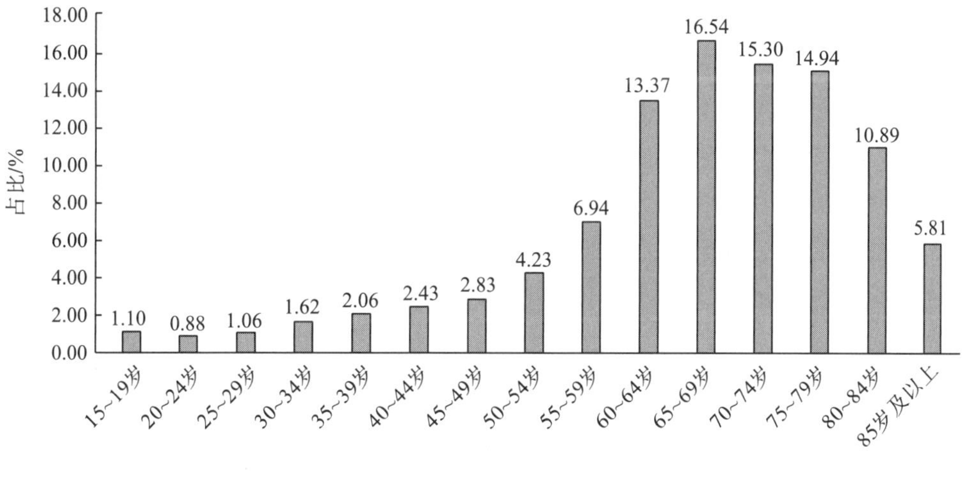

图 7-4　2015 年日本农业劳动力年龄结构构成分布

7.2.2　日本推行农业适度规模经营的应对举措

面对食物自给率持续走低、耕地大面积撂荒、农户兼业化程度加深、务农劳动力加速高龄化等严峻形势，为稳定农业生产和提升农业市场竞争力，日本政府积极应对，不断优化调整系列农业政策法规，确立了农业规模化经营的改革方向，促进小农经济转型升级，让缺乏比较优势的日本农业顽强生存。其中诸多宝贵经验和有效做法值得我国学习借鉴。

1. 持续强化农地制度的改革与创新

二战后，日本为了维系农村社会稳定，确保粮食产量满足国民基本需求，制定了自耕农主义的《农地法》，实现了“耕者有其田”的制度，旨在保护耕作者的生产地位，为防止土地兼并，将土地规模限制在 3 公顷以内，但这也催生了战后大量细碎小农的产生。20 世纪 60～70 年代是日本经济快速成长期，工业化和城市化推动非农产业飞速发展，农村劳动力大量非农化。为确保农民生产积极性，日本政府通过制定《农业基本法》和修改《农地法》，推行农地流转变革。这一时期改革的重点由所有制向私有制倾斜，鼓励土地所有权和经营权相分离，引导从事非农职业农户的土地向专业农户集中，但由于地价飞速上涨，农民多将土地作为资产保有，导致土地规模化流转仍然举步维艰，农户兼业化程度进一步加深。1980 年，日本政府颁布《农用地利用增进法》，倡议以土地租赁为主要形式的农地流转，并在此基础上开展促进农地利用及农业振兴事业，这一举措有效推动了农地规模经营，1980 年的租赁农地面积比 1970 年增长了 30 多倍，农地流转率提升了 10 个百分点以上。20 世纪 90 年代，日本政府颁布的《农业经营基础强化促进法》确立了“认定农业生产者”制度，提出通过对认定的农业生产者进行资金、基础设施的支持来实现扩大农地经营规模，同时，通过修改《农地法》放宽农业生产法人的成员条件，极大地提升了农地利用率。21 世纪以来，为应对农业劳动力结构性短缺、人口高龄化与耕地撂荒加剧等问题，日本政府通过制定《构造改革特别区域法》和在《农促法》框架下开设“特定法人出租事业”，进一步放宽了农业生产法人的成立条件，允许非农生产法人参与农地流转。日本政府还从国家财政专门划拨土地集聚专项资金，以保障土地顺利、有序流转。专项资金主要包括对土地转出农户的财政补贴和对土地转入农户的财政补贴，并依据土地流入规模设定了不同的奖励扶持标准，有效地提升了土地流转效率和农户参与土地流转的积极性。

日本系列法律政策推动土地流转集中度稳步提升，2015 年日本农地流转率达 50.3%。随着推动土地流转集聚和农业富余劳动力的有效转移，日本全国农户数量迅速减少，土地经营规模逐渐扩大。据日本官方统计，1965 年国内拥有农地 1～2 公顷和 2～3 公顷的较小农户分别为 137.10 万户和 40.53 万户，到 1980 年，这两类农户数量分别减少 25%和 38%；1965 年拥有农地 3～5 公顷和 5 公顷以上的较大农户数量分别为 8.66 万户和 6.35 万户，到 1980 年这两类农户分别增加至 10.48 万户和 7.78 万户，分别增加 21%和 22%；到 2015 年，拥有农地 3～5 公顷和 5 公顷以上的较大农户数量分别为 7.97 户和 9.10 万户，经营面积在 5 公顷以上的销售农户数量相比于 1980 年增长了 16.99%，而经营面积在 0.5 公顷以下的农户数量大幅度减少。在农协推动下，日本实现了专业化、集约化的农业规模经营和农业区域专业化，特别是倡导的“一村一品”运动推动了农业规模经营。另从日本农场数量与规模发展来看，近年来，日本农场数量总体处于递减态势，从 2005 年的 200.9 万个降至 2015 年的 137.7 万个，特别是 5 公顷以下的农场数量明显减少，50 公顷以上 100 公顷以下的农场数量增幅最为明显，相比于 2005 年，2015 年增幅高达 234.9%。与此同时，日本公司农场数量在逐年递增，已从 2005 年的 8700 家增至 2015 年的 18857 家，未来也将会有更多的农场推行公司化运作。

2. 高度重视农业中小型机械化发展

日本现代农业装备水平高，突出体现在农业机械化的高度发展上。目前，日本已经完全实现了农业生产机械化，特别是水稻生产已实现了全程机械化，稻栽插和收获的机械化普及率分别达 98%和 99%。日本 80%以上地形是山地和丘陵，山丘区耕地面积比重和农业产出比重均占据 4 成以上，农业资源环境的约束性促使日本农业机械化发展不同于欧美等国的大型农场机械化道路，日本注重适用于地块狭小、零散的中小型农业机械设备的研发，并因地制宜地将农机和农艺有机结合起来，在创造新工艺、新机具上不断取得突破和进展。日本中小型农机的高速发展对于缓解本国农业劳动力过度流失、农村人口老龄化和妇女化等问题做出了重要贡献，通过研发和推广系列适合于老年人和妇女操作的小型化、轻便化、智能化农业机械，促使其在农业深度兼业化引致青壮年劳动力严重缺失的背景下，依然能够稳定基本农业生产，并为农业适度规模经营提供了有力的技术支撑。以小型拖拉机为例，同等耕地面积上日本小型拖拉机保有量是德国的 45 倍，法国的 35 倍，英国的 80 倍，确保日本农业劳均产值在农业 GDP 逐年趋减的压力下仍然表现出强劲的增长势头，从 2005 年的 340919 日元升至 2015 年的 679534 日元，十年内翻了一番。日本精细化农业机械还体现在促进生态农业发展上，如农业机械能将秸秆直接在田间进行粉碎和撒施，切实提高农田肥沃度；通过侧深施肥机提高肥料利用效率，有效减少面源污染，促使每公顷化肥施用量从 348.00 千克降至 222.78 千克，有效降低了农业生产成本和改善了农业生态环境(表 7-13)。

表 7-13　2005～2015 年日本农业 GDP、农业人口和单位耕地化肥消费量

项目	2005 年	2010 年	2011 年	2012 年	2013 年	2014 年	2015 年
农业 GDP/亿日元	61080	56560	54260	54700	55560	54217	56175
农业人口/万人	1791.63	1213.85	1118.79	1033.54	956.98	888.26	826.67
农业人口劳均产值/(日元/人)	340919	465955	484988	529249	580576	610373	679534
化肥施用量/(千克/公顷)	348.00	259.83	263.88	247.15	244.70	245.66	222.78

数据来源：根据历年日本统计年鉴公布数据计算整理，http://www.stat.go.jp/english/data/nenkan/index.html.

3. 培育多种形式农业规模经营主体

伴随着日本离农劳动力增多、骨干农户数量趋减和农业人口老龄化的日趋严峻，日本对农业规模经营主体的扶持政策也产生了相应变化。一是，逐渐淘汰效率低下的小农经营，鼓励家庭小农经营向互助式集体经营方式转变，互助式集体经营向法人化经营方式转变。政府不断放宽非农法人、企业等进入农业领域的限制，推动耕地加速向效率型、稳定型的农业组织经营体集中(表 7-14)。2010 年有耕地的组织经营体数量为 1.81 万个，到 2015 年已提升至 2.25 万个，大部分年份组织经营体单位经营面积达到农业经营体单位经营面积的 10 倍以上，经营规模在 50 公顷以上的组织经营体数量从 2010 年的 1975 个提升至 2015 年的 2473 个。从土地流转角度来看，日本组织经营体土地流转面积不断扩大，在土地流转总面积中的比重近 3 成。组织经营体特别是法人化组织经营体的发展，更有利于传播农业新技术、吸引青壮年就业、拓展农业多功能性以及部分农业政策的执行，在外部资金筹措方面也有着家庭经营体不可比拟的优势，成为助推日本农业规模化发展的重要力量。二是，引导村落营农组织发展壮大。村落营农在不触碰所有权的情况下，通过农地委托方式促成多个村落内零散土地的集聚，进行统一规划和分类耕作，在推动土地流转、大型机械使用、品种集中改良、农地管理及作物生产等方面表现出独特优势，促进实现了农业生产的规模化和服务的规模化。据日本农林水产省统计，2015 年日本村落营农组织达 14852 个，比 2010 年增加 1275 个，涵盖 53 万户农家，经营耕地面积 49.49 万公顷，面积在 100 公顷以上的村落营农组织达到 683 个，切实提升了农地使用效率。三是，日本政府积极鼓励小规模农户通过农地中介管理机构将土地租给有能力的农业经营者或农业法人组织，农地中介管理机构负责农地集中整治改良，确保高质量农地能够以相对低廉的价格流向适度规模经营主体，政府向土地流转双方均提供相应补贴。政府还为农业规模经营主体构建起了一系列配套保障措施，如农业贷款补贴、收入补贴、机械设备补贴、农地整治补贴、基础设施补贴等，涵盖了农业生产建设的方方面面，并为规模经营主体提供长期低息或无息贷款融资，促使各类经营主体能够更加专注于农业规模化经营。

表 7-14 日本农业经营体耕地经营情况

年份	农业经营体				组织经营体			
	有耕地的经营体个数/万个	经营耕地面积/万公顷	土地流转面积/万公顷	单位经营面积/公顷	有耕地的经营体个数/万个	经营耕地面积/万公顷	土地流转面积/万公顷	单位经营面积/公顷
2010	166.15	363.16	127.15	2.19	1.81	43.72	—	24.15
2011	159.87	363.52	113.03	2.27	1.91	47.85	33.98	25.05
2012	154.76	359.56	113.76	2.32	1.94	48.46	33.67	24.98
2013	149.88	358.51	117.87	2.39	2.04	50.28	35.45	24.65
2014	145.64	357.48	120.87	2.45	2.11	51.98	36.84	24.64
2015	136.12	345.14	135.20	2.54	2.25	53.39	41.12	23.73

数据来源：根据日本农林水产省统计年报公开数据计算整理，http://www.maff.go.jp/e/data/stat/90th/index.html#2.

如表 7-15 所示，以水稻种植为例，2005～2015 年，日本水稻种植户(销售农户)数量从约 173 万户降至约 113 万户，带动户均种植规模稳步提升。从表 7-15 中可以看出，在北海道地区，经营面积在 15 公顷以上的水稻种植户从 3702 户增至 4599 户；北海道以外地区，经营面积在 5 公顷以上的水稻种植户从 31798 户增至 42806 户。

表 7-15　2005～2015 年不同规模经营面积日本水稻种植户(销售农户)数量变动情况（单位：户）

经营面积	北海道				其他地区			
	2005 年	2010 年	2015 年	2015 年相对于 2005 年增加(%)	2005 年	2010 年	2015 年	2015 年相对于 2005 年增加(%)
1 公顷以下	3089	2574	1806	−41.5	1166393	940362	719603	−38.3
1～<5 公顷	9396	6597	5122	−45.5	507923	415905	345434	−32.0
5～<10 公顷	7892	5472	4359	−44.8	24913	27842	29994	20.4
10～<15 公顷	4387	3607	2925	−33.3	4188	5845	7180	71.4
15 公顷以上	3702	4460	4599	24.2	2697	3924	5632	108.8
合计	28466	22710	18811	−33.9	1706114	1393878	1107843	−35.1

数据来源：FY2016 Annual Report on Food, Agriculture and Rural Areas in Japan.

另外，水稻种植规模的扩大带来了明显的规模经济效应(表 7-16)。2014 年与 2015 年全国户均水稻种植面积分别为 1.67 公顷和 1.72 公顷，对应的水稻亩均收益分别为 16.29 万日元和 30.58 万日元；对于户均经营规模 10 公顷以上的稻农而言，2014 年与 2015 年的户均水稻种植面积分别为 19.12 公顷和 20.88 公顷，对应的亩均收益分别 35.63 万日元和 45.38 万日元；而对于户均经营规模 20 公顷以上的稻农而言，2014 年与 2015 年的户均占有耕地面积分别为 31.20 公顷和 36.73 公顷，对应的亩均收益分别为 34.84 万日元和 41.45 万日元。可见，随着水稻规模经营面积的提升，日本稻农的种植收益也得到明显提升，并且户均水稻种植面积在 10～20 公顷时，单位收益水平最佳。

表 7-16　不同类别日本农场不同规模经营情况比较

种类	经营规模	指标	2014 年	2015 年
水稻	全国稻农平均情况	户均种植面积/公顷	1.67	1.72
		亩均收益/万日元	16.29	30.58
	经营面积 10 公顷以上的稻农	户均种植面积/公顷	19.12	20.88
		亩均收益/万日元	35.63	45.38
	经营面积 20 公顷以上的稻农	户均种植面积/公顷	31.20	36.73
		亩均收益/万日元	34.84	41.45
设施蔬菜	全国设施蔬菜种植户平均情况	户均种植面积/万平方米	0.43	0.43
		每万平方米均收益/万日元	985.58	1154.88
	经营面积 1 万平方米以上的种植户	户均种植面积/万平方米	2.14	2.16
		每万平方米均收益/万日元	497.34	603.29
水果	全国果农平均情况	户均种植面积/公顷	0.98	0.99
		亩均收益/万日元	191.43	210.00
	经营面积 3 公顷以上的果农	户均种植面积/公顷	4.20	4.13
		亩均收益/万日元	165.31	169.71

续表

种类	经营规模	指标	2014 年	2015 年
奶牛	全国奶牛养殖平均情况	户均养殖数量/头	43.9	44.2
		每头收益/万日元	18.96	23.85
	养殖数量 100 头以上	户均养殖数量/头	159.8	165.6
		每头收益/万日元	13.99	17.66
肉牛	全国肉牛养殖平均情况	户均养殖数量/头	107.5	103.2
		每头收益/万日元	6.24	12.04
	养殖数量 200 头以上	户均养殖数量/头	375.4	423.2
		每头收益/万日元	4.19	12.84

数据来源：MAFF,Management Statisitics by Farming Type（Individual Management）.

4. 全方位提升农业社会化服务水平

日本农业协同组合（简称农协）作为日本最具规模、功能最完善和发展历史最久远的民间组织，是农业社会化服务的中坚力量，对于推动日本农业集约化、规模化和产业化发展产生了重大影响。2015 年日本农协数量达到 2644 家，农户加入农协的比率超过了 99%，通过农协出售农产品的农业经营体达 91.07 万个，占销售性质农业经营体总数的 73.14%。与此同时，政府颁布的各项农业政策也是通过农协贯彻落实，可以说，农协与农民、政府之间形成了密切的农业共同体关系。作为农民自主经营的经济合作组织，农协最能够代表小农和超小农利益，切实根据农户实际需求提供农业生产性服务，业务范围涵盖了农业技术指导、农田基本建设规划、农业生产资料购置、农产品加工储运、产品代销、农业存贷款和金融保险服务等方方面面，在日本农业农村发展中处于举足轻重的地位。近年来，为解决农协影响力下降和小农竞争力持续低下的问题，日本政府积极推动农协在组织形式、战略定位和服务功能等多方面变革，重点在降低农业生产资料成本、拓宽农产品流通渠道、改善基础性产业经营条件、破除农地流转阻力、开辟适应山丘区农业规模化新路径等方面求突破，在保护农户作为基本生产单位的前提下，更强调依赖农业各环节服务规模的扩大和服务质量的提升来促进实现农业规模经济效益，增强农业市场竞争力。

5. 多层次开展农业和农村人才培育

日本政府意识到仅仅依靠推动家族、村落、法人经营体改革来促进农业发展是远远不够的，面对农业人口急速老龄化，必须采取多重举措培育多层次农业农村人才队伍，才能激发乡村振兴活力。鉴于此，日本政府积极倡导新增农业人才倍增计划，培育从事农业的新生力量。如为激发青年人务农热情，日本农林水产省创设了青年务农补贴制度，对那些没有务农知识又愿意从事农业的青年，政府向其及雇佣者双方提供足够的实践培训补贴。此外，政府还向新农民提供务农援助资金、拥有土地的优先权、农业技术培训援助、农业生产低利率融资、农业基础设施配备事业补贴、农业人口雇佣补助资金等多方面扶持，并积极改革农业保险政策，新拟定了农户收入保险制度。2015 年日本农业新增人员数量首次超过 6 万人，其中 49 岁以下的农业新增人员 2.31 万人，大部分为非农户出身的创业型新进入者，政府积极帮助他们解决转入农业生产所面临的实际难题，促其尽快投入农业生产中。同时，鉴于本国农业劳动力严重紧缺，日本不断加强对非农产业人才和国外人才在农业领域的利用，通过修订“国家战略特区法”为外国劳动力在本国从事农业事业扫除了制度障碍，构建起外国人在日从事农业的法律政策环境。为吸引更多高素质、受教育的年轻人投入到农业生产中来，日本不断加大对智能型农业的开发力度，促进信息与通讯技术(information and communication technology，ICT)和智能机器人技术与现代农业紧密结合，推动科技更好地替代传统劳动力，切实提高农业生产效率和减少人力成本，农业生产也不再枯燥乏味，农业生产环境更具舒适性和吸引力。

7.2.3　日本推行农业适度规模经营的经验启示

中日两国是近邻，均具有人多地少、土地零碎分布的自然禀赋特征，相比之下，我国农业户均经营规模更小。与此同时，中国与日本同样面临着农业农村经济地位衰退、农产品国际竞争力不足、务农劳动力高龄化和妇女化等难题。作为较早实现城镇化和工业化的国家，日本农业的今天或许就是我国农业的明天，从二战后日本积极推动农业适度规模经营的诸多举措中，中国可获得一些有益启示。

1. 持续推进农村土地制度改革创新

日本在农业人口占比已降至 3%以下的情况下，仍能在坚持家庭经营的主体地位不动摇的基础上，努力推进土地流转与规模经营，提高农业生产效率。中国要解决“三农”问题，一个关键因素也是农村土地制度改革。在未来很长一段时间内，通过引导农地有序流转依然是推动我国农业适度规模经营发展的最重要路径，在土地流转过程中必须充分尊重农民意愿和顾及兼业化长期存在的特点。借鉴日本经验，我国在推动农地改革进程中需重点做到：一是，在坚持农村土地集体所有制不动摇的基础上，深入推动“三权分置”改革，合理界定承包权和经营权分离后的权能范围与权力内容，进一步放活土地经营权，鼓励工商资本下乡以市场化方式引入新经营模式与生产关系，推动农业产业化和规模化发展，促使农民获取更多土地权利和土地收益。二是，加快推进顺应新型城镇化发展趋势的户籍制度改革，保障农村转移人口的耕地承包权和宅基地资格权以及集体经济组织成员资格，进一步完善城乡一体化的社会保障体系，促使农民在流转土地之后不再有后顾之忧。同时，可设立土地流转专项补贴，提高政策的合理性和导向性，切实提升农地使用效率。三是，积极探索适用于多种经营主体在不同区域环境下的流转模式，如对于山丘区相对劣势的地理区位环境，可借鉴日本“中山间地区直接补贴政策”，向承租山丘区农地的经营主体提供直接补贴，根据所承租农地的耕作难度及经营规模提供相应的补贴额度，防止山丘区耕地大面积撂荒。

2. 加大新型农业经营主体扶持力度

日本把发展壮大新型农业经营主体作为推动农业适度规模经营的重要举措，通过多次修改政策法规，不断放宽对农业生产法人主体资格的考核要求，推动农业经营法人化，促其成为农村土地流转的受让主体，有效提升农业专业化、规模化、集约化水平。现阶段，我国新型农业经营主体不断涌现，但普遍面临着规模小、运营不规范、组织带动能力弱，甚至非农化非粮化倾向重等问题。借鉴日本推进农业生产法人化的制度政策，我国应尽快明确界定专业大户、家庭农场、农民合作社、龙头企业等新型经营主体的规范标准、认定方法和登记办法，抓紧制定支持新型农业经营主体的政策措施，将所有新型农业经营主体纳入市场经济运行模式的经营主体范畴中，政府通过财政、金融等中介服务为农业经营规模化发展提供强有力的支撑，并将新型经营主体对小农户的带动能力作为政府扶持政策的重要衡量标准，推动法人农业健康有序发展。要在保障农民基本权益不受损的前提下，推动形成农业产业化经营组织新形式，积极引导专业大户、家庭农场、农民专业合作社通过土地流转、股份合作、土地托管等多种形式推进农业适度规模经营，建立小农户与新型经营主体之间的利益联结机制，实现风险共担、利益共享，充分激发农村生产要素潜能。

3. 切实提升农业社会化服务运营效率

农业生产服务的规模化是除土地规模经营外，促进实现农业规模经济效益的另一重要途径。日本农协在确保农民主体地位和经济利益中做出了重要贡献，通过面向农户广泛开展各类社会化服务，得到了农民积极拥护与支持。相比之下，我国农村合作组织普遍规模偏小、组织化程度偏低、社会化服务领域偏窄。因此，需科学借鉴日本农协经验，着力构建符合农民主体发展诉求的专业化农业社会服务体系，秉承“民办、民管、民有、民受益”原则，推动构建起真正为农服务的农业合作组织，将分散的小农户有效集中起来，合力应对日趋激烈的市场竞争和可能出现的各类自然风险。推动落实公益性服务与经营性服务相结合、专业性服务与综合性服务相协调的服务机制，鼓励支持农业社会化服务组织从单一环节服务向综合性全程服务发展，探索创新多元主体引领的多种形式社会化组织服务模式，按产业链分工做好各类社会化服务组织之间的分工与协作，切实有效提升农业社会化服务效率，并确保农民成为真正受益者。

4. 扎实推进新型职业农民队伍建设

与日本一样，我国在农业农村现代化进程中面临着农业后继乏人的窘境。随着农村人口向城镇的惯性转移以及务农劳动力老龄化趋势加剧，我国主业农户数量不断减少。与此同时，年轻人“厌农”“轻农”意识持续蔓延，农业人力资本短缺问题越来越受到关注。

鉴于此，我国应积极借鉴日本做法，把发展农业教育、大力培养职业农民作为乡村人才振兴和扭转农业农村经济地位衰退的根本措施。一是，将新型职业农民培育工程提升到国家战略性地位，强化人才对现代农业发展和新农村建设的支撑作用。政府应出台专项培育职业农民的扶持政策和设立专项资金，在职业农民的教育培训、农业设施设备购买、农业生产资料采购、农民社会保障等方面提供支援资金与补贴，优先考虑专业大户、家庭农场主、农民合作社带头人、农业企业骨干和致力于农业生产经营服务的农村青年，培育一支有文化、懂技术、会经营、善管理的新型职业农民队伍。二是，积极创造有利于农业人才成长的良好环境，拓宽农业人才引进渠道。加强营造积极的社会氛围，提升社会大众对农业的兴趣，引导社会大众正确认识新型职业农民的定位，鼓励吸引新务农人员进入农业，分类引导那些“想种地”“能种地”且立志于从事农业的返乡农民工、大中专毕业生、城市各类人才以及退休返乡人员等参与到职业农民的专业队伍建设中来。三是，加强对农村留守劳动力的教育和技能培训，构建起满足农村留守劳动力发展诉求的教育培训供给体系。积极开展农业技术攻关，注重研发推广适用于老人和妇女的轻型农机和实用技术，充分挖掘留守劳动力潜能，促其参与到新型职业农民的培育中。

7.3　法国农业规模经营的做法与启示

7.3.1　法国推行农业规模经营的背景分析

19 世纪末开始，特别是第二次世界大战以后，法国政府逐渐加强对农业的重视程度，加快了农业现代化的推进速度。从二战后到 20 世纪 70 年代这短短的 30 年间，法国农业迅速崛起，从粮食净进口国转型为仅次于美国的农业出口大国。法国政府颁布了一系列措施，如土地规模化扶持政策、农业发展结构调整政策。该阶段以小农经济为特征的法国农业发展格局逐渐瓦解，小型家庭农场的合并集中进一步加快了这一历程，以中型家庭农场为主的农业发展格局逐渐浮出水面。这一时期，法国家庭农场的一个典型特征在于家庭农场的数量有所下降，但农场土地平均面积逐渐提高。1955～1970 年，法国家庭农场数量呈现快速下降趋势，同比下降 32.08%；而平均土地面积则呈现快速扩大趋势，同比增长 39.60%，其原因就在于随着农业规模化生产的推进和农场数量不断的缩减，家庭农场平均种植面积逐渐扩大。法国农产品自给率自 1961 年一直处于 100%以上，到 2010 年达到 120%。如今，法国家庭农场专业化生产体系已基本成型，其主要内容包括谷物农场、水果农场、蔬菜农场、畜牧农场等。目前，60%的法国家庭农场从事谷物经营，11%的家庭农场从事花卉经营，8%的家庭农场从事蔬菜经营，5%的家庭农场从事养殖经营，5%的家庭农场从事水果经营，专业农场大部分经营一种产品，以突出各自产品的特点为主，其他农场则采取多元化经营策略(孙小娇，2018)。各类家庭农场中，75%以上的劳动力由经营者家庭自行承担，仅 11%的农场需要雇佣劳动力。

7.3.2 法国推行农业规模经营的应对举措

1. 政府积极推行土地适度集中政策

法国政府直接干预土地市场来进行农地资源的优化配置。与日本不同，法国政府建立了土地整治和农村安置公司，安置公司具有买方和经营者(或卖方)双重身份。一方面，促使那些无力经营的小农首先考虑将土地卖给安置公司，将分散的土地集中起来；另一方面，以合并、整治、改良等手段和措施对土地进行整理使其达到“标准经营面积”， 再以低于市场的价格转卖给有经营实力的农场主，实现农场规模化经营需求。土地整治和农村安置公司更多地充当了中介机构的角色。通过对零散土地的合并、规划等整治方式，规模化后将土地转卖出去，实现土地资源优化配置和高效利用。因此，农地流转是法国实现土地规模化的一个重要途径。为提倡和鼓励农民集体生产，在农地流转法律完善的基础上，政府也制定了其他相关的政策来补充和支持农地流转。例如，合并小农场，支持中等农场发展，对老年农民发放养老金使他们愿意放弃农业，腾出土地用于扩大农场规模，这些措施都大大地提高了农地流转的速度和程度(吕晖，2017)。同时，法国还通过一些法律上的规定来保护土地，促进土地流转。如私有农地一定要用于农业，不准弃耕、劣耕，如有违者，国家有权征购土地，提高土地税或令其出租；土地只能整体继承或流转，包括地上附着物，不能分割流转，规定新建农场的最小面积为25公顷，以确保规模经营。

2. 推动农业经营主体有序分化

1962 年法国政府颁布的《农业指导法补充法案》中设立了“调整农业结构行动基金”，自愿出让农地者可获得资金补贴，愿意离开农业到工业、服务业去投资或就业的青年农民可获得补助。65 岁以上农民放弃农业经营，可获得高额补助足以保障其生活水平不降低，并鼓励其把土地卖给青年农民。农民出租或转让土地可获取一定资金补贴，且转让补贴大于出租补贴，土地流出面积越大补贴越高。政府还通过税收优惠，鼓励父子农场、兄弟农场以土地入股模式开展联合经营，促使农场经营规模不断扩大。转入农地相关主体同样可以享受财政补贴，土地流入面积越大获取的补助越高。大中型农场可以享受一系列优惠政策，如免费登记、低息无息贷款，并按其生产成本制定农产品价格保护政策。此外，为防止农场规模在继承中越分越小，农场继承权只能移交给农场主配偶或者有继承权且比较适合农场经营的某个子女，其他子女获取继承金。

3. 实行以合作社为主体的农业社会化服务

法国农民合作社包括基层合作社与联合社，基层合作社相互联合形成联合社，集中力量解决基层合作社无法解决的难题，基层合作社由农业生产者直接组建，坚持“一人一票”的决策原则。法国的农业合作社并不主要承担组织职能，更多的是在政府与农户之间扮演“协调者”的角色，发挥着“政府-农民-市场”三者的中介作用，具体体现在如下几个方面：一是，法国政府重视农民教育，对不同需求程度的农民进行配套的教育课程，设立农民技术培训中心和短期专业技术教育班，农民需取得农业职业培训证书才能加入到农业经营中去。二是，法国政府颁布《农业指导法》《农业共同经营组合法》等一系列法律，明确了农民合作社的基本服务内容，给予优惠的税收政策、低息贷款政策、政府补贴、建立农村信贷机构等；通过成立理事会与农业协会设立农技推广基金，解决农民在农产品研发和咨询方面的融资问题。法国政府对农民合作社进行了较强的行政干预，通过法律援助和财政支持对农民合作社加强监督管理，使农业合作社演变成为传递政府意愿与决策的有效载体。三是，法国政府鼓励农业合作保险组织及农村互助保险的发展(李含悦和张润清，2018)。1990 年制定的《农业保险法》确定了农业保险种类、责任范围、保险费率、理赔计算方法等，建立民间农业保险合作基金组织，除了进行保险买卖和融资，也能通过组织获得补贴和福利，保费的 1/2～4/5 由政府承担，最大限度地保障农民的利益。

4. 高度重视农村人力资源的开发

为适应现代农业规模化发展需要，法国政府实行了全方位农业教育，积极培养现代农民。法国政府规定，相当于高中一年或二年的“农业职业能力证书”和“农业职业文凭”持有者只能在农场或农业企业中当雇工；只有具有高中二年以上学历的“农业技师证书”持有者，或通过农业职业和技术会考的学生，才有资格独立经营农场。因此，在农业规模经营推进过程中，首要任务是注重农村人力资源的开发，尤其是提高年轻农民的职业素养。法国通过农村发展政策，建立了农民终身学习体系，农民可以根据自身的实际需求选择大学教育、职业教育、短期培训，保持终身学习，不断提升自己的职业素养，有效地促进了法国农业生产率的提升，推动了农村的发展。

7.3.3　法国推行农业规模经营的经验启示

二战后法国政府采取多重举措推进农地政策改革以推动农业规模化经营，在政策实践中逐步确立了农业规模经营的标准、农业规模经营的主体、农业规模经营组织体系以及农业社会化服务体系等，在此基础上配套实施了一系列涵盖农民就业安置、农民社保、农民教育培训以及农民养老等的相关政策，确保法国农业规模化经营路径有序推进。与此同时，不容忽视的是政府在推动农业适度规模化发展中的积极作用，政府通过计划或市场的直接或间接干预，促使农民对土地的经营权与所有权得以积极调整，农地朝着家庭农场、农民合作社以及农业公司这三类规模经营体集聚，农业经营者人才队伍结构不断优化，并配套优质的农业社会化服务体系，实现了农业产、供、销等业务的专业化分工和有机配合，促使农业生产效率和产出效益显著提升。

法国农业规模经营的推进政策产生了明显的效果：一是，农业规模经营成效明显。农场总量表现出持续减少趋势，特别是中小农场数量大量减少，土地不断向大中型农场集中，大中规模标准化农场的产值稳定提升。二是，产业就业人员结构明显改善。农业就业人员总量不断减少，农业人口不断向非农产业转移。小农地的合并促使5公顷以下农业经营者数量减少50%以上，50公顷以上规模化农场经营者数量稳步提升。三是，法国农业分工做到了区域专业化、农场专业化和作业专业化3个层次的专业化，在最适宜的地方建立农产品专业生产基地，农场将非优势工序转包给农场外的专业企业完成，农场生产更加专业化，实现了适度规模经营。

7.4 德国农业规模经营的做法与启示

7.4.1 德国推行农业规模经营的背景分析

与美国相比，德国农业用地仅为美国农业用地的4.07%，耕地面积仅为美国的7.41%。德国在进行土地整理之前，基本上是分散零碎的小农田，阻碍了资本、技术、人才等生产要素向农业领域转移。家庭农场有效地将分散经营的土地及资源聚合在一起，并运用先进的生产方式和手段组织生产和管理，实现农业规模化经营，为德国农业高效发展和耕地资源的可持续利用发挥了重要作用。

据德国联邦统计局调查显示(表7-17，图7-5)，2010年德国有近30万的家庭农场，到2017年这一数字削减了近3万家，降至26.98万家。不难看出，德国家庭农场中中小规模农场占据优势。2017年，德国100公顷以下的农场数量达到23.26万个，占比达86.21%，单个家庭农场平均拥有农地面积61.85公顷，相比于2010年53.74公顷的家庭农场平均规模有了明显提升。与此同时，德国规模家庭农场越来越呈现出两极分化趋势，小规模家庭农场数量及比重均处于持续下降态势，100公顷以上大规模农场数量明显提升，尽管100公顷以上家庭农场数量仅占13.79%，但却占了59.94%的耕地面积。德国家庭农场规模的稳步扩大，也促进了德国农业机械化程度的提高，反过来，德国领先世界的机械化水平，也有助于家庭经营规模的不断增长。德国农业发展经验对于我国农地适度规模经营发展及新型农业经营体系培育发展具有重要的借鉴意义。

表7-17 德国农业经营组织数量及农地规模情况

项目类别	2010年				2013年				2017年			
	家庭农场		农地规模		家庭农场		农地规模		家庭农场		农地规模	
	数量/万个	占比/%	面积/万公顷	占比/%	数量/万个	占比/%	面积/万公顷	占比/%	数量/万个	占比/%	面积/万公顷	占比/%
合计	29.92	100	1670.4	100	28.51	100	1670	100	26.98	100	1668.73	100

续表

项目类别	2010 年				2013 年				2017 年			
	家庭农场		农地规模		家庭农场		农地规模		家庭农场		农地规模	
	数量/万个	占比/%	面积/万公顷	占比/%	数量/万个	占比/%	面积/万公顷	占比/%	数量/万个	占比/%	面积/万公顷	占比/%
5 公顷以下	2.74	9.16	5.4	0.32	2.46	8.63	4.47	0.27	2.16	8.01	4.13	0.25
5～10 公顷	4.73	15.81	34.39	2.06	4.46	15.64	32.58	1.95	4.38	16.23	31.8	1.91
10～20 公顷	6.32	21.12	94.58	5.66	5.9	20.69	88.62	5.31	5.55	20.57	83.14	4.98
20～50 公顷	7.61	25.43	253.5	15.18	7.15	25.08	237.9	14.25	6.49	24.05	217	13.00
50～100 公顷	5.16	17.25	362.84	21.72	5.02	17.61	355	21.26	4.68	17.35	332.4	19.92
100～200 公顷	2.28	7.62	307.17	18.39	2.37	8.31	320.77	19.21	2.46	9.12	333.06	19.96
200～500 公顷	0.72	2.41	211.15	12.64	0.78	2.74	228.16	13.66	0.88	3.26	254.44	15.25
500～1000 公顷	0.21	0.70	146.26	8.76	0.22	0.77	157.71	9.44	0.23	0.85	159.90	9.58
1000 及以上	0.15	0.50	255.11	15.27	0.15	0.53	244.79	14.66	0.15	0.56	252.86	15.15
单个农场面积/公顷	53.83				58.58				61.85			

数据来源：德国联邦统计局。

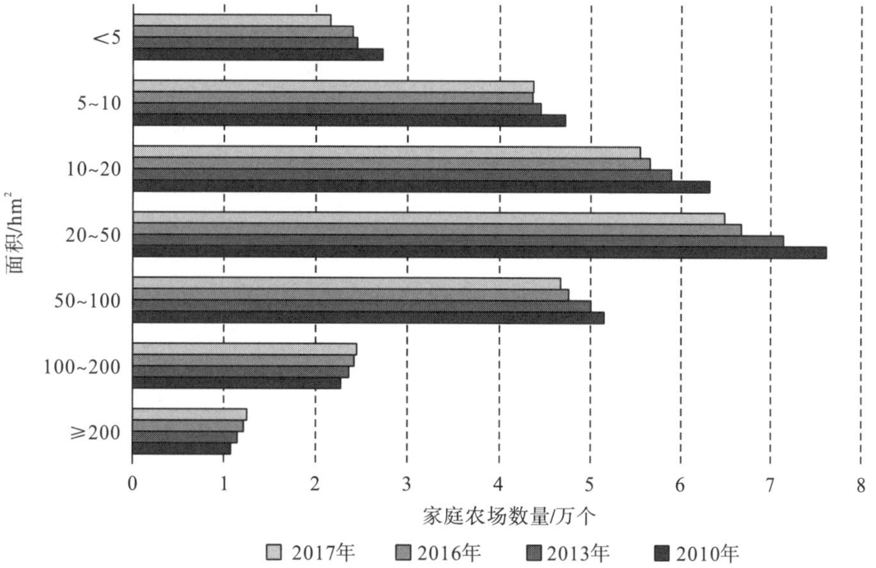

图 7-5　2010～2017 年德国不同规模家庭农场数量变化图

7.4.2　德国推行农业规模经营的应对举措

1. 健全土地流转市场，鼓励农村劳动力转移

德国土地所有权绝大部分属于私人所有，东西德合并后，对于原东德的公有农地实行

了私有化改造，建立了统一的农地产权保护和管理制度。德国所有的土地实行登记制度，即地籍制度，地籍登记簿中的土地所有者是唯一受法律承认和保护的土地所有者。为解决二战后农地地块分散、细碎问题，德国按照《田亩重整法》实施田亩重整计划，对零星、细碎、分散的农地进行集中调整和重新登记，通过平整改造为连片的地块，为家庭农场扩大经营规模提供低息贷款，促进家庭农场的规模化、集约化和机械化(薛建良和朱守银，2015)。明晰的产权和农地整理，有效降低了土地流转的交易费用。特别值得一提的是，为了解决转出土地农民的生计问题，德国政府还设立了各种专项基金，鼓励小农户弃农转行或提前退休。同时，受制于农业用地的特殊性，德国《土地交易法》规定，出让农地所有权，必须经过各州的农业局许可，对出让可能导致土地的分散化或者细碎化、出让价格与土地价值明显不符或者改变农业用途的土地的，不准出让。此外，为了鼓励规模经营，德国政府对不同规模的家庭农场给予不同利率、不同期限的贷款支持。另外，鼓励农场劳动力转移。为此德国政府设立了各种专项基金，如“改行奖金”用于鼓励小农户流出农业行业、“提前退休奖金”用于鼓励农民提前退休。

2. 健全农业社会化服务体系，促进农业经营主体协同发展

德国的农业社会化服务体系为家庭农场提供了农产品生产、加工、销售等服务，是德国农业经营体系的主要组成部分，主要是由合作社联盟、农民联合会、农业联合会和农业协会四部分构成(蔡伟和杜丹，2014)。各个服务组织均为非政府组织，且由农户自愿参与组建，其中，合作社联盟侧重提供农民经营方面的服务，主要任务是帮助农民参与市场竞争，解决面对市场所遇到的各种问题，如农产品生产、销售、贷款等。农民联合会侧重提供农民生活方面的服务，主要任务是处理农民家庭和家庭之间以及农民与政府之间的矛盾。农业联合会侧重提供农业技术方面的服务，主要任务是当好农业生产的科技顾问，负责农民的职业教育。农业协会作为农民和农业利益的代表在国家与社会的良性互动中产生重要影响，通过农协来影响政府决策，使政府的政策有利于农民，并通过举办农业展览会、技术研讨班等推动农业进步与发展(马凯和赵海，2015)。以上四大民间组织分工协作、相互支持，致力于整合德国农业资源、培育优质农业企业，专注于家庭农场规模扩大、农产品质量提升及农民收入增加，对德国农业规模化经营发挥了重要作用。德国农业社会化服务体系将农场、农户连接在一起，共同抵御市场风险，提高了农业生产和销售的组织化和产业化程度。可以说，德国健全的农业社会化服务体系在推进现代农业经营体系发展方面有着积极作用，稳步推进合作经营、联合经营等多种形式的经营主体共同发展，促成了以家庭经营为基础、合作与联合为纽带、社会化服务为支撑的立体式复合型农业经营体系。

3. 健全人才培养机制，培育新型职业农民

现代农业经营主体的发展需要高素质的人才队伍。目前，德国的农业就业人口不足

总人口的 2%，并且仍表现出持续下降的趋势。但德国农业劳动力的整体素质较高，推动了农地整理及农业规模化发展，促进了德国高效农业经营体系建立。首先，德国对农业经营者实行准入制度，如果想从事农业职业，则必须完成相应的职业教育或大学教育并获得国家颁发的从业资格证书。这一制度的确立提升了农民学习的主动性。其次，德国有先进的农业人才培养体系，包括大学教育、职业教育和职业培训三个层面，三者定位不同、分工明确。大学教育旨在培养高层次研究人员，职业教育培养从事农业生产、加工、销售、管理的应用型人才，职业培训的目标是更新走上社会的农业从业人员的知识。德国农业教育体系师资雄厚，注重实效，取得了良好的效果，为农业发展输送了大量理论和实践兼备的职业农民。德国家庭农场主均接受过专业系统的农业教育或培训，综合素质很高，具备较强的技术水平和管理能力，对于农场的生产、经营、管理和信息化应用都能较好地胜任。

7.4.3　德国推行农业规模经营的经验启示

德国是一个人地适中的国家，相比中国而言，德国的人地情况与我国东北等地有一定的相似性。总结德国农业经营主体发展的实践和措施，认为重点有三个方面值得我们学习和借鉴。一是，农业合作社的联盟化和规范化。德国农业合作社在农业和农村发展中发挥了重要的作用，究其原因，合作社组织结构的联盟化与运行的规范化功不可没。德国已在信贷、农村商品和劳务、工商业商品和劳务、消费、住房等 5 个方面建立了全国性的合作社纵向组织体系，在提高农户市场谈判地位、促进农户进入市场、加强地方合作社运行管理等方面发挥着管理中枢的作用。反观中国，尽管近年来合作社快速发展，但规模普遍比较小，且联盟化发展滞缓，缺乏从全国到省、市、县的合作社联盟，合作社多是各自为战，缺乏统一的指导和管理，大多数合作社市场竞争力不强。因此，应积极借鉴德国在合作社发展方面的经验，稳步推进中国农民合作社的联盟化和规范化发展。二是，多种方式扩大家庭农场经营规模。德国在土地确权和推进农地流转方面，对我国具有很强的启示性意义。我国可以借鉴德国经验，对承包权的权能边界进行清晰界定，对农地经营权给予充分保护。鼓励将农地出售、租赁给实际的农业经营者，并通过政策限制其农业生产经营活动，同时将地籍管理与农地流转、用途管制和发展规划结合起来，促进农地适度规模经营和农业可持续发展。三是，注重对农业经营者的教育和培训。德国高度重视农业经营者的素质，既建立了农业准入制度，又有完善的职业教育和在职培训制度。鉴于此，我国在培育新型农业经营主体过程中，可以借鉴德国做法与经验，重点培育以家庭成员为主要劳动力、以农业为主要收入来源，从事专业化、集约化农业生产的家庭农场，使之成为引领适度规模经营、发展现代农业的有生力量。

7.5 发达国家农业规模化经营对我国的启示

无论是资源禀赋型的欧美国家还是资源相对稀缺型的东亚国家，无论这些国家土地产权属性如何，推动农业实现规模化经营发展的共通之处均在于促进土地权利在不同主体间细分，在此基础上实现农业分工的专业化和实现规模经济效益。美日法三国均十分注重农地产权关系的改革，多途径推动土地集约化和资本化经营，特别是作为我国近邻的日本，与我国一样具有人多地少、土地零碎分布的自然禀赋特征，在推动土地改革方面侧重推动产权关系从“重所有”向“重使用”转变，对于提高土地配置效率和凸显规模经济有着积极影响。而当前，我国在推进农业农村现代化进程中面临着诸多难题，如多地耕地撂荒、务农劳动力老龄化、后继农业劳动力断层、农业科技支撑力不足、务农收入增速缓慢、农业环境污染等，但很多问题究其根源仍然在于农业经营规模过于细碎化且分布零散。

党的十一届三中全会以来，我国农村集体经济改变了过去“三级所有、队为基础”的基本经济体制，伴随着家庭联产承包责任制的推行，“集体决策、统一经营、统一分配”的格局被打破，通过下放承包经营权、收益分配权等权利，农民获得了生产和经营的自主权，生产积极性得到极大提升。但随着社会进步和生产力的发展，家庭联产承包责任制的改革红利已释放殆尽，小农独门独户的个体经营逐渐表现出对现代农业要求的专业化、标准化、机械化和集约化生产模式产生了一定的排斥，而新型经营主体的不断涌现又是顺应农业生产关系演进的客观反映，是推动土地集聚和社会化生产的主力军，一定程度上修正了家庭承包经营责任制的弊端，是家庭经营制度的补充与完善，如种养专业户、家庭农场、各类农业社会服务组织等正是现代生产力下小农结构性分化和社会化分工深化的必然产物。但我国新型经营主体的协同发展仍处于起步阶段，新型经营主体与小农户之间处于割裂式发展的状态，二者之间未能形成有机联结机制，农业规模经济效益不明显的根源在于农业生产经营的组织化程度不高，农业经营的分工半径难以有效拓展，而这离不开政府及社会各界力量多措并举、合力推动。

借鉴发达国家的农业适度规模经营路径，一方面，以土地为核心的农业适度规模经营发展整体上离不开社会经济的发展和科技水平的提升，而这两点也正是上述四国的优势所在。同时，农业要素资源禀赋及生产特点决定了农业生产经营的基本形式及其相适配农业规模经营水平。美、法两国农业人口少、耕地多，走的是大农场发展模式；日本土地资源稀缺，加之亚洲小农土地情结相对较重，通过积极探索适用于多种经营主体在不同环境下的土地流转模式，推动土地集约集聚利用。在推进农地规模集聚过程中，切不能忽视小农基本权益，必须在配套政策保障下稳慎推进农地规模经营发展。另一方面，上述四国的发展经验也表明了，家庭经营与规模经营二者间并不对立。我国在实行家庭联产承包责任制后，各地出现的适度规模经营大都是以家庭分散经营为主体的。因此，不能一提到家庭经营即认为其与规模经营是相分割的，要认知到家庭经营模式也处于不断发展和完善的过程之中，其方向就是“适度”规模的家庭经营方向。在构建现代农业生产经营体系的时候，仍要注重家庭经营的主体地位，特别要注重小农户可持续发展能力的提升。鉴于此，我国在推进农业适度规模进程中需注意以下几方面的问题。

7.5.1　立足我国基础农情，进一步完善土地流转制度

我国作为典型的人多地少的发展中国家，土地资源尤为短缺和紧张。在未来很长一段时间内，土地流转依然是推动我国现代农业发展的必然之路，而推进土地流转必须充分尊重农民意愿和顾及兼业化长期存在的特点。日本在农业人口占比已降至 3%以下的情况下，仍能在坚持家庭经营的主体地位不动摇的基础上，推动土地流转与规模经营。借鉴其经验，我国在推动农地改革进程中，一是，在坚持农村土地集体所有制不动摇的基础上，深入推动“三权分置”改革，合理界定承包权和经营权分离后的权能范围与权力内容，进一步放活土地经营权，有效规避集体行动的困境，促使农民获取更多土地权利和土地收益；二是，依法保障农民土地财产权，鼓励农民将土地财产权以适当形式置换其他财产或权利，如以土地经营权入股集体经济组织，按照折股数量参与收益分红，或将土地作为担保物向金融机构贷款；三是加快推进顺应城镇化发展趋势的户籍制度改革，保障农村转移人口的耕地承包权和宅基地资格权以及集体经济组织成员资格，进一步完善城乡一体化的社会保障体系，促使农民在流转土地之后不再有后顾之忧。四是，鼓励和引导城市资本下乡，发挥农业供给侧结构改革的引领作用，发展特色产业、优势产业、促进一二三产业融合，发挥土地真正效益。在推动土地流转进程中，要探索适用于多种经营主体在不同区域环境下的流转模式，提高农地流转的规范性，注重维护粮食安全、农村稳定和农民权益。

7.5.2　创新社会化服务机制，构建完善的农业规模经营体系

当前，中国农村经营性农业社会化服务体系不健全，大型农业社会化服务主体缺失；公益性社会化服务供给与需求衔接错位，服务机制有待进一步完善。因此，构建以生产性服务为重点的新型农业社会化服务体系迫在眉睫。美国社会化服务体系不仅壮大了各类新型农业经营主体，也成就了美国农业的国际竞争力。美国家庭农场的经营经验表明，社会化服务是农业土地集聚、规模化经营和专业化生产的需要，经营者采纳农业社会化服务有利于降低经营成本、规避财务风险、提高生产效率。农协作为日本非常重要的社会化服务组织，为日本农业生产经营的各个环节以及农村生活中的各个方面提供了全方位服务，促进了小农户与大市场的有效衔接。我国农业社会化服务水平与农业经营主体需求尚有较大差距，在推进农业社会化服务进程中，要鼓励和引导社会力量参与公益性服务，政府购买服务仍是趋势。同时，鼓励商业性资本进入各类农民专业合作社，遵循民办官助的基本原则，推行自上而下和自下而上相结合的运营模式，逐步实现民办、民管、民有、民收益，

切实有效提升农业社会化服务效率。积极完善农业规模经营体系，结合市场导向和农户实际情况，推进家庭经营、集体经营、合作经营、企业经营等协同发展，按农业生产需要，各类社会化服务组织之间要做好分工协作，构建多元化的农业社会化服务体系，并确保农民为真正受益者。

7.5.3 创新农业经营方式，稳步推进农业适度规模经营

土地产权制度的变革与农村土地经营制度的创新有密切的相关性，二者相辅相成，必须正确处理两者之间的关系。我国目前已形成了由专业大户、家庭农场、农民合作社、龙头企业为主导的多元化农业经营体系，但受土地细碎化经营所限，小农经营模式仍占据主导地位，势必要推行多元经营主体带动下的多种形式农业适度规模经营，创新农业规模经济有效实现形式。在此背景下，我国应将改革的重心放在促进农业经营方式的转变与创新上，将分散的小农组织起来，通过提高农业生产经营组织化水平，提升小农户与现代农业产业链有机衔接，实现单个分散小农户无法实现的农业规模化、集约化和现代化的生产经营模式，再次激活小农投入农业生产的积极性。培育壮大多元化农业经营主体的实际目的在于促进农业分工专业化，并充分发挥其在带动小农户提升其融入农业农村现代化发展能力方面的积极作用。如专业大户、家庭农场在团结带动小农户，以及提升农业现代化装备方面具有较好的引领作用；合作社与农业龙头企业在农业科技研发、示范，推行农业现代化管理模式，延伸农业产业链，提升农产品附加值等方面发挥着积极贡献(吴菊安，2016)。但需注意的是，我国小农户数量庞大、地域差别显著，目前，农地承包经营权确权不到位、权能还不完善；农地市场信息流通不畅、工商资本盲目下乡租地抬高土地租金、农村滞留劳动力素质偏低等，使得农业适度规模化经营在实践中依然困难重重。因此，农业规模经营形式绝不能“一刀切”，需在持续稳定小农生产的基础上，确保农地主要还是在农村集体内部流转集中，主要推行集体经营或者合作经营，依托新型经营主体带动，促成多元经营主体与小农户之间的合理分工合作，推行企业化和民主化管理，充分发挥现代产业园区(基地)的集群、集聚效应，因地制宜、分类指导地推进多种模式的农业适度规模经营发展，坚决制止拔苗助长、一哄而上的现象，坚决摒弃放弃小农、剥夺小农利益的行为。

7.5.4 积极培育现代农业接班人，渐进性推进土地适度规模经营

与日本一样，我国在农业农村现代化进程中同样面临着农业后继无人的窘境。随着务农劳动力老龄化不断加剧，主业农户不断减少，农业人力资本短缺的问题越来越受到关注。为应对劳动力老龄化、务农劳动力结构性断层问题，政府需要采取多项举措，加大对农业的科普宣传力度，积极创造有利于农业人才成长的良好环境，培育潜在农业接班人。一是，做好制度安排，积极发展专业大户、家庭农场、农业专业合作社、农业龙头企业等新型农业生产经营主体，引导新型经营主体通过土地流转、股份合作、土地托管等多种形式实现

农业适度规模经营；二是，积极创造条件，鼓励吸引新务农人员加入农业，特别是鼓励那些立志从事农业的返乡农民工、大中专毕业生、城市各类人才以及退休返乡人员等回乡创业就业；三是，政府应出台专项培育职业农民的扶持政策和设立专项资金，在职业农民的教育培训、农业设施购买、农业生产资料采购、社会保障等方面提供支援资金与补贴，培育一批有文化、懂技术、会经营、善管理的新型职业农民队伍。

7.5.5 构建小农与现代农业的衔接机制，实现多种经营主体共生格局

小农户在相当长的一段时间内都是我国农业生产的基本面，在推进农业适度规模进程中绝对不能忽视，甚至排斥。要精准把握小农户的结构性分化进程，调整农业支持政策，促使退出型小农、自给型小农、兼业型小农和发展型小农朝着有利于自身发展方向前行，让退出型小农顺畅地实现由农民向市民身份的转换，尊重和保护自给型小农，引导兼业型小农向专业化、发展型小农转变，将政策扶持重心向最具潜力的发展型小农倾斜。一是，推动“小农户+强组织”。重点是要改变目前小农户分散经营的状态，挖掘利用乡村社会内生的自发性的互助协作传统，采用合作、股份合作等方式，积极探索小农组织联盟。二是，推进“小农户+强服务”。加快农业农村社会化服务体系建设，培育农业社会化服务综合体，积极推广农业共营制、农业生产托管等经营模式，探索以服务规模化为主线的小农户升级路径。三是，推进“小农户+强保护”。侧重于防止社会工商资本对小农户的挤出，并抑制地方政府土地流转的政绩化倾向、规模化偏好。四是，推进“小农户+强带动”。促进新型经营主体与小农户形成紧密的利益联结机制，培育以乡村作为基本生存空间、与小农户融合与信任程度更高的本土化新型经营主体，将对新型经营主体的财政支持政策与小农户带动面、带动程度挂钩。鼓励新型农业经营主体与小农户构建合作共赢关系，新型经营主体将品牌、技术、农资、销售渠道共享给小农户，构建多种经营主体共生格局。

第 8 章　多种形式农业适度规模经营发展的政策取向与对策建议

21 世纪以来，随着工业化与城镇化加快推进，农村和农业劳动力大量向城镇和非农产业部门转移，农业兼副业化、农村空心化、农民老龄化趋势加剧，未来谁种地、如何种地问题越发突出，严重影响到我国农业农村的可持续发展。基于这种形势，政府把推动多种形式的农业适度规模经营和农业经营方式改革创新放在了更加突出的位置。

8.1　推进多种形式农业适度规模经营发展的政策取向

8.1.1　农业适度规模经营需要因时因地推行差别化模式

推动农业规模经营应因时因境，结合区域自身特征，尊重土地流转双方主体意愿，从比较效益出发，推行差别化模式，提高规模经营效益水平。具体而言，农业规模经营的路径模式及其适宜区间需要依据不同地域地貌特征、当地种养业习性、农业劳动力供给情况、农业机械化水平以及当地社会经济条件等综合确定。2014 年，中共中央办公厅、国务院办公厅印发的《关于引导农村土地经营权有序流转发展农业适度规模经营的意见》中指出，要合理确定土地经营规模。并指出现阶段，对土地经营规模相当于当地户均承包地面积 10～15 倍、务农收入相当于当地二三产业务工收入的应当给予重点扶持。由此，可以把这一标准作为适合大多数地方的土地适度经营规模的参考标准之一。重点支持在适度规模经营适宜区间内的新型农业经营主体，注重新型经营主体对小农户的组织协调，坚决摒弃农业现代化基金主义“大农场”“大机械”“土地大流转”的认知误区。如在经济发达的成都平原地区，农地流转意愿较强且资本量充足，地方政府可以采取资本或技术替代劳动力模式，引导农户加入土地股份合作社、转包土地经营权等推行工厂化或农场化经营模式；在山丘区，土地细碎化程度较高，可积极鼓励开发适用于山丘地区的、小型便携式农机具，并配套提升农业社会化服务水平，缓步推进小规模家庭农场模式；而对于贫困山区和少数民族地区而言，区位经济条件差、农业劳动力转移渠道不畅通，土地高度分散、农资明显匮乏，不适宜通过土地规模化经营来追求农业现代化，可以继续保留小规模农户分散经营模式，在确保满足贫困山区农民基本生存的理性需求的基础上，把握规模经营的适度性，合理开发山区绿色生态资源，挖掘农民绿色增收潜能。

8.1.2　农业适度规模经营以确保粮食安全作为基本前提

土地流转规模增速尽管有所放缓，但在新型城镇化推动下仍将表现出进一步扩张态势。乡村振兴战略的实施促使农业农村领域的投资对工商资本有着巨大的吸引力，随着工商资本大举介入“三农”领域，“非粮化”“非农化”现象也在不断加剧，由此引致的农业生态环境破坏问题必须引起社会高度重视。目前，在推进农地流转过程中，“非粮化”和“非农化”倾向依然明显，凡流转土地规模较大的经营主体，基本都有着较强大的社会工商资本背景。而保障粮食生产安全的公益性目标并不能寄托于逐利性强的资本经营主体，传统小农户及在传统家庭经营基础上发展起来的适度规模经营主体才是确保粮食安全的中坚力量。因此，粮食规模化经营支持政策应更多地倾向于“家庭经营+适度规模”，而非大规模甚至超大规模的工商资本运作模式。鉴于此，政府应着力加强对家庭农场、专业大户等能够保障粮食安全生产的适度规模经营主体的扶持，以及对传统小农户的包容和保护，推动其逐步向现代小农户转变。政府要在切实提升种粮收益上做文章，如提升种粮主体补贴效能和保险力度，并在农业基础设施建设、金融信贷、农资供求、社会化服务、技术培训、市场销售等领域提供必要扶持与优惠。此外，政府还要结合市场情况，制定合理的粮食最低保护价，适度调控生产资料的市场价格，保障农民种粮收益，防止出现“谷贱伤农”的现象，不能让土地流转后继续种粮成为一句空话。

8.1.3　农业适度规模经营要搞好农地流转配套改革措施

农业适度规模经营的根本出发点和落脚点是发展现代农业和促进农民增收。在推进多种形式农业适度规模进程中，政府须切实做好农业发展规划，在引导土地、劳动力和资本等向优势产业集中的同时，要兼顾好农户权益，解决好失地农民出路问题，推动农村劳动力稳步向城镇转移。在新型城镇化带动引领下，政府要继续提升地区非农产业部门对农业剩余劳动力的吸纳能力，通过积极提升农村劳动力职业素质与技能，加快农村劳动力非农化转移。同时，鉴于农业有效劳动力匮乏和雇工成本大幅提升的现实问题，一方面，政府要积极探索构建服务内容充足、供需匹配的新型农业社会化服务体系，推进农业分工深化，有效降低规模经营成本和拓展规模经营维度，即促成新的范围经济。另一方面，农业规模经营主体自身要充分利用资金、技术等优势，推动农业生产要素朝着技术密集型、资本密集型的方向发展。其次，政府要进一步明晰土地权能，不断放活经营权，强化农户对土地的收益权和处分权能，真正让土地的资源优势转变为资产优势。在依法自愿有偿的原则基础上，探索“政府培育市场，市场引导流转，流转促进发展，发展维护民权”的土地流转机制。同时，要规范农村土地流转市场，按照“依法、自愿、有偿”的原则，规范开展土地流转，切实维护农民、村集体和流入经营者三方的合法利益。此外，按照城乡基本公共服务一体化要求，针对农村公共服务有效供给方面的短板，政府要不断加大对农村社会保障的投入力度，逐步弱化土地的福利与社保功能，解除土地转出户的后顾之忧，提升土地规模化经营的稳定性。

8.1.4 农业适度规模经营需要注重提升社会化服务质量

我国农业社会化服务供给规模偏小、服务领域偏窄。需着力构建符合农业经营主体诉求的专业化农业社会服务体系，秉承“民办、民管、民有、民受益”原则，推动构建真正为农服务的农业合作组织，将分散的小农户有效集中起来，合力应对日趋激烈的市场竞争和可能出现的各类自然风险。推动落实公益性服务与经营性服务相结合、专业性服务与综合性服务相协调的服务机制，鼓励支持农业社会化服务组织从单一环节服务向综合性全程服务发展，探索创新多元主体引领的多种形式社会化组织服务模式，按产业链分工做好各类社会化服务组织之间的分工与协作，支持各类农业生产服务组织开展土地托管、联耕联种、代耕代种、统防统治等直接面向农户的农业生产托管，扩大服务规模，集中连片推广绿色高效农业生产方式，切实有效提升农业社会化服务效率。对那些社会化服务规模达到一定标准的新型经营主体给予更多优惠政策。要从解决农业问题和农民问题双角度出发，鼓励农业规模化服务主体以多种形式带动兼业农户和留守劳动力参与到现代农业生产经营体系中，满足结构性分化小农不同方面的利益诉求。同时，鼓励供销合作、邮政储蓄等社会机构发挥组织资源、资金等方面的优势，为各类经营主体提供有针对性的社会化服务。

8.1.5 农业适度规模经营要把控好新型主体与小农关系

大国小农是我国基本国情和农情，必须要实现小农户和现代农业发展有机衔接。发展农业规模经营离不开新型农业经营主体的带动。培育新型农业经营主体，首先需要明确的是，要确保农村基本经营制度不能动摇以及家庭经营的基础性地位。推进多种形式农业适度规模经营，要以小农户为支撑，以发展专业大户和家庭农场为核心，将各类合作社作为现代农业的服务载体，产业化龙头企业积极发挥引领作用，积极营造适宜新型农业经营主体发展的制度环境，推动要素资源朝着新型农业经营主体集聚和优化配置。在发展壮大新型农业经营主体的同时，不能忽视小农户的发展诉求，特别要协调好新型经营主体与传统小农户之间的利益关系。要深刻认识到，一方面，传统小农户数量庞大，他们从事农业生产经营的活跃期还有相当长的一段时间。他们的生产活动不能与现代农业发展相隔离，不能因为强调发展新型经营主体，就促其完全取代传统小农户，这是不切实际的，也是错误的做法。一定程度上而言，以家庭经营为核心的现代农业是否具有生命力，关键在于众多小农户是否能与现代农业相接轨，分享农业现代化成果。然而，小农户先天弱质性会随着城镇化与市场化程度的加深而表现得愈加明显。因此，大力扶持传统小农户发展，不仅仅是全面建成小康社会和乡村振兴的发展需要，更是稳定农村大局和构建和谐社会的必然要求。另一方面，新型农业经营主体与传统小农户之间本身就是相伴而生、相辅相成的，尽管在市场经济中存在一定的竞争关系，但更表现出协同共生的发展态势。可以说，一部分新型经营主体如专业大户、家庭农场正是小农户结构性演化形成的。而农民合作社和龙头企业这类新型经营主体通过“农户+合作社”“农户+公司”等多种利益联结机制将传统小农户纳入现代农业产业组织体系中，带动传统小农向现代小农转型，小农户由此又可以发展成为合作社与龙头企业的原料供应“车间”。因此，在未来农业经营体系的构建中，传统农户与新型农业经营主体需要并重发展，不可偏废。

8.2 推进多种形式农业适度规模经营发展的对策建议

我国区域间自然资源禀赋、社会经济基础、农村劳动力转移、技术服务水平等差异大，迫切需要贴合区域经济、农情实际的农业适度规模经营发展路径，因地制宜、因境施策，围绕“农业全产业链”整合建设现代化农业生产、经营、服务体系，走“内生性”的农业适度规模经营发展路径。因此，本书提出以下建议。

8.2.1 明晰土地权益，为农村土地流转集聚奠定基础

党的十九大提出了第二轮土地承包到期后再延长三十年的要求，这对稳定农村土地承包关系，加快推进农村土地流转奠定了更加坚实的基础。各地要依法健全土地用益物权登记制度，明确土地所有权、承包权、经营权的归属，全覆盖地做好农村土地确权颁证工作，强化对农村耕地等各类土地承包经营权的物权保护，发挥土地承包经营权效用，保护土地承包经营权人的权利，巩固完善农村基本经营制度，让土地资源转化为土地资产。同时，也要在保持现有农村土地承包关系稳定并长久不变的基础上，探索建立归属清晰、保护严格、流转顺畅的农村产权制度，为规范农村土地流转，促进规模经营奠定基础。健全土地流转信息发布平台，开展土地流转供需登记、信息发布、价格评估、政策咨询等服务工作。建立完善农地流转交易价格机制，主要包括土地市场价格、流转土地最低保护价格、正常增长价格、土地流转费用补偿价以及政府定价或指导价等机制，形成政府指导、市场定价的土地流转定价方式。构建起土地规模流转风险处理机制，在流转业主资质审核、初次流转面积限制和风险保证金机制等方面取得突破，确保流转双方利益，降低流转风险。进一步健全以乡镇为基础的土地承包及土地流转监管体系及纠纷调处体系，规范矛盾处理程序，依法调处各类纠纷案件。同时，还要完善“三权分置”制度，探索“三权分置”多种实现形式，从根本上提高资源配置效率、土地产出效率和劳动生产效率。

8.2.2 倡导多方参与，发展联盟型农业适度规模经营

一是，培育多类型农业经营主体。一定程度上，农业规模经营主体能够反映农业生产力水平。鉴于之前分析，本书认为多类型农业经营主体涵盖了新型农业经营主体(专业大户、家庭农场、农民合作社以及产业化龙头企业)、现代化小农(即顺应现代农业发展要求的新型

职业农民）以及致力于长期稳定在农业生产上的传统小农户。现代农业经营组织构架下的多类型农业经营主体之间不应该是相互排斥的关系，而应是在集约化、组织化、社会化目标诉求下，合力推动要素集聚和优化配置，以实现农业规模经济性。要增强新型农业经营主体带动能力，把对新型经营主体的政策支持力度与带动小农户数量挂钩。因此，政府可以从四个方面着手推动多类经营主体协同发展：第一，积极培育现代职业农民。有计划地构建新型职业农民培育体系，培育内容不局限于专业技术，还要涉及农业发展理念、经营管理经验、科技发展、农业农村文化等多个领域，切实提升现代农民职业素养。在加大对现有农民培育力度的基础上，鼓励返乡农民工、大中专毕业生以及农村青壮年劳动力加入现代农业生产活动中来，不断优化农村人力资本结构，打造新时代乡村振兴的生力军。第二，注重引导新型农业经营主体阶梯式发展，充分发挥不同经营在各个生产经营环节的优势。政府要对新型农业经营主体提供阶梯式、层次化和差别化的政策引导，构建新型经营主体分类信息库，注重不同类别经营主体在农业产业中的不同职能分工，做到分工明晰、权责明确，并在此基础上推动有能力、有潜力的专业大户、家庭农场等逐步向合作社或产业化龙头企业转型。要促进不同经营主体的融合发展，鼓励合作社、联合社、家庭农场联盟、产业化联合体等更大规模的产业联合体发展，提升主体市场竞争能力，倍增发展优势和效率。第三，要深化多类型农业经营主体的利益联结机制。引导推动合作社、农业企业、家庭农场等，通过保底分红、股份合作、利润返还等，与小农户建立紧密的利益联结关系，带动小农户分享农业产业链增值收益。第四，稳慎提升新型农业经营主体的规模经营水平与经营范畴。鉴于农业与关联产业间的互动融合趋势，要积极探究不同产业规模化经营的准入制度与经营范畴，找准新型经营主体定位，挖掘其可能从事的新的经营范畴，促成规模经济与范围经济的融合效应。

二是，构建新型农业经营组织联盟。在推动多种形式农业适度规模经营进程中，要充分发挥各类农业经营主体的自身优势，促成相互之间的良性互动，提升现代农业的供给总量、质量、结构与效率。要在稳定家庭承包经营制度基础上培育壮大多元化新型农业经营主体，促进小农户与多元主体利益融合共享，以社会化服务为支撑，推广合作制、合同制、股份制、产业联合体等多种形式的利益联结机制与组织模式。在确定不同类别经营主体在组织协同、资源要素配置和提升效益与竞争力等方面的功能的基础上，引导联盟合作，鼓励种养大户、家庭农场或农民合作社以土地经营权、原料或产品等形式参股产业化龙头企业，农业社会化服务组织为农业生产经营提供各种服务支撑，充分发挥专业化、规模化、集约化优势，打造现代农业产业化联合体。与此同时，要积极倡导各类农业经营主体与农业高校、科研机构之间开展多种形式的科技帮扶行动，打造农业产业技术创新和提升战略联盟，通过技术创新促进实现规模经济效益跨越式发展。

8.2.3 强化利益联结，发展股份型农业适度规模经营

一是，创新土地经营权入股形式。探索多种形式土地经营权入股方式，让农户从土地

经营权入股中得到稳定收益。一方面，推动联产联营模式，鼓励农户以土地经营权参与企业股份，或以土地经营权作价出资加入农民专业合作社，促使农民与合作社或企业之间形成利益共同体，共同分享产业经营利润；也可以推动企业入农民的“股份”，即企业担负起农业基础建设、农资供应以及农业技术等成本，如农资采购、设施大棚和养殖圈舍的建设，农产品销售平台的搭建等，但仍然实行农民分户经营模式，企业对农业生产经营增产增值部分进行分红；抑或是农民以土地经营权作价、企业以资金、科研机构以技术联合参股构建股份合作经营，经营收益按股分配，由此激发土地作为资产的重要价值。

二是，鼓励集体资产量化确股。据农业农村部数据，截至 2016 年末，我国农村集体资产总额达 3 万亿元以上(不含有土地等资源性资产)，是推动农业规模经营发展和壮大集体经济的重要支撑。可以鼓励开展土地和集体资产股份制改革，积极探索“资源变股权、资金变股金、农民变股东”的发展模式，推动农村资产股份化、土地股权化。将农村承包地、集体建设用地、集体资产等确权分股到户，通过成立股份合作公司或向新型农业经营主体招标实现农业规模化经营，带动农民增收。同时也鼓励资金入股、技术入股、资产入股等多种股份合作形式，明晰各类产权归属，坚持股权平等、同股同利，维护好入股成员的各项权益，引导财政投入到村的发展类资金转变为村集体和农户持有的股金，确保农民真正受益(肖艳丽，2017)。

8.2.4　壮大产业实力，发展融合型农业适度规模经营

一是，改善农村生产条件。就外部条件来说，农田水利等农业农村基础设施对土地实行规模经营有着重要的作用。抓好土地整治，减少耕地分散、细碎化等问题，提高农村承包地便捷耕作条件和产出质量；积极开展农田水利设施和机耕道路等的建设，完善和配套农业基础设施，改善农村承包地耕作利用条件；因地制宜推进农业机械化，推广小型农业机械和现代农业机具，尤其是劳动力节约型机械，通过提高农业机械化水平带动农业劳动生产率稳步提升。

二是，引导规范工商资本合理入农。引导工商资本合理介入农业生产经营领域，严防工商资本下乡的负面效应。鼓励工商资本在农业生产经营的薄弱环节大展手脚，如良种种苗繁育、高标准设施农业建设、农村“四荒”资源开发、农产品加工储运及销售等适合企业化经营领域。同时，建立完善的工商资本下乡审查、项目审批和风险保障金制度，应在工商企业经营规模、经营范畴、土地用途和风险防范等方面设定门槛、展开监督，做到全程监督，切实避免工商资本圈地和影响粮食安全生产，确保流转土地原有用途不改变。

三是，加快促进农业与关联产业融合。第一，推动农业内部产业融合，如依靠“菜-果种植”“粮-经种植”“粮-渔复合”“果-牧结合”等，以及发展立体农业和循环农业等模式避免单一农产品生产的周期性障碍和生产要素资源的闲置，走上生态高效适度规模经营之路。第二，推动农业产业链上下游延伸，以农产品生产为依托，向农产品加工业、

农村服务业以及乡村旅游业顺向融合；也可以依托农村加工业或服务业基础向农产品原料基地、农产品批发市场逆向融合，走高附加值的适度规模经营之路。第三，推动农业与相关产业融合发展，以农工融合、农商融合和农旅融合渗透和交叉重组为路径，以产业范围拓展和产业功能转型为表征，推动农业“六次产业化路径”，激发农业与农村发展新活力。

8.2.5 发挥基层优势，提高村级组织治理和服务能力

一是，加强农村基层党组织建设。党的基层组织在推进农村土地适度规模经营、实施乡村振兴战略中大有可为。土地流转加速了农村人口流动，一方面外出务工人员回村参与治理的能动性不足，另一方面农村二三产业发展带来的外来人口有更多的利益诉求，使乡村治理面临更多的调整。因此，要按照《中国共产党农村工作条例》和《中国共产党农村基层组织工作条例》等规定，加强农村基层党组织建设，全面提升村级党支部组织力、凝聚力、战斗力。强化村党组织对村级各类组织的领导，构建农村党支部、村委会、综合服务站和村集体经济组织、专业合作社等的相互协调，促进乡村治理体系和治理能力现代化。村党组织，特别是村集体经济组织要积极发挥能动性，整合农户的土地、劳动力和闲散资金等资源，实现适度规模的有序发展。

二是，优化村级组织服务。要更好地推进农村土地流转，发展农业适度规模经营，促进农业产业发展，还需要基层组织特别是村级组织发挥服务优势。要改变基层服务中的落后保守的管理方式和工作方法，如官本位思想、形式主义做法、一言堂式的家长制作风等。健全村民自治制度，推行以民主选举、民主决策、民主管理、民主监督、民主协商和党务、村务、财务公开为主要内容的“五民主三公开”制度建设。鼓励每个村都建立土地流转服务中心，使土地等各种要素资源在交易平台里有序地流动。指导合作社等各类经济组织在发展过程中都注重民主基础上的广泛参与，充分发挥每位成员的积极性和主动性。积极利用信息化、大数据等现代技术手段，探索建立“互联网+”治理模式，提高信息服务覆盖面，为农民群众提供便捷服务。

8.2.6 加大资金支持，完善适度农业政策保障体系

一是，加大财政支持力度。农业规模化经营主体在进行农业规模化经营的过程中要承担土地承包费用、农机具和农业生产资料购置费用、雇佣劳动力等费用，如果没有一定的资金积累，农业规模化很难维持下去。推进农业适度规模经营离不开政府财政的大力支持，应该出台优惠政策，为农业规模化经营提供便利。要破除体制机制障碍，发挥财政资金的引导和杠杆作用，通过贷款贴息、先建后补、股权投资等多项措施，带动金融和社会资本投入。以贴息等手段吸引金融资本通过贷款、融资担保等方式建设高标准农田；同时，高标准农田建设财政补助形成的资产，依托农民合作社等新型农业经营主体持有和管护，建立推进高标准农田建设、使用、管护一体化的新机制。加大贷款贴息扶持力度，撬动更多

金融资本投入农业产业化发展。探索利用股权投资基金、股权引导基金等方式，引导社会资本投入现代农业发展。完善产业化经营项目财政补助和贷款贴息政策，支持龙头企业与合作社、农民建立紧密的利益联结机制。

二是，创新新型融资产品。为了更好地解决农户贷款问题，还应该积极开发农村金融产品。针对农户特别是新型农业经营主体资金需求流动性大、季节性较强的特点，通过一次授信、多次使用，运用农产品、仓单抵(质)押等多种方式，设计符合新型农业经营主体特点的金融产品。进一步完善农业产业发展引导基金政策性农业投资公司和农业担保公司的运行制度，确保政府支持的融资担保和再担保机构优先为新型农业经营主体提供服务。鼓励中国农业银行和农村信用合作社等金融机构放宽农村贷款限制，增加贷款项目和数额，简化贷款手续。借鉴互联网金融、大数据处理等技术，制订适应新型农业经营主体发展的评级、授信、抵押等办法和信贷操作流程。

三是，健全农业保险政策。农业适度经营主体在生产过程中，不但要承担无法避免的自然风险，还要面临价格波动等市场风险。要降低农业规模化经营的风险，要进一步建立和完善相关的政策性农业保险和商业保险制度，使经营主体在各种风险来临的时候避免因遭受严重的损失而无法继续发展。要构建多层次的农业保险体系，加大政策支持力度，提高政策性农业保险规模，逐步提高保费补贴比例和保额，尤其是重点农产品(如粮食作物)，扩大对农产品尤其是各地区重要的特色农产品的政策性保险补贴范围，鼓励农业规模化、产业化经营。创新农业保险产品，发展价格指数保险、“期货+保险”，同时充分运用科技手段构建数字化农险经营管理体系。加大对农业保险的宣传力度，充分利用电视、网络、微信、报纸等媒介对农业风险及保险知识进行讲解，使农户能够深入了解投保程序和补贴政策，加深群众的风险意识和对保险的认识。

8.2.7　鼓励因地制宜，积极推行差别化规模经营路径

以四川省为例，成都平原地形平坦、土壤肥沃、经济发达、资本量充足，农户对土地和农业依赖性相对较弱，耕地流转意愿较强，在土地成本和人工成本增速较快的现实背景下，可推行资本或技术要素替代土地和劳动力的发展模式，逐步推广“家庭农场化”或“工厂化”农业适度规模经营模式，并创新发展专业化农业服务体系。推进集中成片的标准化、规模化农产品生产基地和农业园区建设，加快优质粮油、蔬菜、伏季水果、茶叶、猕猴桃、食用菌等优势特色产业和高端种业、设施农业发展，借助成都平原市场、科技、信息和资本优势，全面提升农业机械化、信息化、品牌化水平，走高端农业和农业高端之路。同时，积极推动一、二、三产业联动发展，促使农村剩余劳动力向二、三产业有效转移，进一步提升农民非农收入水平。而对于四川山地丘陵区而言，受土地分散、位置偏远、基础设施较差、交易成本高等条件限制，土地经营规模普遍偏小，耕地流转意愿相对较弱。因此，推动山地丘陵区农业适度规模经营，首先要积极开发适应其地形地貌特征的中小型、

便携式农业机械，以及适合丘陵山区特色产业生产与加工的农业机械，加速提升丘陵山区农机化水平，同时大力推进农业生产服务的社会化、合作化和专业化，有序稳妥推行“小规模家庭农场”模式；对于贫困山区而言，经济严重滞后，土地细碎化程度高，可以继续保留其小规模分散经营模式，在确保农民基本生存需求的基础上，通过三产适度融合开发带动农业经营效益提升。

第9章 研究结论

本书得到的结论主要涵盖以下五个方面。

一是，要因地因时因境推进多种形式的农业适度规模经营。推行农业适度规模经营是一个较为漫长的过程，不能一哄而起、一蹴而就，须根据各地区实际要素资源禀赋和社会经济情况，并按照农业经济结构演进规律稳步推进。①部分沿海地区，非农产业发达，从事非农产业的农村劳动力比重占据农村劳动力总数的8成以上，农民收入是以稳定的非农收入为主、土地产出收入对大部分农民来讲已不是主要收入来源，在此基础上推动土地规模经营具有明显优势。②在贫困山区，留守的传统小农为降低闲暇成本，在农业生产经营过程中更愿意选择传统农耕模式，强行推行农业机械化或小农户与服务商的合作难以促成有效规模经济效益，甚至在一定程度上会损害小农的社会福利。③农业规模经济的发展伴随着农业经济结构的调整，农业经济结构的调整又受制于非农产业部门与非农就业结构的影响，农业经济与非农经济具有经济产业一体化的社会保障，从而督促农业生产不能仅以经济收益为诉求，要综合考虑社会效益和生态效益。

二是，推行农业适度规模经营不等于消除小农经济，要推动形成多元的农业经营主体的共生格局。既有研究多从经济层面分析比较各类农业经营主体，强调了农业规模经营主体(如专业大户、家庭农场、农业企业)相比于小农(留守农户)在农业生产经营上的优越性。然而，本书认为小农经营与多种经营业态形式推动下的适度规模经营并不相互制约，家庭经营的规模可大可小，可以向其他形式过渡转换。多元经营主体共生格局下，需注重农业龙头企业、农民专业合作社、家庭农场等不同经营体的分工职能，在不断强化已有土地改革成果的基础上，积极发挥市场在资源配置中的基础性作用，让农户的承包权稳下去、经营权活起来，推动实现新型经营主体引领作用，将小规模种养殖户纳入现代农业经营组织体系中来，推动经营产业化和运作市场化。同时，鉴于新型农业经营主体在农业规模化经营中可能存在的“非农化”与“非粮化”倾向，在推行适度规模经营的进程中，一定要配套相应的政策管理机制和社会监督机制，务必要在以粮食安全生产为前提的基础上，基本确保小农户增收及其基本社会保障(特别是贫困地区农民的生存保障)，不断降低小农获取产前、产中和产后生产性社会化服务的成本，适度推行以追求经济收益为目标的多种经营模式。

三是，农业规模经营的度量标准应该是多元化的，不能单纯以经营者的土地规模为标准。部分地区调研显示，农地经营规模扩大后，土地产出率依然偏低，表明土地规模的扩大并不一定能够实现规模经济。一方面，这可能是受经营者素质、配套资金支持、农机化水平或农业科学生产管理水平发展不充分等因素影响。另一方面，农业适度规模经营发展实质上反映的是农业经营方式的变革，涉及农业经营主体、农业组织构架、农业分工格局、农业与关联产业融合等多方面演变，主要是试图通过农业生产专业化分工、服务专业化分工促进小农与现代农业的有效衔接。但在土地租金和人工成本不断攀升的趋势下，农地经营规模的扩大或农业生产服务分工的细化，在很多情况下还是难以促成农业经济效益的显著提升。因此，在条件允许的情况下，还要尽可能拓展农业产业链，实现农业与相关联产业融合带来的乘数效应。与之对应的是，未来的财政补贴、土地改良保护、农业技术推广、农业保险、农业信贷等政策也要根据各类农业规模经营的具体业态进行分类扶持。

四是，要厘清小农户结构性分化的演进规律和未来趋势，积极消除小农户分化对农业适度规模经营的负面影响。随着城市化与工业化的快速发展，农民兼业行为促使小农与土地关系不断松动，以代际分工为基础的“半工半农”家庭经营模式发展成为多数农民主要生产农业的生产方式，小农结构性分化也在明显加速。由此，小农户的经济行为在一定程度上是嵌入社会经济结构演进与农业生产生活中的，其经济决策的合理性需要放在其具体的生产生活方式之中。然而，大量农户兼业化行为在一定程度上会弱化其对农业生产增长的追求，导致现代要素难以充分应用到农业生产中，制约了农业现代化进程。因此，要厘清小农结构性分化趋势，要侧重从经济效益、社会福利等多层面探究兼业化与留守农业的生存与发展诉求，并通过相关政策引导小农健康有序发展，逐步消除家庭分化和兼业化对农业适度规模经营的负面效应。

五是，随着农业产业链的横纵向拓展延伸，可能会带来农业规模经济(包含农业内部规模经济或农业外部规模经济)，也可能带来农业范围经济(农业内部范围经济或农业外部范围经济)，还可能促成农业规模经济与范围经济的融合发展。不同研究层面下，规模经济与范围经济之间还存在相互转换的关系，如可通过农作制度创新促成复合型、立体式农业规模经营。从种植业角度来看，“稻渔共生”模式可以看作是实现了范围经济；但如果将“稻渔共生”模式放入种养殖业范畴，又可认为分工细化带来了规模经济。再如，农业与关联产业的互动融合，在持续保障农产品生产供应的基础上，催生出农产品加工业、农业休闲旅游业、森林康养业等新产业或新业态，可认为实现了农业外部范围经济；但若放在社会化大分工体系下，这也可以理解为促成了社会经济体系内的规模经济。由此研究认为，农业规模经济与范围经济之间不存在完全的界限，但其产生与发展离不开社会化分工及分工程度的不断提升，以及农业与关联产业组织体系及社会化服务体系的不断健全，并在此基础上推动实现要素资源的优化配置。

因此，无论是国家顶层设计还是地方政府都应该认真审视农业规模经营的价值取向，这种价值取向并不仅仅局限于经济价值和生态价值，还需要结合社会价值的视角赋予那些愿意从事农业的适度规模经营农户农业经营主体地位。一定要科学把握规模经济理论的基本内涵与外延拓展，基于经营主体比较利益和要素合理配置原则，把握农业规模经营的适度性，要避免脱离区域农业生产实际，从农产品多类型、农业多功能属性与农业业态多样性出发，审视农业规模经营发展的多种路径模式。同时，还要考虑适度规模经营的社会效益，要强调对小农的包容性，防止农业规模经营形式的单一化和对小农户的排挤，从而影响到粮食安全和主要农产品供给保障。

参 考 文 献

鲍海君,张晓东. 2014. 中日农地制度的交汇与分野：兼论当代中国农地制度的改革方向[J]. 中国土地科学, 28(10)：76-82.

蔡伟，杜丹. 2014. 德国农业经营体系研究[J]. 世界农业, (7): 166-168.

曹东勃. 2014. 农业适度规模经营的理论渊源与政策变迁[J]. 农村经济，(7)：13-18.

长子中. 2011. 论稳定家庭承包经营与适度规模经营的关系[J]. 北方经济，(19)：17-20.

陈炳瑞,陈言新. 1997. 湛江农垦局农业产业化发展的经验与启示[J]. 农村财政与财务，(2)：23-25.

陈杰，苏群. 2017.土地流转、土地生产率与规模经营[J]. 农业技术经济，(1) :28-36

陈锡文. 2017. 农民创业第三空间：规模经营下的农民出路[J]. 农村工作通讯, (16): 53.

陈学云,程长明. 2018. 乡村振兴战略的三产融合路径：逻辑必然与实证判定[J]. 农业经济问题，(11)：91-100.

陈勇勤. 2006. 论中国小农经济的劳动投入问题[J].求索，(9)：1-5.

陈勇勤. 2008. 研究中国小农经济与使用生产函数分析方法[J]. 西北师大学报(社会科学版)，(1)：111-116.

陈玉萍，丁士军，孙飞. 2018.新时代中国农业农村的发展困境与出路——基于邓小平农业“两个飞跃”理论的视角[J].毛泽东邓小平理论研究，(3)：6-12,107.

陈中伟. 2018. 中国农民职业分化与农地适度规模经营——理论综述、发展历程、困境与耦合发展机制[J]. 兰州学刊, (7)：199-208.

陈宗胜，陈胜. 1998.实现农业规模化经营的若干思考[J]. 南开学报，(2)：47-51.

程秋萍. 2017. 哪一种适度规模?——适度规模经营的社会学解释[J]. 中国农业大学学报(社会科学版), 34(1)：69-82.

党国英. 2015. 小农户如何提升规模经营水平——江苏射阳“稳定地权、协作经营”模式调查[J]. 国家治理, (17): 39-43.

邓国清. 2019. 发达国家农地流转经验及对我国农业适度规模经营的启示[J].齐齐哈尔大学学报(哲学社会科学版)，(10)：32-35.

丁关良. 2010. 国外农用土地流转法律制度对中国土地承包经营权流转的启示[J]. 世界农业，(8):38-42.

董雪娇，汤惠君. 2015. 国内外农地规模经营述评[J]. 中国农业资源与区划, 36(3)：62-71.

杜尔阁.1978. 关于财富的形成和分配的考察[M]. 南开大学经济系经济学说史教研组,译.北京：商务印书馆.

杜润生.1981.在中国农村发展问题研究组讨论会上的讲话[J].农业经济丛刊,(3):1-3, 12.

杜志雄. 2014.农业规模经营既要讲效率亦要顾公平[J].农村经营管理，(4):26-27.

范丹,邱黎源,刘竞舸. 2018.我国土地流转违约风险防范机制研究——以邛崃市开展履约保证保险为例[J].四川师范大学学报(社会科学版), 45(1):98-105.

高峰，孙士鹏. 2014. 培育家庭农场调研[J]. 农业工程, 4(5)：126-127.

高强，孔祥智. 2013. 日本农地制度改革背景、进程及手段的述评[J]. 现代日本经济，(2)：81-93.

高强，刘同山，孔祥智. 2013. 家庭农场的制度解析:特征、发生机制与效应[J]. 经济学家，(6)：48-56.

顾秀林. 2010. 现代世界体系与中国“三农”困境[J]. 中国农村经济, (11): 84-90.

郭棒. 2017. 美国农业经营体系研究[J]. 哈尔滨师范大学社会科学学报, 8(4)：59-62.

郭庆海. 2018. 小农户：属性、类型、经营状态及其与现代农业衔接[J]. 农业经济问题，(6)：25-37.

郭熙保，冯玲玲. 2015. 家庭农场规模的决定因素分析：理论与实证[J]. 中国农村经济, (5): 82-95.

郭晓鸣，曾旭晖，王蔷，等. 2018. 中国小农的结构性分化：一个分析框架——基于四川省的问卷调查数据[J]. 中国农村经济，(10)：7-21.

郭晓鸣. 2014. 推进土地流转与适度规模经营需要高度关注四个问题[J]. 农村经营管理, 141(11): 17-18.

韩俊. 1998. 土地政策: 从小规模均田制走向适度规模经营[J].调研世界, (5): 8-9.

韩俊. 2014. 准确把握土地流转需要坚持的基本原则[J]. 农村经营管理, (11): 13-15.

何慧丽, 温铁军. 2008.新农村建设在村庄层面上是农民全方位的合作[J]. 农村. 农业. 农民(B版), (1): 1.

何秀荣. 2009. 公司农场: 中国农业微观组织的未来选择?[J]. 中国农村经济, (11): 4-16.

何秀荣. 2016. 关于我国农业经营规模的思考[J]. 农业经济问题, (9): 9-13.

贺书霞. 2014. 外出务工、土地流转与农业适度规模经营[J]. 江西社会科学, 34(2): 60-66.

胡新艳, 王梦婷, 吴小立. 2018. 要素配置与农业规模经营发展: 一个分工维度的考察[J]. 贵州社会科学, (11): 149-154.

胡新艳, 朱文珏, 罗必良. 2016. 产权细分、分工深化与农业服务规模经营[J]. 天津社会科学, (4): 93-98.

黄季焜, 马恒运. 2000. 差在经营规模上——中国主要农产品生产成本国际比较[J]. 国际贸易, (4): 41-44.

黄娟. 2009. 马克思关于分工与人的全面发展思想[D]. 开封: 河南大学.

黄莉新. 2009. 加快发展农业适度规模经营积极推进农业现代化建设[J]. 江苏农村经济, (7): 7-9.

黄云鹏. 2003. 农业经营体制和专业化分工——兼论家庭经营与规模经济之争[J]. 农业经济问题, (6): 50-55, 80.

黄振华. 2018. "小农户"研究的经典理论与中国经验——基于"小农生产"理论的源流考察[J]. 内蒙古社会科学(汉文版), 39(5): 47-54.

黄宗智, 彭玉生.2007. 三大历史性变迁的交汇与中国小规模农业的前景[J]. 中国社会科学, (4): 74-88, 205.

黄宗智. 2006. 中国农业面临的历史性契机[J]. 读书, (10): 118-129.

黄宗智. 2014. "家庭农场"是中国农业的发展出路吗?[J]. 中国乡村研究, (1): 100-125, 2.

黄祖辉, 俞宁. 2010. 新型农业经营主体: 现状、约束与发展思路——以浙江省为例的分析[J]. 中国农村经济, (10): 16-26, 56.

黄祖辉. 2017a. 坚持适度性和多样性 推进农业规模经营[J]. 农业经济与管理, (5): 12-14.

黄祖辉. 2017b. 乡村振兴战略中的适度规模经营问题[J]. 中国合作经济, (10): 17-19.

黄祖辉. 2018. 农业规模经营要适度也要多样[J]. 农村经营管理, (11): 26.

蒋和平, 蒋辉. 2013. 粮食主产区规模化经营的有益探索——河南省鹤壁市"中鹤模式"的解读与启示[J]. 农业经济问题, 34(5): 10-14,110.

蒋辉. 2013. 武陵山片区特色农业适度规模经营效率与实现路径研究[D]. 北京: 中国农业科学院.

卡尔·考茨基. 1955. 土地问题[M]. 梁琳, 译. 上海: 三联书店.

匡远配, 陆钰凤. 2016. 农地流转实现农业、农民和农村的同步转型了吗[J]. 农业经济问题, (11): 4-14,110.

匡远配, 陆钰凤. 2018. 我国农地流转"内卷化"陷阱及其出路[J]. 农业经济问题, (9): 33-43.

魁奈. 1979. 魁奈经济著作选集[M]. 北京: 商务印书馆.

兰勇, 熊彬雁. 2017. 农业适度规模经营的趋势、阶段性特征与制约——基于洞庭湖县市的调查分析[J]. 山西农业大学学报(社会科学版), 16(11): 1-6.

郎秀云. 2008. 现代农业: 美国模式与中国道路[J]. 中国乡村发现, (2): 143-148.

李宾, 孔祥智. 2015. 我国农业生产经营的制度突破: 日韩镜鉴与启示[J]. 改革, (1): 119-131.

李谷成, 冯中朝, 范丽霞. 2010. 小农户真的更加具有效率吗?来自湖北省的经验证据[J]. 经济学(季刊), 9(1): 95-124.

李光跃, 彭华, 高超华, 等. 2014. 农地流转促进适度规模经营的基本思考——基于四川省的调查分析[J]. 农村经济, (7):52-55.

李含悦, 张润清. 2018. 基于国际经验的农业产业化联合体建设研究[J]. 世界农业, (12): 162-167, 188, 252.

李宪宝.2014. 沿海地区适度规模现代农业实现路径研究[M]. 北京: 经济管理出版社.

李相宏. 2003. 农业规模经营模式分析[J]. 农业经济问题, (8): 48-51, 80.

廖彩荣，翁贞林，郭如良，等. 2018. 乡村振兴战略："五个振兴"、制度创新与国际经验——"乡村振兴专题论坛"综述[J]. 农林经济管理学报, 17(5): 622-628.

林毅夫，蔡昉，李周. 中 1998. 国经济转型时期的地区差距分析[J]. 经济研究，(6): 5-12.

刘凤芹. 2006. 农业土地规模经营的条件与效果研究：以东北农村为例[J]. 管理世界，(9): 71-79, 171-172.

刘洪彬，董秀茹，钱凤魁，等. 2014. 东北三省农村土地规模经营研究[J]. 中国土地科学, 28(10): 12-19.

刘丽，陈松柏，李杰，等. 2016.日本农业经营主体发展对我国山区农业适度规模经营的启示[J]. 贵州农业科学, 44(7): 159-162.

刘佩. 2015. 国外家庭农场的发展以及对我国的启示[J]. 经营管理者, (13): 120-121.

楼栋，孔祥智. 2013.新型农业经营主体的多维发展形式和现实观照[J]. 改革，(2): 65-77.

陆一香. 1988. 论兼业化农业的历史命运[J]. 中国农村经济，(2): 36-40.

罗必良，李玉勤. 2014. 农业经营制度：制度底线、性质辨识与创新空间——基于"农村家庭经营制度研讨会"的思考[J]. 农业经济问题, 35(1): 8-18.

罗必良. 2013. 农地保障和退出条件下的制度变革:福利功能让渡财产功能[J]. 改革，(1): 66-75.

罗必良. 2000. 农地经营规模的效率决定[J]. 中国农村观察, (5): 18-24, 80.

罗必良. 2014. 中国农业经营制度——理论框架、变迁逻辑及案例解读[M]. 北京：中国农业出版社.

罗明忠，万俊毅. 2017. 中国农业转型发展：经验、启示与展望，首届农业经济理论前沿论坛综述[J]. 经济研究, 52(6): 198-203.

罗伊・普罗斯特曼，李平，蒂姆・汉斯达德. 1996. 中国农业的规模经营：政策适当吗？[J]. 中国农村观察，(6): 17-29, 63.

吕晖. 2017. 农地流转制度国际比较研究[J]. 世界农业，(9): 82-88.

吕火明，周作昂，赵颖文，等. 2017. 人多地少!四川如何实现适度规模经营?[J]. 四川省情，(12): 51-52.

马凯，赵海. 2015. 德国扶持农业经营主体的措施及启示[J]. 农村工作通讯，(14): 61-63.

马晓河，崔红志. 2002. 建立土地流转制度，促进区域农业生产规模化经营[J]. 管理世界，(11): 63-77.

孟丽，钟永玲，李楠. 2015. 我国新型农业经营主体功能定位及结构演变研究[J]. 农业现代化研究, 36(1): 41-45.

倪国华，蔡昉. 2015. 农户究竟需要多大的农地经营规模?——农地经营规模决策图谱研究[J]. 经济研究, 50(3): 159-171.

聂晶，张明林. 2007. 基于新兴古典主义分工理论的农业产业化分析[J]. 安徽大学学报(哲学社会科学版)，(6): 144-147.

牛坤玉，李思经，钟钰. 2018. 日本乡村振兴路径分析及对中国的启示[J]. 世界农业，(10): 10-15.

农业部经管司经管总站研究组. 2013. 构建新型农业经营体系稳步推进适度规模经营[J]. 毛泽东邓小平理论研究, (6): 39-47.

潘希迁. 2017. 基于食物自给率视角的日本农业现存问题的分析[J]. 世界农业，(1): 58-65.

彭华，欧阳萍，李光跃，等. 2014. 农业劳动力老龄化的困境与出路——来自四川省的实证[J]. 农村经济，(10): 108-112.

恰亚诺夫. 1996. 农民经济组织[M]. 萧正洪,译. 北京：中央编译出版社.

钱克明，彭廷军. 2013. 关于现代农业经营主体的调研报告[J]. 农业经济问题, 34(6): 4-7,110.

钱克明，彭廷军. 2014. 我国农户粮食生产适度规模的经济学分析[J]. 农业经济问题, 35(3): 4-7,110.

乔志霞，霍学喜. 2017. 农业劳动力老龄化对土地利用效率的影响[J]. 华南农业大学学报(社会科学版), 16(5): 61-73.

秦元旭. 2016. 18 世纪英国社会结构变迁研究[M]. 成都：四川大学出版社.

尚旭东，张振，于海龙. 2018 ."农业共营制"：绩效、挑战与发展路向[J]. 农村经营管理，(3): 26-27.

尚旭东，朱守银. 2017. 粮食安全保障背景的适度规模经营突破与回归[J]. 改革，(2): 126-136.

邵爽. 2015. 工商资本进入农业与土地流转的关系研究——基于就业与保障视角[J]. 中国农业大学学报(社会科学版), 32(6): 111-118.

石晓平，郎海如. 2013. 农地经营规模与农业生产率研究综述[J]. 南京农业大学学报(社会科学版)，13(2): 76-84.

舒尔茨. 2006. 改造传统农业[M]. 北京：商务印书馆.

舒尔茨.2015. 经济增长与农业[M]. 郭熙保,译. 北京：中国人民大学出版社.

宋戈,林彤. 2016.东北粮食主产区农村土地承包经营权规模化流转定价机制研究——以黑龙江省克山县为例[J].中国土地科学, 30(6):44-51.

宋小亮, 张立中. 2016. 什么是农业适度规模经营——兼论与土地适度规模经营的关系[J]. 理论月刊, (3): 156-161.

速水佑次郎, 弗农・拉坦. 2000. 农业发展的国际分析[M]. 北京: 中国社会科学出版社.

速水佑次郎, 弗农拉坦. 2014. 农业发展: 国际前景[M]. 吴伟东, 等译. 北京: 商务印书馆.

孙小娇. 2018. 二战后法国农地产权政策初探[J]. 历史教学问题, (5): 84-90, 140.

孙新华. 2013. 我国应选择哪种农业经营主体?[J]. 南京农业大学学报(社会科学版), 13(6): 18-21.

谭林丽, 孙新华. 2014. 当前农业规模经营的三种路径[J]. 西南大学学报(社会科学版), 40(6): 50-56.

唐逊. 2017. 射阳县"联耕联种"政府扶持问题研究[D].咸阳:西北农林科技大学.

陶自祥. 2016. 农业经营主体分化: 价值取向及其效益分析[J]. 南京农业大学学报(社会科学版), 16(4): 110-118, 158.

万广华, 程恩江. 1996. 规模经济、土地细碎化与我国的粮食生产[J]. 中国农村观察, (3): 31-36, 64.

汪先平. 2008. 当代日本农村土地制度变迁及其启示[J]. 中国农村经济, (10): 74-80.

王鸿萌. 2018. 当小农生产遇上规模经营: 不是博弈, 是融合[J].农村经营管理, (4): 13-14.

王蕾, 张伟民, 金文成. 2016 . "十二五"时期农村土地承包和流转情况分析[J]. 农村经营管理, (6): 10-11.

王能应, 周龙洁. 2017. 农村土地按户"连片耕种"模式的探索——基于湖北省沙洋县的调查[J]. 党政干部论坛, (7): 44-47.

王亚华. 2016 . "三权分置"是顺应国情变化的农地制度创新[J]. 农村经营管理, (12): 1.

王亚华. 2017. 农村土地"三权分置"改革:要点与展望[J]. 人民论坛・学术前沿, (6): 56-60.

王银梅. 2010. 中国社会化小农与农村土地流转[J]. 农业经济问题, 31(5): 45-50, 110.

王玉强. 2006. 邓小平关于农业"两个飞跃"思想的由来及启示[J]. 党的文献, (1): 28-34.

卫荣, 高忠敏, 王秀东. 2016. 美国农场规模、收入及对我国的启示[J]. 中国食物与营养, 22(4): 19-23.

魏晓莎. 2014.美国推动农业生产经营规模化的做法及启示[J]. 经济纵横, (12): 73-76.

翁贞林, 阮华. 2015. 新型农业经营主体: 多元模式、内在逻辑与区域案例分析[J]. 华中农业大学学报(社会科学版), (5): 32-39.

吴斐丹, 张草纫. 1979. 魁奈经济著作选集[M]. 北京: 商务印书馆.

吴菊安. 2016.日本、韩国农业经营方式和社会化服务体系发展经验及借鉴[J]. 世界农业, (5): 30-34, 72.

吴伟东. 1988. 农业规模经营的层次性及我国农业规模经营的发展道路[J]. 中国农村经济, (6): 37-40.

伍旭中. 2008. 资源贡献条件下的农业发展与适度规模经营[J]. 改革, (1): 80-84.

伍振军, 孔祥智, 郑力文. 2011. 农地流转价格的影响因素研究——基于皖、浙两省 413 户农户的调查[J].江西农业大学学报(社会科学版), 10(3): 1-6.

夏益国, 宫春生. 2015. 粮食安全视阈下农业适度规模经营与新型职业农民——耦合机制、国际经验与启示[J]. 农业经济问题, 36(5): 56-64, 111.

夏永祥. 2002. 农业效率与土地经营规模[J]. 农业经济问题, (7): 43-47.

夏柱智. 2014. 虚拟确权: 农地流转制度创新[J]. 南京农业大学学报(社会科学版), 14(6): 89-96.

项继权. 1994. 我国农业规模经营政策初探[J]. 社会主义研究, (6): 55-58, 44.

肖艳丽. 2017. 推进多元化农业适度规模经营路径研究[J]. 当代经济管理, 39(01): 41-44.

邢琳. 2016. 法国农村发展政策(2010—2015 年)研究[J]. 世界农业, (6): 104-108,223.

徐柏园. 1989. 实行土地适度规模经营创立有活力的农业经营主体[J]. 中国土地科学, 3(3): 20-23.

徐会苹. 2013. 德国家庭农场发展对中国发展家庭农场的启示[J]. 河南师范大学学报(哲学社会科学版), 40(4): 70-73.

徐玲. 2017. 美国和日本农业规模化经营管理对我国借鉴与启示[J]. 农业经济, (4): 9-11.

徐琪峰. 2018.国外农村土地产权经验的分析与启示[J]. 中共郑州市委党校学报, (2): 71-74.
徐勇, 邓大才. 2006. 社会化小农: 解释当今农户的一种视角[J]. 学术月刊, (7): 5-13.
徐振华. 2012. 河南省芝麻产业发展中的问题及对策研究[D]. 重庆: 西南大学.
许明强, 蒋永穆. 2015. 耕地向企业大规模流转的思路亟须转变[J]. 江西财经大学学报, (3): 63-72.
许庆, 尹荣梁, 章辉. 2011. 规模经济、规模报酬与农业适度规模经营——基于我国粮食生产的实证研究[J]. 经济研究, (3): 59-71,94.
薛建良, 朱守银. 2018.转型中的“仁发农业经营模式”: 压力与突破——基于克山县仁发现代农机专业合作社的分析[J]. 当代经济管理, 40(2): 34-40.
薛建良, 朱守银. 2015. 农地家庭承包经营与农地家庭经营——兼论农地经营“去家庭化”[J]. 农村经济, (10): 45-49.
杨春华. 2018. 适度规模经营视角下的农地制度创新——相关改革试点情况的调查与思考[J]. 农村经济, (9): 83-86.
杨国玉, 郝秀英. 2005. 关于农业规模经营的理论思考[J]. 经济问题, (12): 42-45.
杨建利, 邢娇阳. 2016. 我国农业供给侧结构性改革研究[J]. 农业现代化研究, 37(4): 613-620.
杨启智. 2003. 论农业规模经济的两种形态[J]. 农村经济与科技, (8): 4-6.
杨素群. 1998. 农业经营适度规模解析[J]. 唯实, (3): 25-28.
杨阳. 2015. 市场主导型与政府主导型家庭农场比较研究[D]. 合肥: 安徽大学.
杨印生, 陈旭. 2018. 日本农业机械化经验分析[J]. 现代日本经济, 37(2): 77-86.
叶剑平, 丰雷, 蒋妍, 等.2010. 2008 年中国农村土地使用权调查研究——17 省份调查结果及政策建议[J]. 管理世界, (1): 64-73.
叶敬忠, 张明皓. 2019. “小农户”与“小农”之辩——基于“小农户”的生产力振兴和“小农”的生产关系振兴[J]. 南京农业大学学报(社会科学版), 19(1): 1-12,163.
叶兴庆. 2016. 农业绿起来不是退回到传统农业[J]. 农药市场信息, (3): 1.
于传岗, 秦致伟. 2017. 关于中国式适度规模经营农业界定标准探析[J]. 农业经济, (2): 86-87.
袁明宝, 朱启臻. 2014.农地流转实践表达与农业经营主体的生成逻辑分析[J]. 古今农业, (1): 1-8.
袁明宝. 2015. 小农家庭的经济行为逻辑——对恰亚诺夫劳动—消费均衡理论的评析[J]. 中共杭州市委党校学报, (6): 53-58.
约翰・希克斯. 1987. 经济史理论[M]. 厉以平, 译. 北京: 商务印书馆.
曾福生, 唐浩, 刘辉. 2010.农村土地适度规模经营主体及实现形式研究[J]. 农村经济, (12): 21-24.
曾雄旺, 杨亦民. 2015. 农业规模经营理论分析和我国的现实选择[J]. 湖南社会科学, (3): 157-160.
张安芝. 1987. 苏南农村规模农业试点调查[J]. 复旦学报(社会科学版), (6): 45-46.
张海鹏, 曲婷婷. 2014. 农地经营权流转与新型农业经营主体发展[J]. 南京农业大学学报(社会科学版), 14(5): 70-75,83.
张红宇, 寇广增, 李琳, 等. 2017. 我国普通农户的未来方向——美国家庭农场考察情况与启示[J]. 中国乡村发现, (9): 19-24.
张红宇, 李伟毅. 2014. 新型农业经营主体: 现状与发展[J]. 中国农民合作社, (10): 48-51.
张红宇, 张涛. 2015. 农业规模经营的两种路径选择[J]. 农村实用技术, (12): 16-17.
张红宇. 1996. 粮食增长与农业规模经营[J]. 改革, (3): 40-46.
张卉. 2019. 我国农业规划的发展趋势及主要内容研究[J]. 河南农业, (26): 56-57.
张克俊. 2015. 经济新常态下土地经营权流转的新特征与思路调适[J]. 中州学刊, 221(5): 48-53.
张培刚. 1991. 土地改革与经济发展[J]. 经济评论, (2): 1-7, 17.
张瑞芝, 钱忠好. 1999. 农业适度经营规模初探[J]. 扬州大学学报(人文社会科学版), (1): 76-80.
张士云, 江激宇, 栾敬东, 等. 2014. 美国和日本农业规模化经营进程分析及启示[J]. 农业经济问题, 35(1): 101-109, 112.
张文渊. 1999.当前农村土地适度规模经营探析[J]. 农业经济, (4): 25-26.

张义珍. 1998.我国农业经营主体的现状与发展趋势[J]. 新疆农垦经济, (5): 9-11.

张照新, 赵海. 2013.新型农业经营主体的困境摆脱及其体制机制创新[J].改革, (2): 78-87.

张忠明, 周立军, 钱文荣. 2011. 设施农业经营规模与农业生产率关系研究——基于浙江省的调查分析[J]. 农业经济问题, 35(12): 23-29, 110.

张忠明. 2008. 农户粮地经营规模效率研究[D]. 杭州: 浙江大学.

赵鲲. 2016. 共享土地经营权: 农业规模经营的有效实现形式[J]. 农业经济问题, 37(8): 4-8.

赵娴, 刘佳, 吕泓成. 2017.法国家庭农场经营特征、发展经验及启示[J]. 世界农业, (11): 209-212.

赵晓峰, 赵祥云. 2018. 新型农业经营主体社会化服务能力建设与小农经济的发展前景[J]. 农业经济问题, (4): 99-107.

赵颖文, 李晓, 彭迎. 2019. 美国家庭农场的发展经验及对中国的启示[J]. 中国食物与营养, 25(2): 6-11.

赵颖文,吕火明,李晓,等. 2019. 中国推进多种形式农业适度规模经营: 紧迫性、优弱势与发展建议[J]. 农学学报, 9(10): 89-94.

赵颖文, 吕火明, 刘宗敏. 2017. 关于推进我国农业适度规模经营的几点思考[J]. 农业现代化研究, 38(6): 938-945.

赵颖文, 吕火明. 2018. 试论农业规模经营进程中多元经营主体间的关系辨析[J]. 四川农业科技, (9): 5-8.

郑少锋. 1998. 土地规模经营适度的研究[J]. 农业经济问题, (11): 9-13.

郑欣. 2003. 乡村政治研究及其路径选择[J]. 重庆社会科学, (1): 68-72.

钟甫宁, 纪月清. 2009.土地产权、非农就业机会与农户农业生产投资.经济研究, (12): 43-51

周诚. 1995. 对我国农业实行土地规模经营的几点看法[J]. 中国农村观察, (1): 41-43, 16.

周婕. 2017. 国外农业经营方式比较研究: 以美国和日本为例[J]. 世界农业, (11): 203-208.

周阳. 2010. 土地生产率与农场规模相关性的经济学研究[J]. 学习与实践, (11): 44-49.

周应恒, 俞文博, 周德. 2016. 德国农地管理与农业经营体系研究[J]. 改革与战略, 32(5): 150-154.

周振, 孔祥智. 2015. 盈余分配方式对农民合作社经营绩效的影响——以黑龙江省克山县仁发农机合作社为例[J]. 中国农村观察, (5): 19-30.

周转辉, 蒲文忠. 2014. 正确认识新型经营主体之间的联系与区别[J]. 甘肃农业, (16): 18-19.

Assunção J J,Ghatak M. 2003.Can unobserved heterogeneity in farmer ability explain the inverse relationship between farm size and productivity[J]. Economics Letters, 80(2):189-194.

Assunção J J,Luis H, Braido B. 2007.Testing Household-specific explanations for the inverse productivity relationship[J]. American Journal of Agricultural Economics, 89(4):980-990.

Bardhan P K. 1973.Size, productivity, and returns to scale: an analysis of farm-level data in Indian agriculture[J]. Journal of Political Economy, 81(6):1370-1386.

Benjamin D, Brandt L. 2002.Property rights, labor markets, and efficiency in transition economy: the case of rural China[J]. Canadian Journal of Economics,35(4):689-716.

Benjamin D. 1995.Can unobserved land quality explain the inverse productivity relationship?[J]. Journal of Development Economics, 46(1):51-84.

Berry R, Cline W. 1979.Agrarian Structure and Productivity in Developing Countries[M].Baltimore, MD:Johns Hopkins Unversity Press.

Binswanger H P,Deininger K,Feder G. 1995.Chapter 42 Power, distortions, revolt and reform in agricultural land relations[J]. Handbook of Development Economics, (3):2659-2772.

Bravo-Ureta B E. 1986.Technical efficiency measures for dairy farms based on a probabilistic frontler function model[J]. Canadian Journal of Agricultural Economics, 34(3):403-415.

Brown L. 1995.Who Will Feed China? Wake-up Call for a Small Planet[M]. W.W. Norton & Co.

Carter M R, Yao Y.2002. Local versus global separability in agricultural household models: the factor price equalization effect of land transfer rights[J]. American Journal of Agricultural Economics, 84(3):702-715.

Carter M R.1984. Identification of the inverse relationship between farm size and productivity: an empirical analysis of peasant agricultural production[J]. Oxford Economic Papers,36(1):131-145.

Ellis F.2000.Rural livelihoods and diversity in developing countries[M].NewYork: Oxford University Press.

Eswaran M,Kotwal A. 1985.A theory of contractual structure in agriculture[J]. The American Economic Review, 75(3):352-367.

Fleisher B M, Liu Y. 1992.Economies of scale,plot size,human capital,and productivity in Chinese agriculture[J].Quarterly Review of Economics and Finance, 32(3):112-124.

Giles J U.2006. The impact of the Thai 'Sixties' on the Peoples Movement today[J]. Inter-Asia Cultural Studies, 7(4):570-588.

Hu J Y, Zhang J J,Zhang J. 2010.The Research of the Agricultural Technology Transfer[A].中国农业大学北京市农业物联网工程技术研究中心会议论文集,(5):595-606.

Huang J K, Yang J, JWang J X.2015. Farmers' adaptation to extreme weather events through farm management and its impacts on the mean and risk of rice yield in China[J]. American Journal of Agricultural Economics, 97(2):602-617.

Kawagoe T,Hayami Y,Ruttan V W.1985.The intercountry agricultural production function and productivity differences among countries[J]. Journal of Development Economics,19(1-2):367-399.

Kevane M. 1996.Agrarian structure and agricultural practice: typology and application to Western Sudan[J]. American Journal of Agricultural Economics, 78(1):236-245.

Lamb R L. 2003.Inverse productivity: land quality, labor markets, and measurement error[J]. Journal of Development Economics, 71(1):71-95.

Newell A,Pandya K,Symons J. 1997.Farm size and the intensity of land use in Gujarat[J]. Oxford Economic Papers, 49(2):307-315.

Nigel W. 2002.Agricultural adjustment: adoption of and adaptation to policy reform measures by large-scale commercial farmers[J]. Land Use Policy,19(3):243-257.

Oliveira L J C,Costa M H,Soares-Filho B S,et al. 2013.Large-scale expansion of agriculture in Amazonia may be a no-win scenario[J]. Environmental Research Letters, 8(2):1-10.

Perz S G . 2005.The effects of household asset endowments on agricultural diversity among frontier colonists in the Amazon[J]. Agroforestry Systems, 63(3):263-279.

Robinson E. 2005.Reassessing the interaction between investment and tenure uncertainty[J]. Environment and Development Economics, 10(2):143-157.

Sadoulet E, Janvry A D,Benjamin C. 1998.Household behavior with imperfect labor markets[J]. Industrial Relations: A Journal of Economy and Society, 37(1):35-108.

Sen A K.1962.An aspect of Indian agriculture[J]. Economic Weekly, (14): 243-246.

Sen A K.1966. Peasants and Dualism with or without surplus labor[J]. Journal of Political Economy, 74(5):425-450.

Smith V H,Baquet A E. 1996.The demand for multiple peril crop insurance: evidence from Montana wheat farms[J]. American Journal of Agricultural Economics,1996,78(1):189-201.

Tan S , Heerink N , Kruseman G , et al. 2008.Do fragmented landholdings have higher production costs? Evidence from rice farmers in Northeastern Jiangxi province, P.R. China[J]. China Economic Review, 19(3):347-358.

Wan G H , Cheng E .2001. Effects of land fragmentation and returns to scale in the Chinese farming sector[J]. Applied Economics, (33):183-194.